Python
量化交易实战

王晓华 著

清华大学出版社

北京

内 容 简 介

在目前不断变化、蓬勃发展的中国资本市场，量化投资作为新兴的投资方法，引来越来越多的关注，使用量化投资技术的证券从业人员也越来越多。

本书分为 11 章，内容包括 Python 环境的搭建、Python 数据相关类库的使用、掘金量化终端的使用、Talib 金融库的详解、多因子策略的介绍、带技术指标的多因子策略、中证红利指数增强策略、回归分析与 TensorFlow、回归模型的经典应用、配对交易的魔力等。

本书可作为量化投资技术初学者、证券从业人员、金融投资人员的自学用书，也可作为金融机构的培训用书，还可作为高等院校相关专业师生的教学参考书。

图书在版编目（CIP）数据

Python 量化交易实战 / 王晓华著. —北京：清华大学出版社，2019（2025.5 重印）
  ISBN 978-7-302-51763-4

Ⅰ. ①P… Ⅱ. ①王…Ⅲ. ①股票交易－应用软件 Ⅳ. ①F830.91

中国版本图书馆 CIP 数据核字（2018）第 271437 号

责任编辑：夏毓彦
封面设计：王 翔
责任校对：闫秀华
责任印制：沈 露

出版发行：清华大学出版社
　　　网　　址：https://www.tup.com.cn, https://www.wqxuetang.com
　　　地　　址：北京清华大学学研大厦 A 座　　　邮　编：100084
　　　社 总 机：010-83470000　　　　　　　　邮　购：010-62786544
　　　投稿与读者服务：010-62776969, c-service@tup.tsinghua.edu.cn
　　　质量反馈：010-62772015, zhiliang@tup.tsinghua.edu.cn
印 装 者：三河市龙大印装有限公司
经　　销：全国新华书店
开　　本：190mm×260mm　　　印　张：17.5　　字　数：448 千字
版　　次：2019 年 2 月第 1 版　　　　　　　印　次：2025 年 5 月第 8 次印刷
定　　价：79.00 元

产品编号：079806-01

前　言

　　量化投资是一种新兴的系统化的金融投资方法，它综合利用现代金融、计算机、数学以及其他相关行业的知识和方法（包括行为学、心理学等），把投资理念、科学理论和实际数据量化为客观的数理模型，使用计算机技术完成全部或部分的投资决策。

　　由于量化投资需要把数据、策略、系统、执行 4 个方面综合起来形成一个有机的整体，因此想使用量化策略去对金融市场进行分析的投资者，除了需要有基本的计算机编程知识外，还需要掌握对金融市场的分析，研究过基本的投资方法。目前图书市场上关于金融投资方面的图书不少，但多数投资只是浅显地进行讲解，过于注重零碎的知识点和心得体会。本书以实战为宗旨，通过不同方面的阶段案例，让读者全面、深入、透彻地理解量化投资的原理，提高实际开发水平和项目实战能力。

　　本书是基于作者 2017~2018 年参与"北京四两资本"与"南京红树林（量化掘金）"私募项目的实战工作的总结。感谢投资人兼基金经理谭云博士给我的很多指导性意见，感谢黄雪雪女士对本书基础工作的大力支持，也感谢夏编辑给予的很多写作意见和巨大的支持和鼓励，最后感谢吴雪女士在本书出版过程中给予的协助。

本书写作特色

1. 详细深入的解说

　　为了便于读者理解本书内容，提高学习效率，本书从最基本的 Python 程序设计开始介绍，直到使用专用的程序工具包进行多种金融投资回测，便于初学者快速入门。

2. 原理与实战结合

　　为了让有一定量化投资技术基础的读者进一步提升自己，本书部分内容更偏向于原理的讲解，结合书中的实战案例能使初级量化投资者快速提高自己。

3. 项目案例典型，实战性强，有较高的应用价值

　　本书使用项目实战案例进行解说，这些案例来源于作者所开发的实际项目，具有很高的应用价值和参考性。学习这些案例便于读者把所介绍的技术融会贯通，部分案例稍加修改，便可用于实际项目开发中。

本书内容

第 1、2 章　程序设计语言的基本介绍

第 1、2 章是本书的基本内容，包括程序设计语言 Python 的基本介绍和安装，以及使用专用编辑器（IDE）PyCharm 进行程序设计的方法。此外，还介绍了部分统计学习方法，为后续的内容打下基础。

第 3~5 章　量化掘金的基本使用

第 3~5 章介绍了量化掘金工具包的安装和专用编辑器的使用，以及专用金融工具分析包 Talib（官网名为 TA-Lib，遵从中国用户的习惯，本书称为 Talib）的使用。

第 6、7 章　多因子策略介绍和应用

第 6、7 章是本书首要讲述的重点内容，主要介绍量化投资中最重要的分析方法——多因子策略，详细介绍了基本面多因子以及技术分析多因子策略，以及综合运用多因子策略进行基金组合的设计。

第 8~11 章　回归分析和应用

第 8~11 章主要介绍回归分析的使用以及使用其进行量化投资的方法，并且额外介绍了一种单独的投资方法——配对交易。这些都是量化投资最基本的策略方法。

源码及相关资源下载地址

本书配套的示例源码及相关资源，需用微信扫描右边二维码下载，可按提示把链接转发到自己邮箱中下载。

如果下载有问题，或者对本书内容有建议和疑问，请联系 booksaga@163.com，邮件主题为"Python 量化交易实战"。

本书读者

- 需要全面学习量化投资技术的初学者。
- 希望使用量化投资技术的证券投资经理和从业人员。
- 希望提高金融投资水平的其他从业人员。
- 高校相关专业的师生和金融机构的学员。
- 需要一本量化投资案头查询手册的投资者。

作　者
2018 年 9 月

目　录

第 1 章

◀ 走进量化投资 ▶

　　"量化"这个词来自于数字图像处理，指的是把经过抽样得到的瞬时值进行幅度离散，即用一组规定的电平把瞬时抽样值用最接近的电平值表示出来，如图 1-1 所示。经过抽样的图像只是在空间上被离散成像素（样本）的阵列。而每个样本灰度值还是一个有无穷多个取值的连续变化量，必须将其转化为有限个离散值，赋予不同码字才能真正成为数字图像。这种转化称为量化。

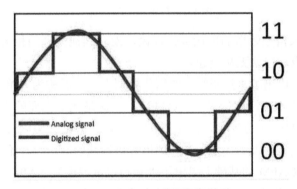

图 1-1　量化——数字信号处理

　　而将量化用于投资的历史已经无法追溯。从"按数据买股票的第一个人"依照自己的判断听取"卖股票的人"介绍想要推销标的的盈利和增长状况时，量化已经产生。投资人依照自己的认知和对数据的掌握做出买卖决定的想法，就是量化的雏形。

1.1　量化投资的诞生背景

　　接触过资本市场的人，大都听说过基本面投资和价值投资，这方面的天才人物"股神"巴菲特更是几乎家喻户晓，妇孺皆知。他以企业财务报表的分析见长，擅长挖掘企业的内在价值，一旦买入便长期持有，持续获得稳定高额收益，为股东创造了丰厚利润，无人能及。

　　但并不是人人都能成为巴菲特，那需要长时间的认知积累、敏锐的判断和丰富的经验。20 世纪 90 年代，使用量化工具进行股票和期货买卖的西蒙斯（见图 1-2）横空出世，不久就被称为最能赚钱的基金经理人，在 20 年的时间里，他创造了年均净回报率高达 35%的惊人传奇，而他使用的就是量化投资技术。

图 1-2　詹姆斯·西蒙斯

但是，没有前期来自象牙塔的现代金融理论，没有其他大师的相关研究，便没有量化投资的兴起，西蒙斯的成功也就无从谈起。

夏普 1963 年 1 月提出了"投资组合的简化模型"，一般称为"单一指数模型"。 1964 年，夏普又发展出了资本资产定价模型（CAPM），这是他最重要的突破，这个模型不仅可以作为预测风险和预期回报的工具，还可以衡量投资组合的绩效，以及衍生出在指数型基金、企业财务和企业投资、市场行为和资产评价等多领域的应用和理论创新。

1976 年，罗斯在 CAPM 的基础上提出了"套利定价理论"（APT），提供一个方法评估影响股价变化的多种经济因素。布莱克和斯克尔斯提出了"期权定价理论"。莫顿则发明了"跨期的资本资产定价模型"。

有趣的是，不少人最初并非经济学家，如巴契里耶和布莱克原先是数学家，夏普则从事医学，奥斯伯恩为天文学家，沃金与坎德尔是统计学家，而特雷诺则是数学家兼物理学家。他们转行都是因为被金融市场研究深深吸引，沉迷于其中的无穷魅力。

量化投资不会出现在个人投资者为主的时代。个人投资者既缺乏闲暇的时间，也普遍无此技术能力。同时随着退休基金和共同基金资产的大幅增加，财富基金逐渐取代个人投资者成为市场上的主要投资者，并委托专业机构进行投资管理和操作。管理大规模资产需要新的运作方式和金融创新技术，同时专业的投资管理人也有能力和精力专注地研究、运用这些技术。

没有发达的电脑技术，量化投资将成为无源之水，无本之木。在电脑革命发生前，根本无法根据上述模型进行运算。1961 年，获得 1990 年诺贝尔奖的夏普曾说，当时即使是用 IBM 最好的商用电脑，解出含有 100 只证券的问题也需要 33 分钟。当今，面对数不胜数的证券产品以及庞大的成交量，缺少了先进电脑的运算速度和容量，许多复杂的证券定价甚至不可能完成。

1973~1974 年，美国债券市场和股票市场全面崩盘，明星基金经理人烟消云散，财富缩水堪比 30 年代大萧条时期。当时，颇有先见的投资顾问兼作家彼得·伯恩斯坦认为，必须采用更好的方法管理投资组合，因此他创办了《投资组合》杂志，一出刊便获得成功。此后，随着 80 年代以来各类证券和期权类产品的丰富和交易量的大增，量化投资光彩炫目，但它同时也具有魔鬼般的力量。

1987 年 10 月大股灾，黑色星期一，当天股市和期货成交量高达令人吃惊的 410 亿美元，价值瞬间缩水 6000 亿美元。很多股份直接通过电脑而不是经由交易所交易。一些采用投资组合保险策略的公司，在电脑模式的驱使下，不问价格，机械地卖出股票。很多交易员清楚这些投资组合会有大单卖出，宁愿走在前面争相出逃，加剧了恐慌。针对整个投资组合而非单个证券，机械式的交易、电脑的自动操作使得这种量化投资出现助跌之效，大量的空单在瞬间涌出，将市场彻底砸垮。

虽然麻烦不断，但量化投资依然必要且有效。要知道，在金融危机发生前，量化基金的表现连续 8 年超过其他投资方式。当然，挫折也会带来量化投资技术的更新和完善，比如在模型中设定新的变量，尤其是加入以往并未包含的宏观经济参数。时过境迁，从 2017 年开始，量化基金再次表现优异。虽然量化投资能否就此再度复兴仍属未知，一旦趋势形成就会不可逆转，量化投资依然拥有光明的未来。

1.2　量化投资的特点

量化投资并非只可远观而不可亵玩，在本质上它和传统投资是相同的，二者都是基于市场非有效或弱有效的理论基础之上，而投资经理可以通过对个股估值、成长等基本面的分析研究建立战胜市场，产生超额收益的组合。不同的是，传统投资管理较依赖对上市公司的调研，以及基金经理个人的经验及主观的判断，而定量投资管理则是"定性思想的量化应用"，更加强调数据。

量化投资有以下几个优点：

1. 纪律性

所有的决策都是依据模型做出的。量化投资中一般有三个模型：

- 大类资产配置模型，根据大类资产配置决定股票和债券的投资比例。
- 行业模型，按照行业配置模型确定超配或低配的行业。
- 股票模型，依靠股票模型挑选股票。

纪律性首先表现在依靠模型和相信模型，每一天决策之前，首先要运行模型，根据模型的运行结果进行决策，而不是凭感觉。

可能有读者会提出疑问，模型出错怎么办？不可否认，模型可能出错，就像医生可能误诊一样。但是，在大概率下，医生是不会出错的，同样地，模型在大概率下也是不会出错的，所以，还是需要相信模型。

纪律性的好处很多，可以克服人性的弱点，如贪婪、恐惧、侥幸心理，也可以克服认知偏差，行为金融理论在这方面有许多论述。纪律性的另一个好处是可跟踪。量化投资作为一种定性思想的理性应用，客观地在组合中体现这样的组合思想。一个好的投资方法应该是一个"透明的盒子"。

这样做的好处是每一个买卖决策都是有理有据的，特别是有数据支持的。当打开模型时，模型会显示当时选择的这只股票与其他的股票相比在成长面上、估值上、动量上、技术指标上的得分情况，这个评价是非常全面的，只有汇总得分比其他得分高才有说服力。

2. 系统性

系统性具体表现为"三多"：

- 首先表现在多层次，包括在大类资产配置、行业选择、精选个股三个层次上都有对应的取舍模型。
- 其次是多角度，定量投资的核心投资思想包括宏观周期、市场结构、估值、成长、盈利质量、分析师盈利预测、市场情绪等多个角度。
- 再者就是多数据，就是海量数据的处理。

人脑处理信息的能力是有限的，当一个资本市场只有 100 只股票时，对定性投资基金经理是有优势的，他可以深刻分析这 100 家公司。但在一个很大的资本市场，比如有成千上万只股票的时候，强大的定量投资的信息处理能力能反映它的优势，捕捉更多的投资机会，拓展更大的投资机会。

3. 套利思想

定量投资正是在找估值洼地，通过全面、系统性的扫描捕捉错误定价、错误估值带来的机会。定性投资经理大部分时间在琢磨哪一个企业是伟大的企业，哪个股票是可以翻倍的股票；与定性投资经理不同，定量基金经理大部分精力花在分析哪里是估值洼地，哪一个品种被低估了，买入低估的，卖出高估的。

4. 概率取胜

表现为两个方面：

- 一是定量投资不断地从历史中挖掘有望在未来重复的规律并且加以利用。
- 二是依靠一组股票取胜，而不是一个或几个股票取胜。

1.3 量化投资的应用

量化投资主要应用于以下几个方面。

1. 量化择时

股市的可预测性问题与有效市场假说密切相关。如果有效市场理论或有效市场假说成立，股票价格充分反映了所有相关的信息，价格变化服从随机游走，股票价格的预测就会毫无意义。

众多的研究发现，股市的指数收益中存在经典线性相关之外的非线性相关，貌似随机、杂乱，但在其复杂表面的背后却隐藏着确定性的机制，因此存在可预测成分。

2. 股指期货

股指期货套利是指利用股指期货市场存在的不合理价格，同时参与股指期货与股票现货市场交易，或者同时进行不同期限、不同（但相近）类别股票指数合约交易，以赚取差价的行为。股指期货套利主要分为期现套利和跨期套利两种。股指期货套利的研究主要包括现货构建、套利定价、保证金管理、冲击成本、成分股调整等内容。

3. 商品期货

商品期货套利盈利的逻辑原理基于以下几个方面：

- 相关商品在不同地点、不同时间，对应都有一个合理的价格差价。
- 由于价格的波动性，价格差价经常出现不合理。
- 不合理必然要回到合理。
- 不合理回到合理的这部分价格区间就是盈利区间。

4. 统计套利

有别于无风险套利，统计套利是利用证券价格的历史统计规律进行套利，是一种风险套利，其风险在于这种历史统计规律在未来一段时间内是否继续存在。

统计套利在方法上可以分为两类：

- 一类是利用股票的收益率序列建模，目标是在组合的 Beta 值等于零的前提下实现 Alpha 收益，我们称之为 Beta 中性策略。
- 另一类是利用股票价格序列的协整关系建模，我们称之为协整策略。

5. 期权套利

期权套利交易是指同时买进卖出同一相关期货但有不同的敲定价格，或不同到期月份的看涨或看跌期权合约，希望在日后对冲交易部位或履约时获利的交易。期权套利的交易策略和方式多种多样，是多种相关期权交易的组合，具体包括水平套利、垂直套利、转换套利、反向转换套利、跨式套利、蝶式套利、飞鹰式套利等。

6. 算法交易

算法交易又被称为自动交易、黑盒交易或者机器交易，它指的是通过计算机程序来发出交易指令。在交易中，程序可以决定的范围包括交易时间的选择、交易的价格，甚至可以包括最后需要成交的证券数量。根据各个算法交易中算法的主动程度不同，可以把不同算法交易分为被动型算法交易、主动型算法交易、综合型算法交易三大类。

7. 资产配置

资产配置是指资产类别选择，投资组合中各类资产的适当配置以及对这些混合资产进行实时管理。量化投资管理将传统投资组合理论与量化分析技术结合，极大地丰富了资产配置的内涵，形成了现代资产配置理论的基本框架。

它突破了传统积极型投资和指数型投资的局限，将投资方法建立在对各种资产类股票公开数据的统计分析上，通过比较不同资产类的统计特征建立数学模型，进而确定组合资产的配置目标和分配比例。

1.4 量化投资在我国股市的发展前景

首先，相较于海外成熟市场，我国股票市场的发展历史较短，投资者队伍参差不齐，投资理念还不够成熟，留给主动投资发掘市场非有效性，产生阿尔法的潜力和空间也更大。

总体来说，国内的量化投资整体还处于起步阶段，不像国外那样成熟。但好在国内的资本市场没有完全放开，而且期指、期权等对冲手段也不够成熟，很多品种还是 T+1 交易，即便国外对冲基金进来也需要修改策略来适应国内的资本市场，所以国内的量化投资者们还是有很多投资机会的，还有一定的时间可以充分吸收国外已有的知识和模型，从而做出更好的量化投资模型。

1.5 小结

本章讲述了量化投资的诞生背景、特点、应用范围，并简单介绍了量化投资在我国股市的发展前景。读者掌握这些内容能对量化投资的概念和方法有个基本的印象。

第 2 章

◀Python的安装与使用▶

"人生苦短，我用 Python"。

这是 Python 在自身宣传和推广中使用的口号，做投资也是这样的，简单朴素的投资策略和思想永远是最好的。

对于相关研究人员，最直接、最简洁的需求就是将自己的想法从纸面进化到可以运行的计算机代码，在这个过程中，所需花费的精力越少越好。

Python 完全可以满足这个需求，在计算机代码的编写和实现过程中，Python 简洁的语言设计本身可以帮助用户避开没必要的陷阱，减少变量声明，随用随写，无须对内存进行释放，这些都可以极大地帮助用户使用 Python 编写出需要的程序。

其次，Python 的社区开发成熟，有非常多的第三方类库可以使用。在本章中还会介绍 NumPy、PIL 以及 threading 三个主要的类库，这些开源的算法类库在后面的程序编写过程中会起到极大的作用。

最后，相对于其他语言，Python 有较高的运行效率，而且得益于 Python 开发人员的不懈努力，Python 友好的接口库甚至可以加速程序的运行效率，而无须去了解底层的运行机制。

"人生苦短，何不用 Python"。Python 让其使用者专注于逻辑和算法本身而无须纠结一些技术细节。Python 作为深度学习以及 TensorFlow 框架主要的编程语言，更需要读者去掌握与学习。

2.1 Python 的基本安装和用法

Python 是深度学习的首选开发语言，但是对于安装来说，很多第三方提供了集成大量科学计算类库的 Python 标准安装包，而最常用的是 Anaconda。

Anaconda 里面集成了很多关于 Python 科学计算的第三方库，主要是安装方便，而 Python 是一个脚本语言，如果不使用 Anaconda，那么第三方库的安装会较为困难，各个库之间的依赖性就很难连接得很好。因此，在这里推荐使用集合了大量第三方类库的安装程序 Anaconda 来替代 Python 的安装。

2.1.1　Anaconda 的下载与安装

1. 下载和安装

Anaconda 的下载地址是 https://www.continuum.io/downloads/，页面如图 2-1 所示。

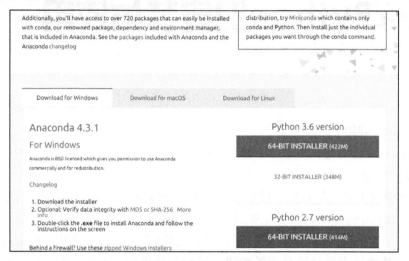

图 2-1　Anaconda 下载页面

本书使用的是 Anaconda 4.3.1 版本，里面集成了 Python 3.6。读者可以根据自己的操作系统进行下载。

这里作者选择的是 Windows 版本，单击"运行"即可安装，与普通软件一样。安装完成以后，出现程序面板，目录如图 2-2 所示。

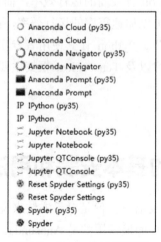

图 2-2　Anaconda 安装目录

2. 打开控制台

之后依次单击：开始→所有程序→Anaconda→Anaconda Prompt，打开窗口的效果如图 2-3 所示。这些步骤和打开 CMD 控制台类似，输入命令就可以控制和配置 Python。在 Anaconda

中最常用的是 conda 命令，这个命令可以执行一些基本操作。

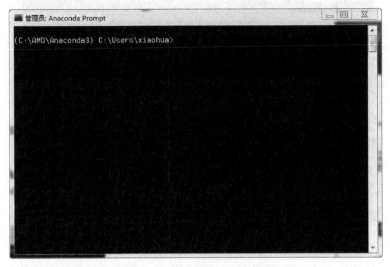

图 2-3 Anaconda Prompt 控制台

3. 验证 Python

之后在控制台中输入 python，打印出版本号以及控制符号，并在控制符号下输入代码：

```
print("hello Python")
```

结果如图 2-4 所示。

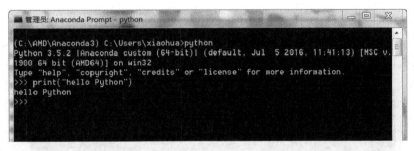

图 2-4 验证 Anaconda Python 安装成功

4. 使用 conda 命令

作者建议读者使用 Anaconda 的好处在于，它能够方便地帮助读者安装和使用大量第三方类库，查看已安装的第三方类库的命令是：

```
conda list
```

在 Anaconda Prompt 控制台中输入 exit()或者重新打开 Anaconda Prompt 控制台后直接输入 conda list 命令，结果如图 2-5 所示。

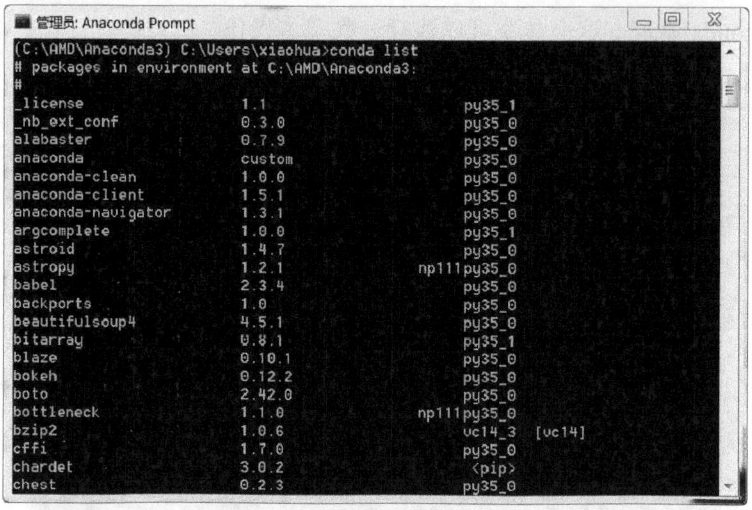

图 2-5　列出已安装的第三方类库

Anaconda 中使用 conda 进行操作的方法还有很多，其中最重要的是安装第三方类库，命令如下：

```
conda install name
```

这里的 name 是需要安装的第三方类库名，例如当需要安装 NumPy 包（这个包已经安装过）时，输入相应的命令：

```
conda install numpy
```

使用 Anaconda 的一个特别的好处是，所安装的包的依赖类库可以自动安装，如图 2-6 所示，这样可以大大减轻使用者在安装和使用某个特定类库的情况下造成的依赖类库缺失的困难，使得后续工作顺利进行。

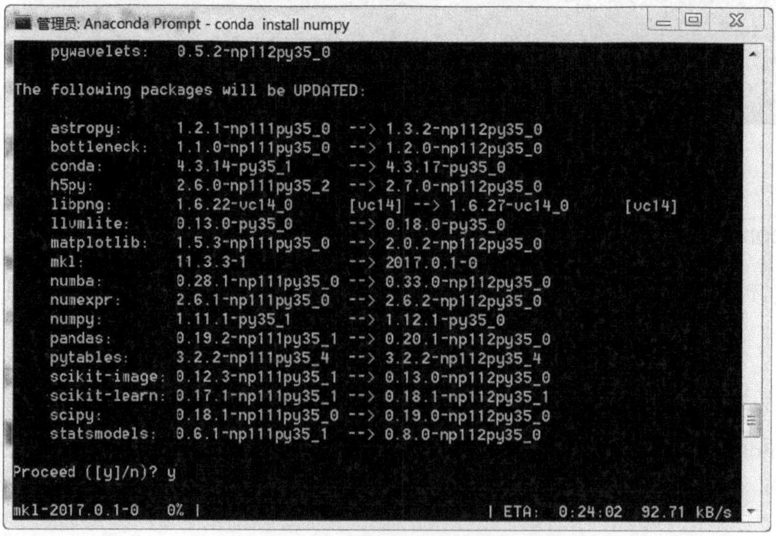

图 2-6　自动获取或更新依赖类库

2.1.2　Python 编译器 PyCharm 的安装

和其他语言类似，Python 程序的编写可以使用 Windows 自带的控制台进行。但是这种方式对于较为复杂的程序工程来说，容易混淆相互之间的层级和交互文件，因此在编写程序工程时，作者建议使用专用的 Python 编译器 PyCharm。

1. PyCharm 的下载和安装

PyCharm 的下载地址为 http://www.jetbrains.com/pycharm/。

进入 Download 页面后可以选择不同的版本，有收费的专业版和免费的社区版，如图 2-7 所示。这里选择免费的社区版即可。

图 2-7　PyCharm 的免费版

双击运行后进入安装界面，直接单击 Next 按钮采用默认安装即可，如图 2-8 所示。

图 2-8　PyCharm 的安装文件

需要注意的是，在安装 PyCharm 的过程中需要对安装的位数进行选择，这里建议读者选择与所安装 Python 相同位数的文件，如图 2-9 所示。

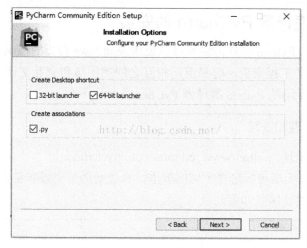

图 2-9　PyCharm 的位数选择

安装完成后出现 Finish 按钮，单击后安装完成，如图 2-10 所示。

图 2-10　PyCharm 安装完成

2. 使用 PyCharm 创建程序

单击桌面上新生成的 图标进入 PyCharm 程序界面，首先是第一次启动的定位，如图 2-11 所示。

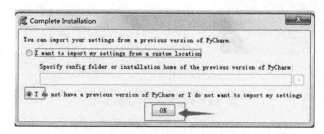

图 2-11　PyCharm 启动定位

这里是对程序存储的定位，一般建议选择第二个，由 PyCharm 自动指定即可。单击 OK 按钮，之后单击弹出的 Accept 按钮，接受相应的协议，进入界面配置选项，如图 2-12 所示。

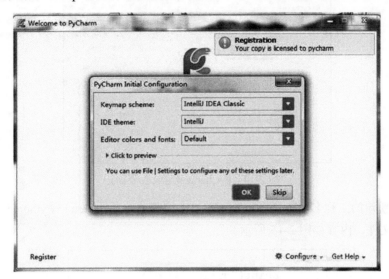

图 2-12　PyCharm 界面配置

在配置区域可以选择自己的使用风格，对 PyCharm 的界面进行配置，如果对其不熟悉，直接单击 OK 按钮保持默认配置即可。

最后就是创建一个新的工程，如图 2-13 所示。

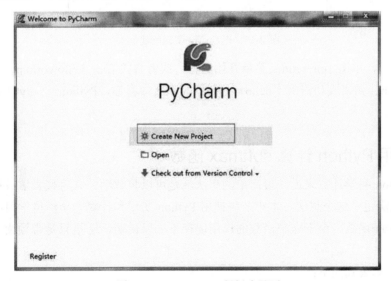

图 2-13　PyCharm 工程创建界面

在这里，建议读者新建一个 PyCharm 的工程文件，如图 2-14 所示。

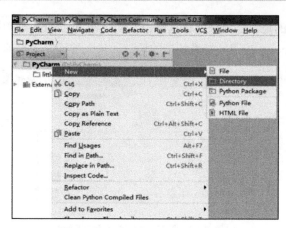

图 2-14   PyCharm 新建文件界面

之后右击新建的工程名"PyCharm"，在弹出的菜单中单击 new→Python File，新建一个 helloworld.py 文件，内容如图 2-15 所示。

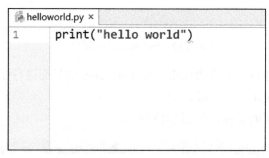

图 2-15   PyCharm 工程创建界面

输入代码后，单击 run→run…菜单开始运行，或者直接右击 helloworld.py 后，在弹出的菜单中选择 run。如果成功输出"hello world"，那么恭喜你，Python 与 PyCharm 的配置就完成了。

2.1.3 使用 Python 计算 softmax 函数

对于 Python 科学计算来说，最简单的想法就是可以将数学公式直接表达成程序语言，可以说，Python 满足了这个想法。本小节将使用 Python 实现和计算一个深度学习中最为常见的函数——softmax 函数。至于这个函数的作用现在不加以说明，这里只是带领读者尝试实现其程序的编写。

softmax 计算公式如下：

$$S_i = \frac{e^{V_i}}{\sum_0^j e^{V_i}}$$

其中 V_i 是长度为 j 的数列 V 中的一个数，带入 softmax 的结果其实就是先对每一个 V_i 取

e 为底的指数计算变成非负，然后除以所有项之和进行归一化，之后每个 V_i 就可以解释成观察到的数据 V_i 属于某个类别的概率，或者称作似然（Likelihood）。

 softmax 用以解决概率计算中概率结果大占绝对优势的问题。例如，函数计算结果中，两个值 a 和 b，且 a>b，如果简单地以值的大小为单位衡量的话，那么在后续的使用过程中，a 永远被选用，而 b 由于数值较小而不会被选择，但是有时候也需要数值小的 b 被使用，softmax 就可以解决这个问题。

softmax 按照概率选择 a 和 b，由于 a 的概率值大于 b，在计算时 a 经常会被选择，而 b 由于概率较小，选择的可能性也较小，但是也有概率被选择。

公式 softmax 的代码如下：

```
import numpy
def softmax(inMatrix):
    m,n = numpy.shape(inMatrix)
    outMatrix = numpy.mat(numpy.zeros((m,n)))
    soft_sum = 0
    for idx in range(0,n):
        outMatrix[0,idx] = math.exp(inMatrix[0,idx])
        soft_sum += outMatrix[0,idx]
    for idx in range(0,n):
        outMatrix[0,idx] = outMatrix[0,idx] / soft_sum
    return outMatrix
```

可以看到，当传入一个数列后，分别计算每个数值所对应的指数函数值，之后将其相加后，计算每个数值在数值和中的概率。

$$a = numpy.array([[1,2,1,2,1,1,3]])$$

结果如下：

```
[[ 0.05943317  0.16155612  0.05943317  0.16155612  0.05943317  0.05943317
   0.43915506]]
```

2.2　Python 常用类库中的 threading

如果说 Python 的简单易用奠定了 Python 发展的基石，那么丰富的第三方类库给予了 Python 不断前进发展的动力。随着科技的发展，Python 应用得更为广泛，更多涉及不同种类的第三方类库被加入 Python 中。

Python 常用类库参见表 2-1。

表 2-1 Python 常用类库

分 类	名 称	库 用 途
科学计算	Matplotlib	用 Python 实现的类 matlab 的第三方库，用以绘制一些高质量的数学二维图形
	SciPy	基于 Python 的 matlab 实现，旨在实现 matlab 的所有功能
	NumPy	基于 Python 的科学计算第三方库，提供了矩阵、线性代数、傅立叶变换等解决方案
GUI	PyGtk	基于 Python 的 GUI 程序开发 GTK+库
	PyQt	用于 Python 的 QT 开发库
	WxPython	Python 下的 GUI 编程框架，与 MFC 的架构相似
	Tkinter	Python 下标准的界面编程包，因此不算是第三方库
其他	BeautifulSoup	基于 Python 的 HTML/XML 解析器，简单易用
	PIL	基于 Python 的图像处理库，功能强大，对图形文件的格式支持广泛
	MySQLdb	用于连接 MySQL 数据库
	cElementTree	高性能 XML 解析库，Py2.5 应该已经包含了该模块，因此不算一个第三方库
	PyGame	基于 Python 的多媒体开发和游戏软件开发模块
	Py2exe	将 Python 脚本转换为 Windows 上可以独立运行的可执行程序
	pefile	Windows PE 文件解析器

表 2-1 中给出了 Python 中常用类库的名称和说明。到目前为止，Python 中已经有 7000 多个可以使用的类库供计算机工程人员以及科学研究人员使用。

2.2.1 threading 库的使用

对于希望充分利用计算机性能的程序设计者来说，多线程的应用是一个必不可少的技能。多线程类似于使用计算机的一个核心执行多个不同的任务。多线程的好处如下：

● 使用线程可以把需要使用大量时间的计算任务放到后台去处理。

● 减少资源占用，加快程序的运行速度。

● 在传统的输入输出以及网络收发等普通操作上，后台处理可以美化当前界面，增加界面的人性化。

下面将详细介绍 Python 中操作线程的模块：threading，相对于 Python 既有的多线程模块 thread，threading 重写了部分 API 模块，对 thread 进行了二次封装，从而大大提高了执行效率。

2.2.2 threading 模块中最重要的 Thread 类

Thread 是 threading 模块中最重要的类之一，可以使用它来创建线程。其具体使用方法是创建一个 threading.Thread 对象，在它的初始化函数中将需要调用的对象作为初始化参数传入，具体代码如【程序 2-1】所示。

【程序 2-1】

```
#coding = utf8
   import threading,time
   count = 0
   class MyThread(threading.Thread):
       def __init__(self,threadName):
           super(MyThread,self).  init  (name = threadName)

       def run(self):
           global count
           for i in range(100):
               count = count + 1
               time.sleep(0.3)
               print(self.getName() , count)

   for i in range(2):
       MyThread("MyThreadName:" + str(i)).start()
```

在作者定义的 **MyThread** 类中，重写了从父对象继承的 **run** 方法，run 方法中，将一个全局变量逐一增加。在接下来的代码中，创建了 5 个独立的对象，分别调用其 start 方法，最后将结果逐一打印。

可以看到在程序中，每个线程被赋予了一个名字，然后设置每隔 0.3 秒打印输出本线程的计数，即计数加 1。而 count 被人为地设置成全局共享变量，因此在每个线程中都可以自由地对其进行访问。

程序运行结果如图 2-16 所示。

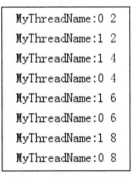

```
MyThreadName:0 2
MyThreadName:1 2
MyThreadName:1 4
MyThreadName:0 4
MyThreadName:1 6
MyThreadName:0 6
MyThreadName:1 8
MyThreadName:0 8
```

图 2-16　程序运行结果

通过上面的结果可以看到，每个线程都起了一个对应的名字，而在运行的时候，线程所计算的计数同时增加。这样可以证明，在程序运行过程中，两个线程同时对一个数进行操作，并将其结果进行打印。

> 提示
>
> 其中的 run 方法和 start 方法并不是 threading 自带的方法，而是从 Python 本身的线程处理模块 Thread 中继承来的。run 方法的作用是在线程被启动以后，执行预先写入的程序代码。一般而言，run 方法所执行的内容被称为 Activity，而 start 方法是用于启动线程的方法。

2.2.3　threading 中的 Lock 类

虽然线程可以在程序执行的过程中极大地提高程序的执行效率，但是其带来的影响却难以忽略。例如在【程序 2-1】中，由于每隔一定时间打印当前的数值，应该逐次打印的数据变成了两个相同的数值被打印出来，因此需要一个能够解决这类问题的方案。

Lock 类是 threading 中用于锁定当前线程的锁定类，顾名思义，其作用是对当前运行中的线程进行锁定，只有被当前线程释放后，后续线程才可以继续操作。

类中主要的代码如下：

```
import threading
lock = threading.Lock()
lock.acquire()
lock.release()
```

acquire 方法提供了确定对象被锁定的标志，release 在对象被当前线程使用完毕后将当前对象释放。修改后的代码如【程序 2-2】所示。

【程序 2-2】

```
#coding = utf8
    import threading,time,random

    count = 0
    class MyThread (threading.Thread):

        def   init  (self,lock,threadName):
          super(MyThread,self).  init  (name = threadName)
          self.lock = lock

        def run(self):
          global count
          self.lock.acquire()
          for i in range(100):
              count = count + 1
              time.sleep(0.3)
              print(self.getName() , count)
          self.lock.release()
    lock = threading.Lock()
    for i in range(2):
        MyThread (lock,"MyThreadName:" + str(i)).start()
```

可以看到 Lock 被传递给 MyThread，并在 run 方法中人为锁定当前的线程，必须等线程执行完毕后，后续的线程才可以继续执行。程序运行结果如图 2-17 所示。

可以看到，其中变色的部分，线程 2 只有等线程 1 完全结束后，才执行后续的操作。本程序中，Thread1 等到 Thread0 完全结束后，才执行第二个操作。

```
myThreadName:0 98
myThreadName:0 99
myThreadName:0 100
myThreadName:1 101
myThreadName:1 102
myThreadName:1 103
myThreadName:1 104
```

图 2-17　程序运行结果

2.2.4 threading 中的 join 类

join 类是 threading 中用于堵塞当前主线程的类，其作用是阻止全部的线程继续运行，直到被调用的线程执行完毕或者超时。具体代码如【程序 2-3】所示。

【程序 2-3】

```
import threading, time
    def doWaiting():
    print('start waiting:', time.strftime('%S'))
    time.sleep(3)
    print('stop waiting', time.strftime('%S'))
    thread1 = threading.Thread(target = doWaiting)
    thread1.start()
    time.sleep(1)                          #确保线程 thread1 已经启动
    print('start join')
    thread1.join()                         #将一直堵塞，直到 thread1 运行结束
    print('end join')
```

程序的运行结果如图 2-18 所示。

```
start waiting: 29
start join
stop waiting 32
end join
```

图 2-18　程序运行结果

其中的 time 方法设定了当前的时间，当 join 启动后，堵塞了调用整体进程的主进程，而只有当被堵塞的进程执行完毕后，后续的进程才继续执行。

除此之外，对于线程的使用，Python 还有很多其他的方法，例如 threading.Event、threading.Condition 等，这些都是在程序设计时能够极大地帮助程序设计人员编写合适程序的工具。限于篇幅，这里不再一一进行介绍，在后续的使用过程中，作者会带领读者了解和掌握更多的相关内容。

2.3 小结

本章介绍了 Python 的基本安装和编译器的使用。在这里推荐读者使用 PyCharm 免费版作为 Python 编辑器，这有助于更好地安排工程文件的配置和程序的编写。

同时，本章中还介绍了最常用的一些类库，这里只是对线程类做了一个详细的介绍，线程类是 Python 最为重要的一个类库，在后面的代码编写中会频繁遇到。

本章是 Python 最基础的内容，后面的章节将以 Python 的使用为主，并且还会介绍更多的 Python 类库，希望读者能够掌握相关内容。

第 3 章

Python类库的使用——数据处理及可视化展示

前面对 Python 的安装做了基本的介绍，并且建议读者使用 PyCharm 免费版作为使用 Python 编写程序的编译器。相对于使用控制台或自带的编译器，可以更加直观和明晰化地对所构建的工程做出层次安排。

本章将介绍使用 Python 对数据进行处理和可视化。对于大多数的 Python 程序设计，建议读者使用已有的类库解决问题而不是自行编写相应的代码。这是初学者非常易犯的错误，对于 Python 来说，大多数的类库都是在底层使用效率更高的 C 语言实现的，并且由经验丰富的程序设计人员编写，因此不建议读者自行设计和完成相应的程序。

本章将着重介绍几个常用的统计学类库，针对量化投资的专用类库将在后面的章节介绍。

"人生苦短，我用 Python！编程复杂，请用类库！"

3.1 从小例子起步——NumPy 的初步使用

从小例子起步，本节将介绍 NumPy 的基础使用。

3.1.1 数据的矩阵化

对于数据处理来说，数据是一切的基础。而一切数据又不是单一存在的，其构成往往由很多的特征值决定。表 3-1 是用以计算回归分析的房屋面积与价格对应表，主要参数为面积、卧室以及地下室的个数等。

表 3-1　某地区房屋面积与价格对应表

价格（千）	面积（平方米）	卧室（个）	地下室
200	105	3	无
165	80	2	无
184.5	120	2	无
116	70.8	1	无
270	150	4	有

表 3-1 是数据的一般表示形式，但是对于数据处理的过程来说，这是不可辨识的数据，因此需要对其进行调整。

常用的数据处理表示形式为数据矩阵，即可以将表 3-1 表示为一个专门的矩阵，见表 3-2。

表 3-2　某地区房屋面积与价格计算矩阵

ID	Price	area	bedroom	basement
1	200	105	3	False
2	165	80	2	False
3	184.5	120	2	False
4	116	70.8	1	False
5	270	150	4	True

从表 3-2 中可以看到，一行代表一个单独的房屋价格和对应的特征属性。第一列是 ID，即每行的标签。标签是独一无二的，一般不会有重复现象。第二列是价格，一般被称为矩阵的目标。目标可以是单纯的数字，也可以是布尔变量或者一个特定的表示。表 3-2 中的标签是房屋的 ID，是一个数字标签。第 2、3、4 列是属性值，也是标签所对应的特征值，根据此特征值的不同，每行所对应的目标也有所不同。

不同的 ID 用于表示不同的目标。一般来说，数据处理的最终目的就是使用不同的特征属性对目标进行区分和计算。已有的目标是观察和记录的结果，而数据处理的过程就是创建一个可进行目标识别的模型的过程。

建立模型的过程称为数据处理的训练过程，其速度和正确率主要取决于算法的选择，而算法是目标和属性之间建立某种一一对应关系的过程。这点在前面介绍数据处理过程的时候已经有所介绍。

继续回到表 3-2 的矩阵中。通过观察可知，矩阵中所包含的属性有两种，分别是数值型变量和布尔型变量。其中第 2、3、4 列是数值变量，这也是数据处理中最常使用和辨识的类型。而第 5 列是布尔型变量，用以标识对地下室存在的判定。

这样做的好处在于，数据处理在工作时是根据采用的算法进行建模的，算法的描述只能对数值型变量和布尔型变量进行处理，而对于其他类型变量的处理相对较少。即使后文有针对文字进行处理的数据处理模型，其本质也是将文字转化成矩阵向量进行处理。

当数据处理建模的最终目标是求得一个具体数值时，即目标是一个数字，那么数据处理建模的过程基本上可以被转化为回归问题，差别在于是逻辑回归还是线性回归。

对于目标为布尔型变量时，问题大多数被称为分类问题，而常用的建模方法是决策树方法。一般来说，当分类的目标是两个的时候，问题被转化为二元分类；而分类的结果多于两个的时候，分类称为多元分类。

许多情况下，数据处理建模和算法的设计是由程序设计和研究人员所选择的，而具体采用何种算法和模型也没有一定的要求，回归问题可以被转化为分类问题，而分类问题往往也可以由建立的回归模型解决。这点没有特定的要求。

3.1.2 数据分析

对于数据来说，在进行数据处理建模之前，需要对数据进行基本的分析和处理。

从图 3-1 可以看到，对于数据集来说，在进行数据分析之前，需要知道很多东西。首先需要知道一个数据集数据的多少和每个数据所拥有的属性个数，对于程序设计人员和科研人员来说，这些都是简单的事，但是对于数据处理的模型来说，是必不可少的内容。

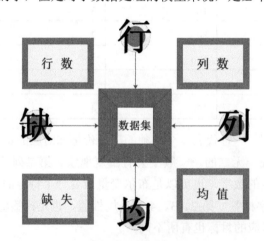

图 3-1　数据分析的要求

除此之外，对于数据集来说，缺失值的处理也是一个非常重要的过程。最简单的处理方法是对有缺失值的数据进行整体删除。但是问题在于，数据处理的数据往往来自于现实社会，因此可能数据集中大多数的数据都会有某些特征属性缺失，而解决的办法往往是采用均值或者与目标数据近似的数据特征属性替代。有些情况替代方法可取，而有些情况下，替代或者采用均值的办法处理缺失值是不可取的，因此要根据具体情况具体处理。

首先从一个小例子开始介绍。以表 3-2 的矩阵为例，需要建立一个包含数据集的数据矩阵，之后可以利用不同的方法对其进行处理。代码如【程序 3-1】所示。

【程序 3-1】

```
import numpy as np
data = np.mat([[1,200,105,3,False],[2,165,80,2,False],
```

```
            [3,184.5,120,2,False],[4,116,70.8,1,False],[5,270,150,4,True]])
row = 0
for line in data:
    row += 1
print( row )
print( data.size   )
```

【程序 3-1】第一行引入了 Anaconda 自带的一个数据矩阵化的包。对于 NumPy，读者只需要知道，NumPy 系统是 Python 的一种开源的数值计算扩展。这种工具可用来存储和处理大型矩阵，比 Python 自身的嵌套列表（nested list structure）结构要高效得多。

第一行代码的意思是引入 NumPy，将其重命名为 np 使用，第二行使用 NumPy 中的 mat() 方法建立一个数据矩阵，row 是引入的计算行数的变量，使用 for 循环将 data 数据读出到 line 中，而每读一行则 row 的计数加一。data.size 是计算数据集中全部数据的数据量，一般其与行数相除，则为列数。最终打印结果请读者自行测试。

需要说明的是，NumPy 将数据转化成一个矩阵的形式进行处理，其中具体的数据可以通过二元的形式读出，如【程序 3-2】所示。

【程序 3-2】

```
import numpy as np
data = np.mat([[1,200,105,3,False],[2,165,80,2,False],
            [3,184.5,120,2,False],[4,116,70.8,1,False],[5,270,150,4,True]])
print( print( data[0,3])
print( print( data[0,4] )
```

最终打印结果如下：

```
3.0
0.0
```

细心的读者可能已经注意到，下标为[0,3]的数据对应的是矩阵中第 1 行第 4 列数据，其数值为 3，而打印结果为 3.0，这个没什么问题。而对于下标为[0,4]的数据，在矩阵中是 False 的布尔类型，打印结果是 0。这点牵涉 Python 的语言定义，其布尔值都可以近似地表示为 0 和 1。读者需要注意：

```
True = 1.0
False = 0
```

如果需要打印全部的数据集，即调用如下方法：

```
Print( data)
```

将全部的数据以一个数据的形式进行打印，请读者自行测试。

3.1.3　基于统计分析的数据处理

　　除了最基本的数据记录和提取外，数据处理还需要知道一些基本数据的统计量，例如每一类型数据的均值、方差以及标准差等。当然在本书中，并不需要手动或者使用计算器计算以上数值，NumPy 提供了相关方法。程序如下。

【程序 3-3】

```
import numpy as np
data = np.mat([[1,200,105,3,False],[2,165,80,2,False],
            [3,184.5,120,2,False],[4,116,70.8,1,False],[5,270,150,4,True]])

col1 = []
for row in data:
    col1.append(row[0,1])

print( np.sum(col1))
print( np.mean(col1)    )
print( np.std(col1))
print( np.var(col1))
```

　　首先，col1 生成了一个空的数据集，之后采用 for 循环对数据集进行填充。在【程序 3-3】中，第一列数据被填入 col1 数据集中，这也是一个类型数据的集合，之后依次计算数据集的和、均值、标准差以及方差，这些对于数据处理模型的建立有一定的帮助。

3.2　图形化数据处理——Matplotlib 包的使用

　　对于单纯的数字来说，光从读数据的角度并不能直观反映数字的偏差和集中程度，因此需要采用另一种方法更好地分析数据。对于数据来说，没有什么能够比用图形来解释更为形象和直观了。

3.2.1　差异的可视化

　　继续回到表 3-2 的数据，第二列是各个房屋的价格，其价格并不相同，因此直观地查看价格的差异和偏移程度是较为困难的一件事。

　　研究数值差异和异常的方法是绘制数据的分布程度，相对于合适的直线或曲线，其差异程度如何，以便帮助确定数据的分布。

【程序 3-4】

```
import numpy as np
import pylab
```

```
import scipy.stats as stats

data = np.mat([[1,200,105,3,False],[2,165,80,2,False],
               [3,184.5,120,2,False],[4,116,70.8,1,False],[5,270,150,4,True]])

col1 = []
for row in data:
    col1.append(row[0,1])

stats.probplot(col1,plot=pylab)
pylab.show()
```

结果如图 3-2 所示。

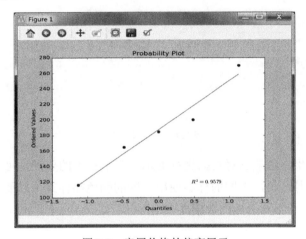

图 3-2　房屋价格的偏离展示

【程序 3-4】展示了一个对价格的偏离程度的代码实现例子，col1 集合是价格的合集，scipy 是专门进行数据处理的数据处理包，probplot 计算了 col1 数据集中数据在正态分布下的偏离程度。从图 3-2 可以看到，价格围绕一条直线上下波动，有一定的偏离，但是偏离情况不太明显。

其中，R 为 0.9579，指的是数据拟合的相关性，一般 0.95 以上就可以认为数据拟合程度比较好。

3.2.2　坐标图的展示

通过前面对回归的可视化处理可以看到，可视化能够让数据更加直观地展现出来。同时，可以对数据的误差表现得更为直观。

图 3-3 展示了一个横向坐标图，用以展示不同类别所占的比重。系列 1、2、3 分别代表不同的属性，而类别 1~6 可以看作是 6 个不同的特例。通过坐标图可以非常直观地看到不同的类别中不同的属性所占的比重。

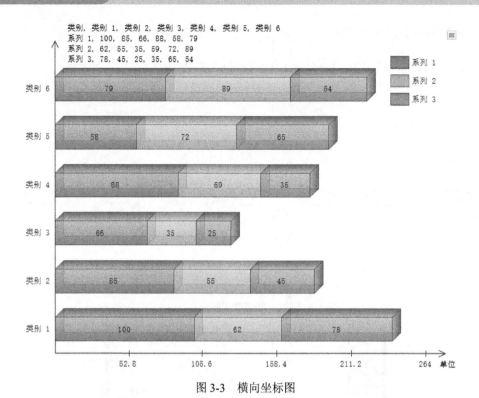

类别，类别 1，类别 2，类别 3，类别 4，类别 5，类别 6
系列 1，100，85，66，88，58，79
系列 2，62，55，35，59，72，89
系列 3，78，45，25，35，65，54

图 3-3　横向坐标图

可以看到，一个坐标图能够对数据进行展示，其最基本的要求是可以通过不同的行或者列表现出数据的某些具体值，不同的标签使用不同的颜色和样式用以展示不同的系统关系。【程序 3-5】展示了对于不同目标的数据提取不同的行进行显示的代码。

【程序 3-5】

```
import pandas as pd
import matplotlib.pyplot as plot
rocksVMines = pd.DataFrame([[1,200,105,3,False],[2,165,80,2,False],
            [3,184.5,120,2,False],[4,116,70.8,1,False],[5,270,150,4,True]])

dataRow1 = rocksVMines.iloc[1,0:3]
dataRow2 = rocksVMines.iloc[2,0:3]
plot.scatter(dataRow1, dataRow2)
plot.xlabel("Attribute1")
plot.ylabel(("Attribute2"))
plot.show()

dataRow3 = rocksVMines.iloc[3,0:3]
plot.scatter(dataRow2, dataRow3)
plot.xlabel("Attribute2")
plot.ylabel("Attribute3")
plot.show()
```

从图 3-4 可以看到，通过选定不同目标行中不同的属性，可以对其进行较好的衡量，比较两个行之间的属性关系以及属性之间的相关性。不同的目标，即使属性千差万别，也可以构建相互关系图。

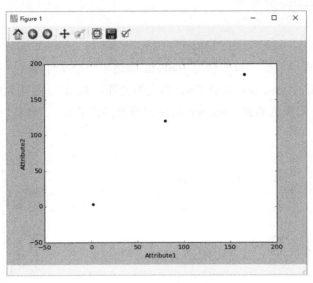

图 3-4　不同目标属性之间的关系

顺带说一句，本例中采用的数据较少，随着数据增加，属性之间一般呈现一种正态分布，这点请读者自行验证。

 运行【程序 3-5】后，会生成两幅不同的图，建议读者通过对比代码认真研究其不同。

3.2.3　大规模数据的可视化

对于大规模数据来说，由于涉及的目标比较多，属性特征值也比较多，对其查看更是一项非常复杂的工作，因此，为了更好地理解和掌握大数据的处理，将其转化成可视性较强的图形是更好的做法。

前面对小数据集进行了图形化查阅，现在对现实中的大规模数据进行处理。

数据来源于真实的信用贷款数据，从 50 000 个数据记录中随机选取 200 个数据进行计算，每个数据又有较多的属性值。大多数情况下，数据是以 CSV 格式进行存储的，pandas 包同样提供了相关读取程序。具体代码见【程序 3-6】。

【程序 3-6】

```
import pandas as pd
import matplotlib.pyplot as plot
    filePath = ("c://dataTest.csv")
    dataFile = pd.read_csv(filePath,header=None, prefix="V")
```

```
dataRow1 = dataFile.iloc[100,1:300]
   dataRow2 = dataFile.iloc[101,1:300]
   plot.scatter(dataRow1, dataRow2)
   plot.xlabel("Attribute1")
   plot.ylabel("Attribute2")
   plot.show()
```

从【程序 3-6】可以看到，首先使用 filePath 创建了一个文件路径，用以建立数据地址。之后使用 pandas 自带的 read_csv 读取 CSV 格式的文件。dataFile 是读取的数据集，之后使用 iloc 方法获取其中行的属性数据，scatter 是做出分散图的方法，对属性进行画图。最终结果如图 3-5 所示。

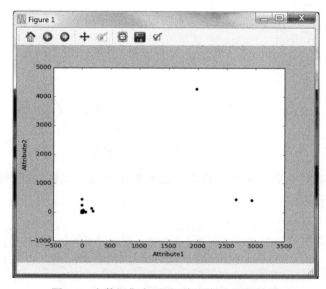

图 3-5　大数据集中不同目标属性之间的关系

可以看到，数据在 (0,0) 的位置有较大的集合，表明属性在此的偏离程度较小，而几个特定点是偏离程度较大的点。这可以帮助读者对离群值进行分析。

在【程序 3-6】出现了两幅图，请读者自行分析。

下面继续对数据集进行分析。【程序 3-5】和【程序 3-6】让读者看到了对数据的同一行中不同的属性进行处理的方法，如果要对不同目标行的同一种属性进行分析，那么如何做呢？请读者参阅【程序 3-7】。

【程序 3-7】

```
import pandas as pd
import matplotlib.pyplot as plot
   filePath = ("c://dataTest.csv")
dataFile = pd.read_csv(filePath,header=None, prefix="V")
```

```
target = []
for i in range(200):
    if dataFile.iat[i,10] >= 7:
        target.append(1.0)
    else:
        target.append(0.0)

dataRow = dataFile.iloc[0:200,10]
plot.scatter(dataRow, target)
plot.xlabel("Attribute")
plot.ylabel("Target")
plot.show()
```

【程序 3-7】中对数据进行处理，提取了 200 行数据中的第 10 个属性，并对其进行判定，单纯的判定规则是根据均值对其区分，之后计算判定结果，如图 3-6 所示。

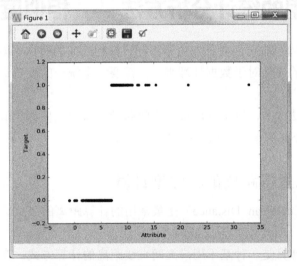

图 3-6　大数据集中不同行相同属性之间的关系

通过图 3-6 可以看到，属性被人为地分成两部分，数据集合的程度也显示了偏离程度。如果下一步需要对属性的离散情况进行反映，那么应该使用【程序 3-8】。

【程序 3-8】

```
import pandas as pd
import matplotlib.pyplot as plot
    filePath = ("c://dataTest.csv")
dataFile = pd.read_csv(filePath,header=None, prefix="V")

target = []
for i in range(200):
```

```
    if dataFile.iat[i,10] >= 7:
        target.append(1.0 + uniform(-0.3, 0.3))
    else:
        target.append(0.0 + uniform(-0.3, 0.3))
dataRow = dataFile.iloc[0:200,10]
plot.scatter(dataRow, target, alpha=0.5, s=100)
plot.xlabel("Attribute")
plot.ylabel("Target")
plot.show()
```

此段程序中，离散的数据被人为地加入了离散变量，具体显示结果请读者自行完成。

 读者可以对程序的属性做出诸多的抽取，并尝试使用更多的方法和变量进行处理。

3.3 常用的统计分析方法——相似度计算

我们从 3.2 节的内容中可以看到，由于不同目标行之间的属性不同，画出的散点图也是千差万别的，而不同的属性对于数据处理来说，需要一个统一的度量进行计算，即需要对其相似度进行计算。

相似度的计算方法很多，这里选用最常用的两种，即欧几里得相似度计算和余弦相似度计算。如果读者对此不感兴趣，可以跳过本节内容继续学习。

3.3.1 基于欧几里得距离的相似度计算

欧几里得距离（Euclidean Distance）是最常用的计算距离的公式，它用来表示三维空间中两个点的真实距离。

欧几里得相似度计算是一种基于用户之间直线距离的计算方式。在相似度计算中，不同的物品或者用户可以将其定义为不同的坐标点，而将特定目标定位为坐标原点。使用欧几里得距离计算两个点之间的绝对距离。欧几里得相似度的计算如【公式 3-1】所示。

【公式 3-1】

$$d = \sqrt{(x_1 - x_2)^2 + (y_1 - y_2)^2}$$

从【公式 3-1】可以看到，作为计算结果的欧式值显示的是两点之间的直线距离，该值的大小表示两个物品或者用户差异性的大小，即用户的相似性。两个物品或者用户距离越大，可以看到其相似度越小；距离越小则相似度越大。

 简而言之，欧几里得的计算数值与最终的相似度计算成反比，欧氏距离越小，两组数据相似度就越大，欧氏距离越大，两组数据相似度就越小。因此，在实际中往往使用欧几里得距离的倒数作为相似度计算的近似值，即使用 1/(d+1) 作为近似值。

下面来看一个常用的用户-物品推荐评分表的例子，如表 3-3 所示。

表 3-3　用户与物品评分对应表

	物品 1	物品 2	物品 3	物品 4
用户 1	1	1	3	1
用户 2	1	2	3	2
用户 3	2	2	1	1

表 3-3 是 3 个用户对物品的打分表，如果需要计算用户 1 和其他用户之间的相似度，通过欧几里得距离公式可以得出：

$$d_{12} = \sqrt{(1-1)^2 + (1-2)^2 + (3-3)^2 + (1-2)^2} \approx 1.414$$

可以看到，用户 1 和用户 2 的相似度为 1.414，而用户 1 和用户 3 的相似度是：

$$d_{13} = \sqrt{(1-2)^2 + (1-2)^2 + (3-1)^2 + (1-1)^2} \approx 2.449$$

从得到的计算值可以看出，d_{12} 的分值小于 d_{13} 的分值，根据欧氏距离与相似度成反比的法则，可以认为用户 2 相对于用户 3 更加近似于用户 1。

3.3.2　基于余弦角度的相似度计算

与欧几里得距离相类似，余弦相似度也将特定目标（物品或者用户）作为坐标上的点，但不是坐标原点，与特定的计算目标进行夹角计算，具体如图 3-7 所示。

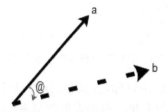

图 3-7　余弦相似度示例

从图 3-7 可以很明显地看出，两条直线分别从坐标原点触发，引出一定的角度。如果两个目标较为相似，那么其线段形成的夹角较小。如果两个用户不相近，那么两条射线形成的夹角较大。因此，在使用余弦度量的相似度计算中，可以用夹角的大小来反映目标之间的相似性。余弦相似度的计算如【公式 3-2】所示。

【公式 3-2】

$$\cos@ = \frac{\sum(x_i \times y_i)}{\sqrt{\sum x_i^2} \times \sqrt{\sum y_i^2}}$$

从【公式 3-2】可以看到，余弦值一般在[-1,1]之间，而这个值的大小同时与余弦夹角的大小成正比。如果用余弦相似度计算表 3-3 中用户 1 和用户 2 之间的相似性，结果如下：

$$d_{12} = \frac{1 \times 1 + 1 \times 2 + 3 \times 3 + 1 \times 2}{\sqrt{1^2 + 1^2 + 3^2 + 1^2} \times \sqrt{1^2 + 2^2 + 3^2 + 2^2}} = \frac{14}{\sqrt{12} \times \sqrt{18}} \approx 0.95$$

而用户 1 和用户 3 的相似性如下：

$$d_{13} = \frac{1 \times 2 + 1 \times 2 + 3 \times 1 + 1 \times 1}{\sqrt{1^2 + 1^2 + 3^2 + 1^2} \times \sqrt{2^2 + 2^2 + 1^2 + 1^2}} = \frac{8}{\sqrt{12} \times \sqrt{10}} \approx 0.73$$

从计算结果可得，用户 2 相对于用户 3，与用户 1 更为相似。

3.3.3 欧几里得相似度与余弦相似度的比较

欧几里得相似度以目标绝对距离作为衡量的标准，而余弦相似度以目标差异的大小作为衡量标准，其表述如图 3-8 所示。

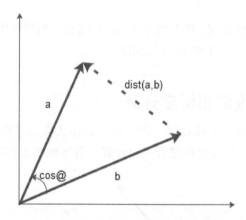

图 3-8 欧几里得相似度与余弦相似度

可以看到，欧几里得相似度注重目标之间的差异，与目标在空间中的位置直接相关。而余弦相似度是不同目标在空间中的夹角，更加表现在前进趋势上的差异。

欧几里得相似度和余弦相似度具有不同的计算方法和描述特征。一般来说，欧几里得相似度用以表现不同目标的绝对差异性，从而分析目标之间的相似度与差异情况。而余弦相似度更多的是对目标从方向趋势上区分，对特定坐标数字不敏感。

举例来说，两个目标在不同的两个用户之间的评分分别是（1,1）和（5,5），这两个评分在表述上是一样的。但是在分析用户相似度时，更多的是使用欧几里得相似度而不是余弦相似度对其进行计算。余弦相似度更好地区分了用户的分离状态。

3.4 数据的统计学可视化展示

在 3.3 节中，读者对数据，特别是大数据的处理有了基本的认识，通过数据的可视化处理，对数据的基本属性和分布都有了较为直观的理解。本节将对数据进行更多的分析处理，需要用到更为精准和科学的统计学分析方面的知识。

3.4.1 数据的四分位

四分位数（Quartile）是统计学中分位数的一种，即把所有数据由小到大排列并分成四等份，处于三个分割点位置的数据就是四分位数。

● 第一四分位数（Q1）又称"下四分位数"，等于该样本中所有数据由小到大排列后第 25%的数据。

● 第二四分位数（Q2）又称"中位数"，等于该样本中所有数据由小到大排列后第 50%数据。

● 第三四分位数（Q3）又称"上四分位数"，等于该样本中所有数据由小到大排列后第 75%的数据。

● 第三四分位数与第一四分位数的差距又称四分位距（Inter Quartile Range，IQR）。

首先确定四分位数的位置，n 表示项数的话，四分位数的位置分别为：

● Q1 的位置=(n+1)×0.25

● Q2 的位置=(n+1)×0.5

● Q3 的位置=(n+1)×0.75

通过图形表示如图 3-9 所示。

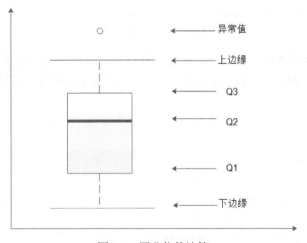

图 3-9　四分位的计算

从图 3-9 可以看到，四分位在图形中根据 Q1 和 Q3 的位置绘制了一个箱体结构，即根据一组数据的 5 个特征绘制的一个箱子和两条线段的图形。这种直观的箱线图反映出一组数据的特征分布，还显示了数据的最小值、中位数和最大值。

3.4.2 数据的四分位示例

首先介绍本例中的数据集。本数据集来源于真实世界中某借贷机构对申请贷款人的背景调查，目的是根据不同借款人的条件分析判断借款人能否按时归还贷款。一般来说，借款人能否按时归还贷款是所有借贷最为头疼的问题，其中的影响因素很多，判别相对麻烦，判断错误后果也较为严重。而通过数据处理可以较为轻松地将其转化成一个回归分类问题进行解决。

数据集中的数据如图 3-10 所示。

```
20001, 6. 15, 7. 06, 5. 24, 2. 61, 0, 4. 36, 0, 5. 76, 3. 83, 6. 94, 5. 86, 0, 9. 15, 6. 09, 1. 02, 3. 47, 4. 52, 11, 5. 35, 7. 5
7, 0. 22, 12. 69, 0, 3. 55, 4. 58, 8. 02, 6. 59, 5. 16, 7. 45, 13. 04, 0, 0, 4. 35, 0. 25, 0, 7. 17, 5. 27, 4. 48, 0. 02, 0. 48, 6
. 67, 6. 29, 3. 58, 8. 82, 0, 1. 6, 4. 81, 0. 33, 0. 95, 1. 36, 4. 89, 4. 72, 5. 51, 3. 87, 2. 02, 3. 31, 9. 02, 5. 73, 8. 02, 0, 1
. 72, 0. 86, 0, 0, 4. 35, 2. 17, 4. 35, 0, 0, 9. 02, 5. 72, 6. 82, 0. 07, 1. 05, 6. 67, 0. 47, 0, 1. 58, 2. 33, 0. 24, 8. 2, 2. 57,
3. 47, 3. 52, 0. 51, 1. 55, 0, 7. 95, 4. 25, 2. 71, 0, 9. 17, 5. 16, 4. 58, 9. 17, 0. 29, 0, 2. 17, 4. 35, 0, 0, 4. 35, 0, 0, 10. 8
7, 9. 03, 7. 51, 0, 4. 71, 6. 29, 0, 7. 25, 14. 09, 7. 57, 2. 12, 0, 6. 12, 2. 54, 8. 53, 4. 43, 8. 91, 6. 81, 0. 6, 7. 48, 5. 52,
2. 42, 0. 64, 5. 63, 3. 29, 0. 03, 7. 33, 4. 55, 0, 5. 73, 3. 72, 0. 57, 11. 17, 2. 01, 0. 29, 6. 52, 15. 22, 4. 35, 23. 91, 0, 5
. 99, 9. 8, 5. 04, 7. 35, 7. 67, 2. 24, 7. 35, 0. 64, 3. 19, 0. 3, 6. 59, 6. 89, 1. 8, 2. 4, 4. 49, 0, 5. 88, 8. 09, 4. 41, 1. 47, 5
. 15, 0, 8. 18, 6. 85, 4. 28, 0. 1, 9. 27, 7. 67, 4. 47, 0, 6. 39, 5. 09, 9. 28, 5. 39, 5. 99, 5. 69, 6. 89, 0. 6, 8. 82, 5. 88, 8.
09, 0. 19, 0, 8. 66, 4. 76, 7. 14, 8. 85, 7. 8, 3. 9, 0, 4. 28, 2. 38, 0. 29, 7. 61, 4. 15, 5. 75, 0, 0, 0, 6. 89, 4. 49, 6. 29, 0.
9, 4. 49, 0. 6, 6. 89, 0. 74, 6. 62, 7. 35, 5. 15, 1. 47, 2. 21, 0. 74, 2. 94, 3. 68, 1. 05, 0, 0. 95, 1. 9, 0, 0, 8. 31, 5. 75, 11
. 5, 2. 88, 2. 88, 2. 56, 0. 6, 0. 3, 2. 1, 5. 09, 2. 21, 8. 09, 0. 74, 2. 21, 8. 09, 0, 0, 0, 0, 0, 764, 0, 0, 0, 0, 0, 0, 0, 5, 0
, 701, 0, 0, 0, 0, 0, 0, 0, 0, 0, 1, 0, 121, 0, 0, 4, -1, 0, 0, 0, 0, 0, 0, 0, 0, 0, 0, 0, -
1, 49, 0, 0, 1, 1244. 33, 0, 0, 11. 33, 0, 0, 1, -1, -
1, 0, 0, 12, 1267, 5. 78, 77, 1, 1, 1, 1, 1, 1, 1, 1, 0, 0, 0, 1, 1, 1, 5, 0. 38, 1, 5, 1, 1, 1, 35. 4025, 116. 58031, 0, 13, 0, 1
, 0, 182, 51, 200, 123, 598, 379, 358, 0. 94, 0. 88, 1. 48, 22. 74, 11742. 05, 10. 42, 5. 33, 9. 23, 78. 89, 11. 71, 4. 2, 1
223. 99, 65. 53, 1. 5, 107. 99, 44. 21, 6375, 34. 68, 5367. 05, 7. 66, 9. 61, 30. 59, 226, 23. 11, 8. 51, 0. 61, 358, 283,
4, 6, 5, 9, 0, 0, 0, 0, 40, 12, 641, 18, 49, 0, 0, 0, 0, 0, 4, 48. 12, 407, 14, 0, 0, 3, 0, 405, 36, 0, 10, 0, 0, 3, 24, 387, 3
71, 16, 26. 87, 21. 24, 5, 1000, 29, 14, 2, 4, 2, 1, 0, 0, 0, 0, 4, 0, 1, 0. 16, 15. 76, 42, 3. 29, 0. 36, 27. 21, 0. 16, 6. 2
7, 6. 12, 140, -1, -1, -1, -1, -1, -1, -1, -1, -1, -1, -1, -1, -1, -1, -1, -1, -1, -1, -1, -
1, 0, 4, 27, 0, 3, 50, 0, 1, 7, 0, 3, 0, 0. 23, 11, 0, 0, 0, 0, 97, 88, 252, 82, 0, 27, 92, 2867, 0, 185, 334, 12500, 0, 0, 0, 2
, 0, 0, 0, 0, 0, 0, 0, 0, 0, 0, 0, 0, 0, 5, 0, 0, 6, 1, 1318, 0, 0, 0, 0, 0, 0, 0, 0, 4, 370, 0, 0, 0, 0, 0, 0, 0, 0, 0, 16,
0, 1, 0, 0, 0, 0, 0, 0, 0, 0, 0, 49, -1, 19, 159, 157, 3, 16, -
1, 91, 37, 4, 6074, 754, 1732, 0, 0, 0, 0, 0, 0, 0, 0, 0, 0, 0, 0, 0, 0, 1, 0, 0, 11, 0, 21, 21, 5, 84, 1, 0, 0, 0, 0, 1, 9, 6
70, 1, 0, 0, 0, 0, 0, 0, 0, 0, 0, 0, 122, 0, 0, 0, 0, 51, 0, 0, 0, 0, 0, 0, 0, 0, 0, 0, 0, 0, 0, 0, 0, 0, 0, 0, 0, 2281, 0,
0, 0, 0, 0, 0, 0, 0, 0, 0, 42, -1, -1, -1, -1, -
1, 7, 0, 0, 0, 0, 0, 0, 0, 0, 0, 0, 0, 0, 0, 0, 0, 0, 0, 0, 0, 0, 0, 174, 0, 0, 0, 4, 1, 0, 6, 5645, 1212, 1060, 0, 37, 0
, 0, 0, 0, 0, 0, 0, 43, 0, 2, 0, 0, 0, 0, 0, 0, 0, 0, 0, 0, 13, 0, 0, 0, 0, 0, 0, 619, 115, 0, 0, 0, 0, 0, 0, 93, -
1, 37, 0, 1, 115, 3, 0, 0, 0, 0, 0, 0, 0, 0, 0, 0, 0, 0, 0, 0, 0, 0, 0, 0, 0, 1, 0, 0, 0, 16, 1358, 90, 2, 0, 3494, 0, 244,
0, 17, 17, 0, 0, 0, 0, 2, 101, 1, 1, 0, 0, 0, 0, 0, 0, 0, 0, 0, 0, 0, 0, 0, 0, 0, 0, 0, 1, 0, 0, 0, 0, 0, 5, 0, 0, 0, 0, 0, 0, 0, 0
, 0, 0, 0, -1, -
```

图 3-10　小贷数据集

这个数据集的形式是每一行为一个单独的目标行，使用逗号分割不同的属性；每一列是不同的属性特征，不同列的含义在现实中至关重要，这里不做解释。具体代码如【程序 3-9】所示。

【程序 3-9】

```
from pylab import *
import pandas as pd
import matplotlib.pyplot as plot
   filePath = ("c://dataTest.csv")
dataFile = pd.read_csv(filePath,header=None, prefix="V")

print(dataFile.head())
```

```
print((dataFile.tail())

summary = dataFile.describe()
print(summary)

array = dataFile.iloc[:,10:16].values
boxplot(array)
plot.xlabel("Attribute")
plot.ylabel(("Score"))
show()
```

下面来看数据的结果：

```
      V0     V1    V2    V3    V4    V5    V6    V7     V8    V9  ...   V1129  \
0  20001   6.15  7.06  5.24  2.61  0.00  4.36  0.00   5.76  3.83  ...       7
1  20002   6.53  6.15  9.85  4.03  0.10  1.32  0.69   6.24  7.06  ...       6
2  20003   8.22  3.23  1.69  0.41  0.02  2.89  0.13  10.05  8.76  ...       1
3  20004   6.79  4.99  1.50  2.85  5.53  1.89  5.41   6.79  6.11  ...       3
4  20005  -1.00 -1.00 -1.00 -1.00 -1.00 -1.00 -1.00  -1.00 -1.00  ...            7


   V1130  V1131  V1132  V1133  V1134  V1135  V1136  V1137  V1138
0      6      1      2      5      7      3      6      8     12
1      7     15      2      6      7      1      8      1     24
2      8      3      1      1      8      8      1      7      6
3      6     20      1      6      8      1      6      5     12
4      8      1      1      8      8      1      8      8      1


[5 rows x 1139 columns]
        V0     V1    V2    V3    V4    V5    V6    V7    V8     V9  ...  \
196  20197   3.59  5.63  6.21  5.24  1.88  1.65  4.74  3.73   7.19  ...
197  20198   7.27  5.31  9.35  2.77  0.00  1.37  0.74  5.77   4.64  ...
198  20199   6.18  5.05  6.43  6.05  1.93  2.58  3.75  7.32   4.19  ...
199  20200   6.12  7.45  1.05  1.03  0.16  1.44  0.32  6.49  10.79  ...
200  20201   5.60  6.29  6.11  2.64  0.11  4.08  2.44  7.04   5.60  ...


     V1129  V1130  V1131  V1132  V1133  V1134  V1135  V1136  V1137  V1138
196      6      6      1      1      6      8      9      8      4     28
197      7      1      1      1      1      8     24      7      8     14
198      3      7      1      2      7      7      3      3      7      4
199      7      8      1      2      4      7      6      8      7     12
200      7      7      3      1      7      8      1      2      7     23


[5 rows x 1139 columns]
              V0           V1           V2           V3           V4  \
```

```
count      201.000000  201.000000  201.000000  201.000000  201.000000
mean     20101.000000    5.266219    6.447015    6.156020    3.319303
std         58.167861    2.273933    2.443789    2.967566    3.134570
min      20001.000000   -1.000000   -1.000000   -1.000000   -1.000000
25%      20051.000000    4.130000    5.190000    4.660000    1.200000
50%      20101.000000    5.240000    6.410000    6.000000    2.830000
75%      20151.000000    6.590000    7.790000    7.640000    4.570000
max      20201.000000   13.150000   13.960000   16.620000   28.440000

                 V5          V6          V7          V8          V9   ...        \
count    201.000000  201.000000  201.000000  201.000000  201.000000   ...
mean       0.907662    2.680149    2.649254    5.149055    5.532736   ...
std        1.360489    2.292231    2.912611    2.965096    2.763270   ...
min       -1.000000   -1.000000   -1.000000   -1.000000   -1.000000   ...
25%        0.020000    1.270000    0.320000    3.260000    3.720000   ...
50%        0.300000    2.030000    1.870000    4.870000    5.540000   ...
75%        1.390000    3.710000    4.140000    6.760000    7.400000   ...
max        8.480000   12.970000   18.850000   15.520000   13.490000   ...

               V1129       V1130       V1131       V1132       V1133       V1134   \
count     201.000000  201.000000  201.000000  201.000000  201.000000  201.000000
mean        6.054726    6.039801    7.756219    1.353234    4.830846    7.731343
std         1.934422    2.314824    9.145232    0.836422    2.161306    0.444368
min         1.000000    1.000000    1.000000    1.000000    1.000000    7.000000
25%         6.000000    5.000000    1.000000    1.000000    3.000000    7.000000
50%         7.000000    7.000000    1.000000    1.000000    6.000000    8.000000
75%         7.000000    8.000000   15.000000    2.000000    7.000000    8.000000
max         8.000000    8.000000   35.000000    7.000000    8.000000    8.000000

               V1135       V1136       V1137       V1138
count     201.000000  201.000000  201.000000  201.000000
mean       10.960199    5.631841    5.572139   16.776119
std         9.851315    2.510733    2.517145    8.507916
min         1.000000    1.000000    1.000000    1.000000
25%         3.000000    3.000000    4.000000   11.000000
50%         8.000000    7.000000    7.000000   17.000000
75%        18.000000    8.000000    7.000000   23.000000
max        36.000000    8.000000    8.000000   33.000000
```

　　这一部分是打印出的计算后的数据头和尾部，为了节省空间，只选择了前 6 个和最后尾部的 6 个数据。第一列是数据的编号，对数据目标行进行区分，其后是每个不同的目标行的属性。

　　dataFile.describe()方法是对数据进行统计学估计，count、mean、std、min 分别求得每列

数据的计数、均值、方差以及最小值。最后的几个百分比是求得四分位的数据，具体图形如图 3-11 所示。

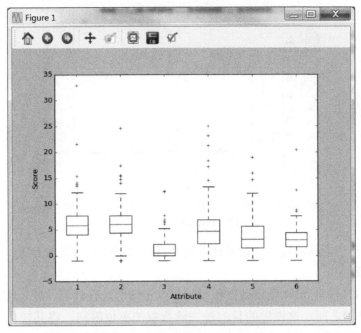

图 3-11　小贷数据集的四分位显示

代码中选择了第 11~16 列的数据作为分析数据集，可以看到，不同的数据列做出的箱体四分位图也是不同的，而部分明显超越四分位位置的数据被称为离群值，一般被视作特异点加以处理。

 读者可以选择不同的目标行和属性点进行分析。

从图 3-11 可以看到，四分位图是一个以更好、更直观的方式来识别数据中异常值的方法，比起数据处理的其他方式，它能够更有效地让分析人员判断离群值。

3.4.3　数据的标准化

继续对数据进行分析，相信读者在进行数据选择的时候，可能会遇到某一列的数值过大或者过小的问题，即数据的显示超出其他数据部分较大时，就会产生数据图形失真的问题，如图 3-12 所示。

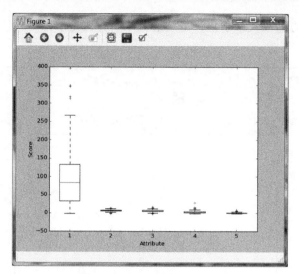

图 3-12　数据超预期的四分位图

因此，需要一个能够对数据进行处理，使其具有共同计算均值的方法，这样的方法称为数据的标准化处理。

顾名思义，数据的标准化是将数据根据自身一定比例进行处理，使之落入一个小的特定区间，一般为(-1,1)之间。这样做的目的是去除数据的单位限制，将其转化为无量纲的纯数值，使得不同单位或量级的指标能够进行比较和加权，其中最常用的就是 0-1 标准化（0-1 normalization）和 Z-score 标准化（zero-mean normalization）。

1. 0-1 标准化

0-1 标准化也叫离差标准化，是对原始数据的线性变换，使结果落到[0,1]区间，转换函数如下：

$$X = \frac{x - min}{max - min}$$

其中，max 为样本数据的最大值，min 为样本数据的最小值。这种方法有一个缺陷，就是当有新数据加入时，可能导致 max 和 min 的变化，需要重新定义。

2. Z-score 标准化

Z-score 标准化也叫标准差标准化，经过处理的数据符合标准正态分布，即均值为 0，标准差为 1，其转化函数为：

$$X = \frac{x - \mu}{\sigma}$$

其中，μ 为所有样本数据的均值，σ 为所有样本数据的标准差。

一般情况下，通过数据的标准化处理后，数据最终落在(-1,1)之间的概率为 99.7%，而在(-1,1)之外的数据被设置成-1 和 1，以便处理。

【程序 3-10】

```
from pylab import *
import pandas as pd
import matplotlib.pyplot as plot
filePath = ("c://dataTest.csv")
dataFile = pd.read_csv(filePath,header=None, prefix="V")

summary = dataFile.describe()
dataFileNormalized = dataFile.iloc[:,1:6]
for i in range(5):
    mean = summary.iloc[1, i]
    sd = summary.iloc[2, i]

dataFileNormalized.iloc[:,i:(i + 1)] = (dataFileNormalized.iloc[:,i:(i + 1)] -
mean) / sd
array = dataFileNormalized.values
boxplot(array)
plot.xlabel("Attribute")
plot.ylabel(("Score"))
show()
```

从代码中可以看到，数据被处理为标准差标准化的方法，dataFileNormalized 被重新计算并定义，大数值被人为限定在(-1,1)之间，请读者自行运行验证。

　【程序 3-10】中所使用的数据被人为修改，请读者自行修改验证，这里不再进行演示。此外，读者可以对数据进行处理，验证更多的标准化方法。

3.4.4　数据的平行化处理

从 3.4.2 小节可以看到，对于每种单独的数据属性来说，可以通过数据的四分位法进行处理、查找和寻找离群值，从而对其进行分析处理。

但是对于属性之间的横向比较，每个目标行属性之间的比较，使用四分位法则较难判断，因此为了描述和表现每一个不同目标行之间数据的差异和不同，需要另一种处理和展示方法。

平行坐标（Parallel Coordinates）是一种常用的可视化方法，用于对高维几何和多元数据进行可视化。

平行坐标为了表示在高维空间的一个点集，在 N 条平行的线的背景下（一般这 N 条线都竖直且等距），一个在高维空间的点被表示为一条拐点在 N 条平行坐标轴的折线，在第 K 个坐标轴上的位置就表示这个点在第 K 维的值。

平行坐标是信息可视化的一种重要技术。为了克服传统的笛卡尔直角坐标系容易耗尽空间、难以表达三维以上数据的问题，平行坐标将高维数据的各个变量用一系列相互平行的坐标轴表示，变量值对应轴上的位置。为了反映变化趋势和各个变量间的相互关系，往往将描述不同变量的各个点连接成折线。所以平行坐标图的实质是将欧式空间的一个点 $X_i(x_{i1},x_{i2},...,x_{im})$ 映射到二维平面上的一条曲线。

平行坐标图可以表示超高维数据。平行坐标的一个显著优点是具有良好的数学基础，其射影几何解释和对偶特性使它很适合用于可视化数据分析。

【程序 3-11】

```python
from pylab import *
import pandas as pd
import matplotlib.pyplot as plot
filePath = ("c://dataTest.csv")
dataFile = pd.read_csv(filePath,header=None, prefix="V")

summary = dataFile.describe()
minRings = -1
maxRings = 99
nrows = 10
for i in range(nrows):
    dataRow = dataFile.iloc[i,1:10]
    labelColor = (dataFile.iloc[i,10] - minRings) / (maxRings - minRings)
    dataRow.plot(color=plot.cm.RdYlBu(labelColor), alpha=0.5)
plot.xlabel("Attribute")
plot.ylabel("Score")
show()
```

从代码中可以看到，首先计算总体的统计量，之后设置计算的最大值和最小值。本例中人为设置-1 为最小值，99 为最大值。为了计算简便，选择了前 10 行作为目标行数进行计算。使用 for 循环对数据进行训练。

最终图形结果如图 3-13 所示。

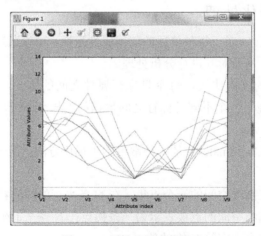

图 3-13　属性的图形化展示

从图 3-13 中可以看到，不同的属性画出了 10 条不同的曲线，这些曲线根据不同的属性从而画出不同的运行轨迹。

 可以选择不同的目标行和不同的属性进行验证，可以观察更多的数据中所展示的结果有何不同。

3.4.5　热点图-属性相关性检测

前面对数据集中数据的属性分别进行了横向和纵向的比较，现在换一种思路，如果对数据属性之间的相关性进行检测的话，该怎么办呢？

热点图是一种判断属性相关性的常用方法，根据不同目标行数据对应的数据相关性进行检测。【程序 3-12】展示了对数据相关性进行检测的方法，根据不同数据之间的相关性，做出图形。

【程序 3-12】

```
from pylab import *
import pandas as pd
import matplotlib.pyplot as plot
    filePath = ("c://dataTest.csv")
dataFile = pd.read_csv(filePath,header=None, prefix="V")

summary = dataFile.describe()
corMat = DataFrame(dataFile.iloc[1:20,1:20].corr())

plot.pcolor(corMat)
plot.show()
```

最终结果如图 3-14 所示。

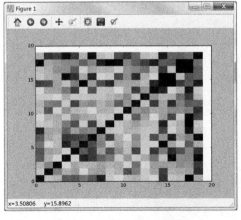

图 3-14　属性之间的相关性

不同颜色之间显示了不同的相关性，彩色的深浅显示了相关性的强弱程度。对此读者可以通过打印相关系数来直观地显示数据，相关系数打印方法如下：

```
print(corMat)
```

> 此处选择了前 20 行中的前 20 列数据属性进行计算，可以对其进行更多的验证和显示处理。

3.5 Python 实战：某地降雨的关系处理

前面对数据属性间的处理做了大致的介绍，本节将使用这个方法解决一个实际问题。

农业灌溉用水主要来自于天然降水和地下水。随着中原经济区的发展和城镇化水平的提高，城市用水日趋紧张。下面以河南省降水量的变化及分布规律为例进行介绍，为合理调度和利用水资源提供决策。

数据集名为 rain.csv，记录了从 2000 年开始到 2011 年之间每月的降水量数据，本节将以降水量进行统计计算，找出其规律进行分析。

3.5.1 不同年份的相同月份统计

对于不同年份，每月的降水量也是不同，一般情况下，降水量会随着春夏秋冬的交替呈现不同的状态，一个横向变化的过程。对于不同的年份来说，每月的降水量应该在一个范围内浮动，而不应偏离均值太大。

【程序 3-13】

```
from pylab import *
import pandas as pd
import matplotlib.pyplot as plot
filePath = ("c://rain.csv")
dataFile = pd.read_csv(filePath)

summary = dataFile.describe()
print(summary)

array = dataFile.iloc[:,1:13].values
boxplot(array)
plot.xlabel("month")
plot.ylabel(("rain"))
show()
```

打印结果如下。

	0	1	2	3	4
count	12.000000	12.000000	12.000000	12.000000	12.000000
mean	2005.500000	121.083333	67.833333	102.916667	263.416667
std	3.605551	103.021144	72.148626	137.993714	246.690258
min	2000.000000	0.000000	0.000000	0.000000	70.000000
25%	2002.750000	17.750000	9.750000	3.000000	136.250000
50%	2005.500000	125.000000	39.500000	51.500000	155.000000
75%	2008.250000	204.500000	123.250000	150.000000	232.500000
max	2011.000000	295.000000	192.000000	437.000000	833.000000

	5	6	7	8	9
count	12.000000	12.000000	12.000000	12.000000	12.000000
mean	1134.583333	2365.666667	2529.000000	1875.500000	1992.416667
std	618.225240	705.323180	1120.231226	603.135821	670.834414
min	218.000000	766.000000	865.000000	746.000000	621.000000
25%	685.500000	2117.000000	1770.250000	1723.500000	1630.000000
50%	951.500000	2440.500000	2023.500000	1943.500000	1961.000000
75%	1599.000000	2723.750000	3603.000000	2321.750000	2231.750000
max	2134.000000	3375.000000	4163.000000	2508.000000	3097.000000

	10	11	12
count	12.000000	12.000000	12.000000
mean	1219.250000	159.333333	38.333333
std	743.534938	124.611639	34.494620
min	328.000000	0.000000	0.000000
25%	612.250000	64.000000	18.750000
50%	1208.500000	123.000000	25.500000
75%	1672.250000	278.250000	46.250000
max	2561.000000	357.000000	100.000000

从打印结果可以看到，程序对平均每个月份的降水量进行了计算，获得了其偏移值、均值以及均方差的大小。

通过四分位的计算可以获得一个波动范围，具体结果如图 3-15 所示。

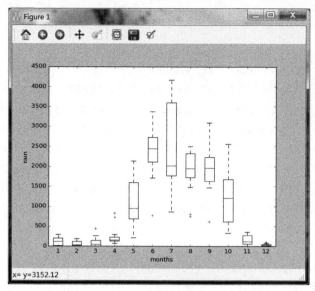

图 3-15　降水量的四分位图

从图 3-15 中可以直观地看到，不同月份之间的降水量有很大的差距，春秋（1~4 月）降水量明显较少，5 月份开始降水量有个明显增多的过程，而在 7 月份达到顶峰后回落，11 月份和 12 月份达到最低的降水量。

同时可以看到，有几个月份的降水量有明显的偏移，即离群值出现，这点可能跟年度情况有关，需要继续进行分析。

3.5.2　不同月份之间的增减程度比较

正常情况下，每年降水量都呈现一个平稳的增长或者减少的过程，其下降的坡度（趋势线）应该是一样的。【程序 3-14】展示了这种趋势。

【程序 3-14】

```
from pylab import *
import pandas as pd
import matplotlib.pyplot as plot
    filePath = ("c://rain.csv")
dataFile = pd.read_csv(filePath)

summary = dataFile.describe()
minRings = -1
maxRings = 99
nrows = 11
for i in range(nrows):
    dataRow = dataFile.iloc[i,1:13]
    labelColor = (dataFile.iloc[i,12] - minRings) / (maxRings - minRings)
    dataRow.plot(color=plot.cm.RdYlBu(labelColor), alpha=0.5)
```

```
plot.xlabel("Attribute")
plot.ylabel(("Score"))
show()
```

最终打印结果如图 3-16 所示。

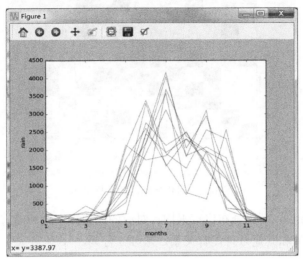

图 3-16　降水量的趋势图

从图 3-16 中可以明显地看到，降雨的月份并不是规律地上涨或下跌，而是呈现一个不规则的浮动状态，增长最快的为 6、7 月份，而下降最快的为 7、8 月份，之后有一个明显的回升过程。

3.5.3　每月的降水量是否相关

每月的降水量理论上来说应该是具有相互独立性的，即每月的降水量和其他月份没有关系。但是实际是这样的吗？

【程序 3-15】

```
from pylab import *
import pandas as pd
import matplotlib.pyplot as plot
    filePath = ("c:// rain.csv")
dataFile = pd.read_csv(filePath)

summary = dataFile.describe()
corMat = DataFrame(dataFile.iloc[1:20,1:20].corr())

plot.pcolor(corMat)
plot.show()
```

通过计算，最终结果如图 3-17 所示。

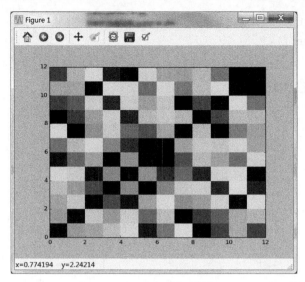

图 3-17　月份之间的相关性显示

从图 3-17 可以看到，颜色分布比较平均，对应的区块相互之间没有太大的相关性，因此可以认为每月的降水量和其他月份没有关系，是独立行为。

3.6 小结

本章从直观的观察开始，逐渐深入介绍和研究了数据集和分析工具，了解了使用 Python 类库进行数据分析的基本方法。数据分析从最基本的矩阵转换开始，直到对数据集特征值进行分析和处理，通过对本章内容的学习，读者可以为学习数据分析打下基础。

使用相应的类库进行深度学习程序设计是本章的重点，也是希望读者能够掌握的内容。再一次强调，请读者尽量使用 Python 已有的类库进行程序设计。在数据的可视化展示过程中，通过做出多种数据图形向读者演示了使用不同的类库可以非常直观地进行数据分析，希望本章中提供的不同研究方法和程序设计思路能够帮助读者掌握基本数据集的描述性和统计值之间的关系，这些非常有利于对数据的掌握。

本章是数据处理的基础，内容简单，但是非常重要，希望读者能够使用不同的数据集进行处理并演示更多的值。

第 4 章

◀ 欢迎来到掘金量化 ▶

欢迎来到掘金量化！

掘金量化交易平台（软件启动界面见图 4-1）涵盖量化交易完整的生命周期，支持多语言策略开发、tick 级回测、仿真交易与实盘交易，为客户提供安全、专业、高效的量化 IT 解决方案。

本章将介绍掘金量化平台的注册与使用。

图 4-1　掘金量化

4.1　基础工作

本节将介绍使用掘金量化平台前需要做的各种准备工作，包括从开始注册到获取帮助。

4.1.1　安装掘金终端

在处理测量数据时，经常要研究变量之间的关系。变量之间的关系一般分为两种：

- 完全确定关系，即函数关系。
- 相关关系，即变量之间既存在着密切联系，但又不能由一个或多个变量的值求出另一个变量的值。

1. 下载终端

登录掘金官网（http://www.myquant.cn）申请试用，申请通过后下载终端。完成后双击安装应用程序，进入安装向导，根据向导完成安装。

2. 注册用户/登录用户

启动终端后，进入用户登录界面（见图4-2），使用手机号为用户名进行注册并登录。

图 4-2　登录掘金量化终端

3. 安装对应的 SDK

进入终端后，单击左上角的 logo，如图4-3所示。

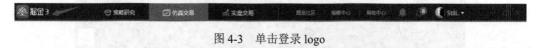

图 4-3　单击登录 logo

在选择策略编辑语言界面上选择自己熟悉的语言，进行相应 SDK 的安装，如图4-4所示。

图 4-4　安装 SDK

之后进入掘金量化终端的首页，如图 4-5 所示。

图 4-5　掘金量化终端首页

读者需要注意的是，在安装 SDK 之前，需确认已经安装有相应的编程语言环境，比如安装 Python 语言的 SDK 前，需要先安装 Python 2 或者 Python 3.6 的环境。这里建议安装 Python 3.6。

4.1.2　获取帮助

在掘金量化中，获取帮助一般分为两种：从网站直接获取帮助和通过 QQ 群获取帮助。这里建议读者先尝试自己从网站查找对应的 API 文档，遇到经过查询无法解决的问题时，再通过 QQ 群获取帮助。

1. 获取帮助

通过首页右上方的"帮助中心"获取帮助，如图 4-6 所示。

图 4-6　单击"帮助中心"

2. 一些常用页面介绍

（1）依次单击"帮助中心"→"API 文档"→Python，在代码编写过程中，可通过该页面查阅基本 API 函数和一些重要概念的解释，如图 4-7 所示。

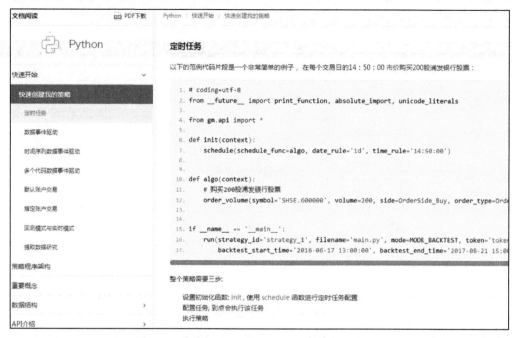

图 4-7　创建策略页面介绍

（2）依次单击"帮助中心"→"数据文档"，该页面提供详细的基本面数据和行情数据，如图 4-8 所示。

图 4-8　数据文档介绍

除此之外，掘金网站上有很多不同的页面能够提供不同的文档介绍和帮助，希望读者多多使用。对于一些无法解决的问题，还可以通过网站社区上提供的问答来解决。

4.2 实战：使用掘金终端进行回测工作

下面开始使用掘金终端进行回测工作。使用掘金量化相比较其他平台的好处在于，可以使用 Python IDE 编辑器进行数据处理和编辑，并通过掘金终端获取回测结果。推荐使用 IDE 对数据进行编辑，而不是使用掘金终端对工作进行回测。

4.2.1 创建第一个策略

下面将带领读者创建第一个策略。

选择主界面中"策略研究"，进入策略研究页面，如图 4-9 所示。该页面有"新建策略"和"策略研究"两个菜单。

图 4-9　策略研究

单击"新建策略"菜单，这里提供了多个不同类型的策略模板，可选择最合适的模板开始编写，如果都不匹配，可单击"空策略"来构建全新的策略，如图 4-10 所示。

图 4-10　新建策略

选择所需要的策略类型，输入策略名之后，单击"确认"按钮，这时会出来一个策略 ID，如需在熟悉的 IDE 中编写代码，则可将此 ID 复制到所编写的代码中与此终端进行连接，方可进行后续操作，如图 4-11 所示。

图 4-11　策略 ID

如果需要再次查看策略 ID 或者修改策略解析器路径等一系列策略环境配置，可以单击"设置"按钮进行设置，如图 4-12 所示。

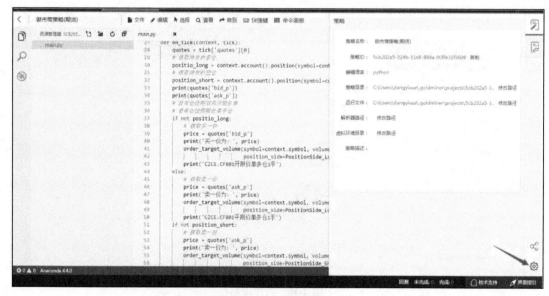

图 4-12　查看相关内容

这是使用掘金量化终端创建第一个策略的方法，更多的尝试希望读者自行测试完成。

4.2.2　运行回测

下面进行运行回测。

（1）单击"策略研究"，选择指定策略进入策略编写界面，如图 4-13 所示。

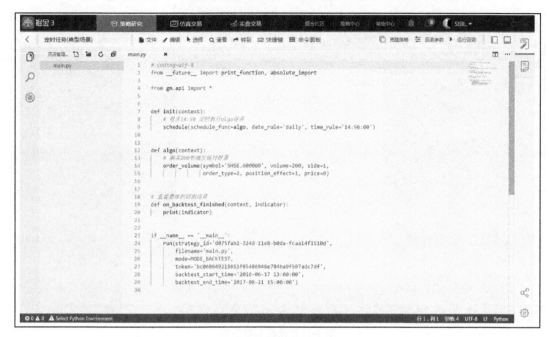

图 4-13　策略编写界面

（2）该页面是一个完整的 IDE 工作区，可对策略内容进行修改调试以及回测，若策略较复杂，则可以选择右上角的"分页"按钮对策略进行分段编辑，如图 4-14 所示。

图 4-14　IDE 回测编辑界面

（3）策略修改完成之后，单击右上方的"回测参数"按钮可对策略基本数据参数进行调整（见图 4-15），随后单击"运行回测"按钮即可开始回测。

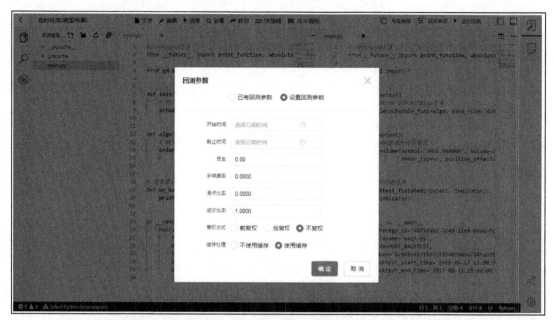

图 4-15　设置起始参数

4.2.3　查看回测结果

在研究策略页面单击该策略中"回测次数"，如图 4-16 所示。

图 4-16　回测次数

进入对应的回测结果界面，如图 4-17 所示。

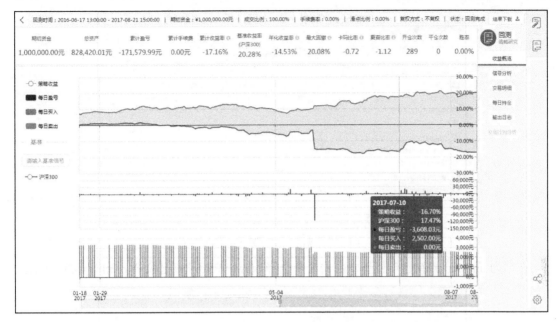

图 4-17　进入回测结果页面

　　该页面展示了此策略回测的所有明细情况，包括收益概览、信号分析、交易明细、每日持仓和输出日志。可单击屏幕右上方的"结果下载"将回测结果保存在本地，如图 4-18 所示。

图 4-18　保存回测结果

　　至此，查看回测结果介绍完毕，读者可以通过下载掘金 IDE 和安装 Python 类库来自行测试，这里主要以了解为主，具体的使用推荐 Python 专用 IDE，例如 Pycharm。

4.2.4　使用 PyCharm 进行回测

　　前面已经介绍过，PyCharm 是一种 Python IDE，带有一整套可以帮助用户在使用 Python 语言开发时提高效率的工具，比如调试、语法高亮、Project 管理、代码跳转、智能提示、自动完成、单元测试、版本控制。此外，该 IDE 提供了一些高级功能，以用于支持 Django 框架下的专业 Web 开发。

　　掘金量化支持并鼓励读者使用 PyCharm 进行量化的回测工作，在这里通过一个例子演示使用 PyCharm 进行回测的结果。

1. 创建一个新的 Python 文件

　　单击 File 菜单并选择 New Project，在弹出的菜单中选择 Pure Python（编译器会默认选择当前已安装的 Python 版本），如图 4-19 所示。

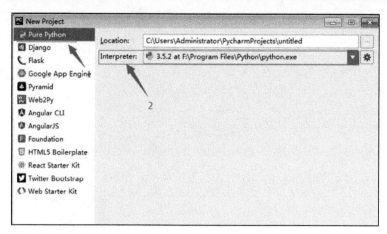

图 4-19　新建一个 Python 工程

在名为 untitled 的新建项目里，右击它并选择 New→File 来新建文件，如图 4-20 所示。

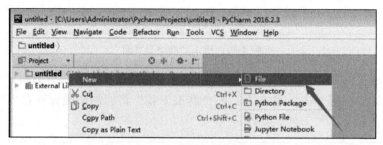

图 4-20　创建一个新文件

输入新的文件名，例如 HelloQuant，如图 4-21 所示。

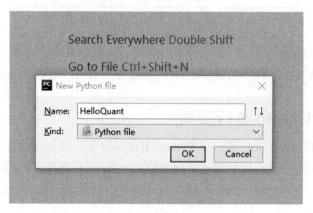

图 4-21　设置文件名

2. 从掘金量化终端中复制回测框架

在"策略研究"页面单击"新建策略"菜单，如图 4-22 所示。

图 4-22　新建策略

之后选择一个任务，这里建议选择定时任务，单击"确认"按钮进行创建。之后确定部分变为如图 4-23 所示的形态。

图 4-23　确定已创建的任务

此时单击"策略编辑"按钮对策略进行编辑处理。这里生成的是一个具有完整框架的回测程序，如图 4-24 所示。

```
 main.py  ✕
1    # coding=utf-8
2    from __future__ import print_function, absolute_import
3
4    from gm.api import *
5
6
7  □ def init(context):
8    |     # 每天14:50 定时执行algo任务
9    |     schedule(schedule_func=algo, date_rule='daily', time_rule='14:50:00')
10
11
12 □ def algo(context):
13   |     # 购买200股浦发银行股票
14   □     order_volume(symbol='SHSE.600000', volume=200, side=1,
15   |     |    |     |    order_type=2, position_effect=1, price=0)
16
17
18   # 查看最终的回测结果
19 □ def on_backtest_finished(context, indicator):
20   |     print(indicator)
21
22
23 □ if __name__ == '__main__':
24   □     run(strategy_id='36b05b5f-8fe6-11e8-a628-4cedfb681747',
25   |         filename='main.py',
26   |         mode=MODE_BACKTEST,
27   |         token='e8978d765c4822e5a85fcaa73e044065cf17b58b',
28   |         backtest_start_time='2016-06-17 13:00:00',
29   |         backtest_end_time='2017-08-21 15:00:00')
30
```

图 4-24　创建策略文件

【程序 4-1】

```
# coding=utf-8
from __future__ import print_function, absolute_import

from gm.api import *

def init(context):
    # 每天 14:50 定时执行 algo 任务
    schedule(schedule_func=algo, date_rule='daily', time_rule='14:50:00')

def algo(context):
    # 购买 200 股浦发银行股票
    order_volume(symbol='SHSE.600000', volume=200, side=1,
            order_type=2, position_effect=1, price=0)
# 查看最终的回测结果
def on_backtest_finished(context, indicator):
    print(indicator)
if __name__ == '__main__':
    run(strategy_id='36b05b5f-8fe6-11e8-a628-4cedfb681747',
        filename='main.py',
        mode=MODE_BACKTEST,
        token='e8978d765c4822e5a85fcaa73e044065cf17b58b',
        backtest_start_time='2016-06-17 13:00:00',
        backtest_end_time='2017-08-21 15:00:00')
```

可以将以上代码段复制到 PyCharm IDE 中直接使用，与正常的掘金 IDE 一样。

注意　对于不同的文件名，需要将文件名改成 PyCharm 中 Python 的名称，即将 filename='main.py'改成 filename='HelloQuant.py'，这点请读者切记。

显示的回测结果如图 4-25 所示。

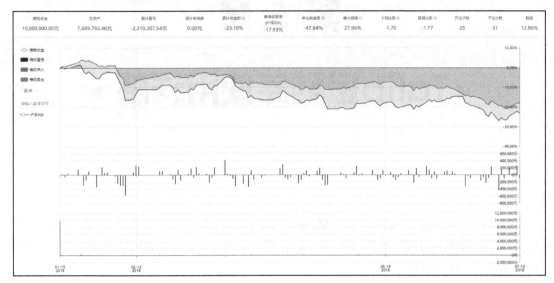

图 4-25　显示策略回测结果

4.3　小结

本章主要介绍使用掘金 IDE 对数据进行回测，首先使用的是掘金专用的客户端，但是这并不是作者建议的方式，建议使用专门的 PyCharm IDE 编辑器对数据进行编辑。

第 5 章

◀ Talib金融库使用详解 ▶

工欲善其事必先利其器。

前面介绍了 Numpy、pandas 以及 Matplot 等多种常用的 Python 类库的使用。虽然这些工具能帮助读者准确获取所关注的内容，但是由于其不具有专业性，还需要额外让读者自行编写程序进行下一步的解析。

Talib 的简称是 Technical Analysis Library，主要功能是计算行情数据的技术分析指标，用来开发技术分析策略。官网称其为 TA-Lib，为了简便起见，本书使用 Talib 指代 TA-Lib。

5.1 Talib 金融工具库的介绍

Talib 的中文翻译为技术分析库，是一种以 Python 为基础的广泛用于量化交易中对金融市场数据进行分析的函数库。其通过内置的函数给使用者提供了多种技术分析函数和多种变量，极大地方便了量化投资中的数据编程工作。下面以股票分析为例进行介绍，其他如期货、期权的交易在程序设计上类似，就不再额外阐述了。

5.1.1 使用 Talib 获取 3 日、7 日、15 日均线

学习一个新的技术，最好的方法是实际进行在实际中学习。

（1）对于 Talib 的使用，首先需要获取实时的股票数据，通过使用第 4 章所提供的 API 可以很方便地取得所需要的数据，代码如下：

```
from gm.api import *
import numpy as np
import talib
```

第一步是引入所需要的 Python 库包，这里 gm.api 是掘金量化通信包；numpy 是数学处理包，对于获得的数据进行处理；Talib 是本章介绍的包，用于对数据进行下一步处理。

（2）在前面介绍掘金量化库包的时候说过，与掘金量化数据库进行通信必须使用对应的

账户与密码，而下面的代码中，set_token 是将所对应的账户与密码进行加密后发送给服务器端。history_n 函数用于获取前若干段的时间序列内容。

```
set_token("***********************************")

data = history_n(symbol="SZSE.399006",frequency="1d",count=100,end_time="2017-
12-31",fields="close",fill_missing="last",adjust=ADJUST_PREV,df=True)
```

（3）对获取的数据进行处理，对于不同的目的来说，所需要的均线值不同，Talib 提供了相应的均线计算值，代码如下：

```
close = np.asarray(data["close"].values)
```

（4）前面已经说过，history_n 函数通过设置参数 df=True 获得一个 pandas 类型的返回值。提取 pandas 的返回值，并通过 Numpy 设置成数组矩阵。

```
ma3 = talib.MA(close,timeperiod = 3)
```

（5）Talib 中的 MA 函数是计算滑动平均值的专用函数，通过设置 timeperiod 时间周期可以计算相应的滑动平均周期。

【程序 5-1】

```
from gm.api import *
import talib
import numpy as np

set_token("9e02621e7fcf850731def2e8a9de1fdbd5b21ad6")

data = history_n(symbol="SZSE.399006",frequency="1d",count=100,end_time="2017-
12-31",fields="close",fill_missing="last",adjust=ADJUST_PREV,df=True)
close = np.asarray(data["close"].values)
ma3 = talib.MA(close,timeperiod = 3)
print(ma3)
```

最终打印结果如图 5-1 所示。

```
[         nan           nan           nan           nan  1756.86557617
  1763.07770996  1770.18171387  1782.60927734  1798.55507812  1814.4878418
  1821.63481445  1824.90405273  1821.33994141  1813.80812988  1812.0230957
  1814.74545898  1818.08063965  1824.33354492  1835.06149902  1845.53588867
  1853.69377441  1864.4079834   1877.25314941  1885.45383301  1889.45856934
  1892.01005859  1891.87443848  1888.9895752   1886.76359863  1884.83579102
  1884.52116699  1883.68361816  1884.53093262  1883.23439941  1881.39238281
  1871.15620117  1862.98798828  1855.44274902  1851.83562012  1851.9470459
  1861.19040527  1876.79086914  1886.11245117  1895.16286621  1906.98139648
  1905.55100098  1897.45773926  1890.77932129  1883.30432129  1874.1322998
```

图 5-1　5 日滑动平均值

从打印结果可以看到，前 4 项数据内容由于滑动平均周期的设置，没有相应的内容，这在显示时并没有什么问题，但是在后续计算时，由于 nan 并不是一个具体的数值，有很大可能报错。

这里 NumPy 提供了相应的函数对其进行处理，代码如下：

```
ma3 = np.nan_to_num(ma3)
```

具体结果请读者自行验证。

而对于不同滑动平均值的计算，通过设置不同的 timeperiod 值进行针对性设置。

可能有读者提出疑问，在介绍 history_n 函数时，着重介绍了其中的参数设置，其中的参数之一 frequency 是对函数获取的标的时间周期进行设置，此时在【程序 5-2】中可以通过获取不同的 frequency 对序列时间进行设置。

【程序 5-2】

```
from gm.api import *
import talib
import numpy as np

set_token("9e02621e7fcf850731def2e8a9de1fdbd5b21ad6")

data =
history_n(symbol="SZSE.399006",frequency="3600s",count=100,end_time="2017-12-
31",fields="close",fill_missing="last",adjust=ADJUST_PREV,df=True)
close = np.asarray(data["close"].values)
ma5 = talib.MA(close,timeperiod = 5)
ma5 = np.nan_to_num(ma5)
print(ma5)
```

通过不同 timeperiod 可以获取不同的时间端数据。然而无论获取的数据多少，其都是基于统一的 "1d"，也就是以日为时间周期去获取。而有时读者在进行程序设计的时候需要使用不同的时间周期去进行处理，此时则只需要将 frequency 设置成

```
frequency="3600s"
```

即可。

5.1.2 EMA 的计算

EMA 的中文意思是指数平均数指标，也叫 EXPMA 指标，是一种趋向类指标，是以指数式递减加权的移动平均。

EMA 的公式如下：

$$EMA = \alpha \times Price_N + （1-\alpha） \times Price\_(N-1)$$

其中，α 为平滑指数，一般取作 2/(N+1)。

【程序 5-3】

```
from gm.api import *
import talib
import numpy as np

set_token("9e02621e7fcf850731def2e8a9de1fdbd5b21ad6")
data = history_n(symbol="SZSE.399006",frequency="1d",count=100,end_time="2017-
12-31",fields="close",fill_missing="last",adjust=ADJUST_PREV,df=True)
close = np.asarray(data["close"].values)
ema = talib.EMA(close)
ema = np.nan_to_num(ema)
print(ema)
```

同样，EMA 的最终计算结果上，前面若干个值为空，通过 nan_to_num 将其转化成值为 0 的数。结果如图 5-2 所示。

```
[    0.           0.           0.           0.           0.           0.
     0.           0.           0.           0.           0.           0.
     0.           0.           0.           0.           0.           0.
     0.           0.           0.           0.           0.           0.
     0.           0.           0.           0.           0.
  1833.86779378 1837.79904877 1840.54081251 1843.90391785 1845.76623124
  1847.09902668 1846.87465966 1846.39599273 1846.94739636 1847.44976633
  1848.7098904  1851.36332552 1855.62747495 1858.59026103 1861.26096716
  1865.44247514 1866.55497076 1867.22828445 1867.28830283 1866.98655465
```

图 5-2　滑动平均值计算结果

有读者看到这里会提出疑问，为什么前面会有 29 个 0 值（nan）。这里 EMA 的函数代码如下：

```
def EMA(real, *args, **kwargs): # real signature unknown; NOTE: unreliably
restored from __doc__
    """
    EMA(real[, timeperiod=?])

        Exponential Moving Average (Overlap Studies)

        Inputs:
            real: (any ndarray)
        Parameters:
            timeperiod: 30
        Outputs:
            real
    """
    pass
```

可以看到，这里的时间周期被设置成 30，如果有别的需要，例如在 MACD 或者 RSI 中计算不同的时间趋势时，则可以通过对时间周期进行设置从而获得不同的结果。请读者自行设置验证。

5.1.3　MACD 的计算

MACD 称为指数平滑移动平均线，是金融分析指标中常用的一个数据指标，用于对股票趋势的分析。

MACD 的意义和双移动平均线基本相同，即由快、慢均线的离散、聚合表征当前的多空状态和股价可能的发展变化趋势，但阅读起来更方便。当 MACD 从负数转向正数时，是买的信号。当 MACD 从正数转向负数时，是卖的信号。当 MACD 以大角度变化时，表示快的移动平均线和慢的移动平均线的差距非常迅速地拉开，代表一个市场大趋势的转变。

同样，Talib 中也提供了这个指标的处理函数，代码如下：

```
def MACD(real, *args, **kwargs): # real signature unknown; NOTE: unreliably
restored from __doc__
    """
    MACD(real[, fastperiod=?, slowperiod=?, signalperiod=?])

        Inputs:
            real: (any ndarray)
        Parameters:
            fastperiod: 12
            slowperiod: 26
            signalperiod: 9
        Outputs:
            macd
            macdsignal
            macdhist
    """
    pass
```

这里简单介绍一下 MACD 函数。可以看到，在函数说明中，MACD 函数的默认值分别为 12、26、9。这里分别是快速（一般选 12 日）移动平均值与慢速（一般选 26 日）移动平均值。

以这两个数值作为测量两者（快速与慢速线）间的"差离值"的依据。所谓"差离值"（DIF），即 12 日 EMA 数值减去 26 日 EMA 数值。因此，在持续的涨势中，12 日 EMA 在 26 日 EMA 之上。其间的正差离值（+DIF）会愈来愈大。反之在跌势中，差离值可能变负（-DIF），也愈来愈大。至于行情开始回转，正或负差离值要缩小到一定的程度，才真正是行情反转的信号。MACD 的反转信号界定为"差离值"的 9 日移动平均值（9 日 EMA）。

MACD 的使用代码如下：

```
macd, signal, hist = talib.MACD(close, fastperiod=12, slowperiod=26,
signalperiod=9)
```

对于其返回值来说，signal 与 hist 分别为 MACD 的参数辅助量，现在可以不考虑。完整代码如下：

【程序 5-4】

```
from gm.api import *
import talib
import numpy as np
set_token("9e02621e7fcf850731def2e8a9de1fdbd5b21ad6")

data = history_n(symbol="SZSE.399006",frequency="1d",count=100,end_time="2017-
12-31",fields="close",fill_missing="last",adjust=ADJUST_PREV,df=True)
close = np.asarray(data["close"].values)

macd, signal, hist = talib.MACD(close, fastperiod=12, slowperiod=26,
signalperiod=9)
macd = np.nan_to_num(macd)
print(macd)
```

结果如图 5-3 所示。

```
[  0.          0.          0.          0.          0.          0.          0.
   0.          0.          0.          0.          0.          0.          0.
   0.          0.          0.          0.          0.          0.          0.
   0.          0.          0.          0.          0.          0.          0.
   0.          0.          0.          0.          0.         25.7819188
  22.91714579 18.59244096 14.65992805 12.64729896 10.90968213
  10.40098779 11.70721449 14.80046144 15.78634621 16.254062
  18.51637928 16.61667157 14.48464484 11.94457842  9.37585263
   8.66070096  9.48108596 10.24979057 11.65833057 12.42620038
  11.72964957  7.84044392  5.80493218  4.38005903  1.20500812
  -2.4608435  -3.92195266 -4.32276903 -4.02322122 -2.30923084
   0.37772329  2.94176082  4.14201739  2.7505036   2.44091842
  -1.36848967 -2.27499697 -3.18178692 -4.14176998 -9.52112149
 -14.59436889 -20.13843504 -21.62265145 -23.05648575 -25.27961185
 -23.9954489 -23.26288752 -25.54896309 -24.99674712 -24.86356266
 -23.26608476 -19.76867039 -18.26258327 -16.28422296 -15.48566071
 -15.51084573 -15.61936569 -14.10181762 -14.03561284 -13.23962222
 -13.29449209 -15.06326968 -16.03692785 -17.70067982 -18.81990271
 -18.87329326]
```

图 5-3　MACD 计算结果

可以看到图中的值有正值和负值，根据 MACD 的设计形式，当 MACD 的值由负变成正的时候，是买入点。而值由正变成负的时候，就是对应的卖出点。

其次，对于 MACD 函数中参数的设置，读者也可以直接写成：

```
macd, signal, hist = talib.MACD(close)
```

这样使用的是 talib.MACD 的默认参数，如果读者有其他的需求，也可以自定义使用不同的时间周期去进行演练。

```
macd, signal, hist = talib.MACD(close, fastperiod=x, slowperiod=y
signalperiod=z)
```

代码中的 x、y、z 分别为对应的周期值。

有的时候对于数据的展示，更多的是希望以图形的形式将其展示出来，根据生成的 macd 返回值可以获得一组用于图形展示的数组，而此时通过对应的作图程序可以很方便地将其展示出来，代码如下：

【程序 5-5】

```
from gm.api import *
import talib
import numpy as np
import matplotlib.pyplot as plt

set_token("9e02621e7fcf850731def2e8a9de1fdbd5b21ad6")

data = history_n(symbol="SZSE.399006",frequency="1d",count=100,end_time="2017-
12-31",fields="close",fill_missing="last",adjust=ADJUST_PREV,df=True)

close = np.asarray(data["close"].values)
macd, signal, hist = talib.MACD(close)
macd = np.nan_to_num(macd)

plt.plot(macd,"r")
plt.show()
```

最终显示结果如图 5-4 所示。

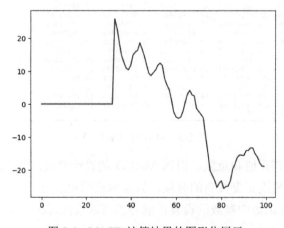

图 5-4 MACD 计算结果的图形化展示

这里可以看到，在设定的时间周期上，MACD 的值在连续降低，负值明显多于正值，可以认为这段时间周期中指数在不停地降低。

5.1.4 MACD 斜率的计算方法

MACD 的值只能用于反映不同时间周期内的买卖趋势情况。而对于上涨的快慢，MACD 并没有提供相应的函数去进行计算，此时读者可以通过其他的既有函数去获取相应的值。

斜率表示一条直线（或曲线的切线）关于（横）坐标轴倾斜程度的量。它通常用直线（或曲线的切线）与（横）坐标轴夹角的正切，或两点的纵坐标之差与横坐标之差的比来表示。

在这里指的是 MACD 值在单位时间内变化情况的大小。NumPy 提供了专门的函数去处理相邻数间的差值大小。

```
def diff(a, n=1, axis=-1):
```

其作用是对传入的一维数组进行差值计算，返回相邻数之间的对应差值。

【程序 5-6】

```
from gm.api import *
import talib
import numpy as np
import matplotlib.pyplot as plt

set_token("9e02621e7fcf850731def2e8a9de1fdbd5b21ad6")

data = history_n(symbol="SZSE.002310",frequency="1d",count=100,end_time="2018-
12-31",fields="close",fill_missing="last",adjust=ADJUST_PREV,df=True)

close = np.asarray(data["close"].values)
macd, signal, hist = talib.MACD(close)
macd = np.nan_to_num(macd)

macd_gradient = np.diff(macd)
print(macd_gradient)
```

【程序 5-6】展示了使用 diff 函数计算 MACD 斜率数值的方法，其结果如图 5-5 所示。

```
[ 0.          0.          0.          0.          0.          0.          0.
  0.          0.          0.          0.          0.          0.          0.
  0.          0.          0.          0.          0.          0.          0.
  0.          0.          0.          0.                  0.46324258  0.02475937
  0.02739835  0.01718792  0.01537402 -0.05402847  0.00070214 -0.01386174
  0.00679473  0.04603497  0.04035663 -0.00762896  0.04261175  0.02963671
  0.02391946  0.02156092  0.00590579 -0.03514447 -0.00947015 -0.05386237
```

图 5-5　MACD 斜率的计算结果

图 5-5 展示了部分内容，这里需要与图 5-3 对比观察。

5.1.5　使用 Talib 实现国内金融数据指标

对于国内常用的金融指标，在设计和具体的数据计算上略有不同，这里通过使用 Talib 实现部分数据指标。

1. SMA_CN 的实现

```
def SMA_CN(close, timeperiod) :
    return reduce(lambda x, y: ((timeperiod - 1) * x + y) / timeperiod, close)
```

2. RSI_CN 的实现

```
def RSI_CN(close, timeperiod):
    diff = map(lambda x, y: x - y, close[1:], close[:-1])
    diffGt0 = map(lambda x: 0 if x < 0 else x, diff)
    diffABS = map(lambda x: abs(x), diff)
    diff = np.array(diff)
    diffGt0 = np.array(diffGt0)
    diffABS = np.array(diffABS)
    diff = np.append(diff[0], diff)
    diffGt0 = np.append(diffGt0[0], diffGt0)
    diffABS = np.append(diffABS[0], diffABS)
    rsi = map(lambda x: SMA_CN(diffGt0[:x], timeperiod) / SMA_CN(diffABS[:x],
timeperiod) * 100,
            range(1, len(diffGt0) + 1))
    return np.array(rsi)
```

3. KDJ_CN 的实现

```
def KDJ_CN(high, low, close, fastk_period, slowk_period, fastd_period):
    kValue, dValue = talib.STOCHF(high, low, close, fastk_period,
fastd_period=1, fastd_matype=0)
    kValue = np.array(map(lambda x: SMA_CN(kValue[:x], slowk_period), range(1,
len(kValue) + 1)))
    dValue = np.array(map(lambda x: SMA_CN(kValue[:x], fastd_period), range(1,
len(kValue) + 1)))

    jValue = 3 * kValue - 2 * dValue

    func = lambda arr: np.array([0 if x < 0 else (100 if x > 100 else x) for x
in arr])

    kValue = func(kValue)
    dValue = func(dValue)
    jValue = func(jValue)
    return kValue, dValue, jValue
```

4. MACD_CN 的实现

```
def MACD_CN(close, fastperiod = 12, slowperiod = 26, signalperiod = 9):
    macdDIFF, macdDEA, macd = talib.MACDEXT(close, fastperiod=fastperiod,
fastmatype=1,slowperiod=slowperiod, slowmatype=1, signalperiod=signalperiod,
signalmatype=1)
    macd = macd * 2
    return macdDIFF, macdDEA, macd
```

5.2　Talib 金融工具库函数

5.1 节介绍了量化金融中常用的滑动平均、MACD 等，除此之外，Talib 还提供了一些其他常用的用以量化分析的函数，参见表 5-1。

表 5-1　Talib 常用函数名及简称

简称	函数名
AD	Chaikin A/D Line
ADOSC	Chaikin A/D Oscillator
ADX	Average Directional Movement Index
ADXR	Average Directional Movement Index
APO	Absolute Price Oscillator
AROON	Aroon
AROONOSC	Aroon Oscillator
ATR	Average True Range
AVGPRICE	Average Price
BBANDS	Bollinger Bands
BETA	Beta
BOP	Balance Of Power
CCI	Commodity Channel Index
CDL2CROWS	Two Crows
CDL3BLACKCROWS	Three Black Crows
CDL3INSIDE	Three Inside Up/Down
CDL3LINESTRIKE	Three-Line Strike
CDL3OUTSIDE	Three Outside Up/Down
CDL3STARSINSOUTH	Three Stars In The South
CDL3WHITESOLDIERS	Three Advancing White Soldiers
CDLABANDONEDBABY	Abandoned Baby
CDLADVANCEBLOCK	Advance Block
CDLBELTHOLD	Belt-hold
CDLBREAKAWAY	Breakaway
CDLCLOSINGMARUBOZU	Closing Marubozu

（续表）

简称	函数名
CDLCONCEALBABYSWALL	Concealing Baby Swallow
CDLCOUNTERATTACK	Counterattack
CDLDARKCLOUDCOVER	Dark Cloud Cover
CDLDOJI	Doji
CDLDOJISTAR	Doji Star
CDLDRAGONFLYDOJI	Dragonfly Doji
CDLENGULFING	Engulfing Pattern
CDLEVENINGDOJISTAR	Evening Doji Star
CDLEVENINGSTAR	Evening Star
CDLGAPSIDESIDEWHITE	Up/Down-gap side-by-side white lines
CDLGRAVESTONEDOJI	Gravestone Doji
CDLHAMMER	Hammer
CDLHANGINGMAN	Hanging Man
CDLHARAMI	Harami Pattern
CDLHARAMICROSS	Harami Cross Pattern
CDLHIGHWAVE	High-Wave Candle
CDLHIKKAKE	Hikkake Pattern
CDLHIKKAKEMOD	Modified Hikkake Pattern
CDLHOMINGPIGEON	Homing Pigeon
CDLIDENTICAL3CROWS	Identical Three Crows
CDLINNECK	In-Neck Pattern
CDLINVERTEDHAMMER	Inverted Hammer
CDLKICKING	Kicking
CDLKICKINGBYLENGTH	Kicking - bull/bear determined by the longer marubozu
CDLLADDERBOTTOM	Ladder Bottom
CDLLONGLEGGEDDOJI	Long Legged Doji
CDLLONGLINE	Long Line Candle
CDLMARUBOZU	Marubozu
CDLMATCHINGLOW	Matching Low
CDLMATHOLD	Mat Hold
CDLMORNINGDOJISTAR	Morning Doji Star

（续表）

简称	函数名
CDLMORNINGSTAR	Morning Star
CDLONNECK	On-Neck Pattern
CDLPIERCING	Piercing Pattern
CDLRICKSHAWMAN	Rickshaw Man
CDLRISEFALL3METHODS	Rising/Falling Three Methods
CDLSEPARATINGLINES	Separating Lines
CDLSHOOTINGSTAR	Shooting Star
CDLSHORTLINE	Short Line Candle
CDLSPINNINGTOP	Spinning Top
CDLSTALLEDPATTERN	Stalled Pattern
CDLSTICKSANDWICH	Stick Sandwich
CDLTAKURI	Takuri (Dragonfly Doji with very long lower shadow)
CDLTASUKIGAP	Tasuki Gap
CDLTHRUSTING	Thrusting Pattern
CDLTRISTAR	Tristar Pattern
CDLUNIQUE3RIVER	Unique 3 River
CDLUPSIDEGAP2CROWS	Upside Gap Two Crows
CDLXSIDEGAP3METHODS	Upside/Downside Gap Three Methods
CMO	Chande Momentum Oscillator
CORREL	Pearson's Correlation Coefficient (r)
DEMA	Double Exponential Moving Average
DX	Directional Movement Index
EMA	Exponential Moving Average
HT_DCPERIOD	Hilbert Transform - Dominant Cycle Period
HT_DCPHASE	Hilbert Transform - Dominant Cycle Phase
HT_PHASOR	Hilbert Transform - Phasor Components
HT_SINE	Hilbert Transform - SineWave
HT_TRENDLINE	Hilbert Transform - Instantaneous Trendline
HT_TRENDMODE	Hilbert Transform - Trend vs Cycle Mode
KAMA	Kaufman Adaptive Moving Average
LINEARREG	Linear Regression

（续表）

简称	函数名
LINEARREG_ANGLE	Linear Regression Angle
LINEARREG_INTERCEPT	Linear Regression Intercept
LINEARREG_SLOPE	Linear Regression Slope
MA	All Moving Average
MACD	Moving Average Convergence/Divergence
MACDEXT	MACD with controllable MA type
MACDFIX	Moving Average Convergence/Divergence Fix 12/26
MAMA	MESA Adaptive Moving Average
MAX	Highest value over a specified period
MAXINDEX	Index of highest value over a specified period
MEDPRICE	Median Price
MFI	Money Flow Index
MIDPOINT	MidPoint over period
MIDPRICE	Midpoint Price over period
MIN	Lowest value over a specified period
MININDEX	Index of lowest value over a specified period
MINMAX	Lowest and highest values over a specified period
MINMAXINDEX	Indexes of lowest and highest values over a specified period
MINUS_DI	Minus Directional Indicator
MINUS_DM	Minus Directional Movement
MOM	Momentum
NATR	Normalized Average True Range
OBV	On Balance Volume
PLUS_DI	Plus Directional Indicator
PLUS_DM	Plus Directional Movement
PPO	Percentage Price Oscillator
ROC	Rate of change : ((price/prevPrice)-1)*100
ROCP	Rate of change Percentage: (price-prevPrice)/prevPrice
ROCR	Rate of change ratio: (price/prevPrice)
ROCR100	Rate of change ratio 100 scale: (price/prevPrice)*100
RSI	Relative Strength Index

（续表）

简称	函数名
SAR	Parabolic SAR
SAREXT	Parabolic SAR - Extended
SMA	Simple Moving Average
STDDEV	Standard Deviation
STOCH	Stochastic
STOCHF	Stochastic Fast
STOCHRSI	Stochastic Relative Strength Index
SUM	Summation
T3	Triple Exponential Moving Average (T3)
TEMA	Triple Exponential Moving Average
TRANGE	True Range
TRIMA	Triangular Moving Average
TRIX	1-day Rate-Of-Change (ROC) of a Triple Smooth EMA
TSF	Time Series Forecast
TYPPRICE	Typical Price
ULTOSC	Ultimate Oscillator
VAR	Variance
WCLPRICE	Weighted Close Price
WILLR	Williams' %R
WMA	Weighted Moving Average

表 5-1 中提供了 Talib 相关函数，接下来会对部分内容进行介绍。

5.2.1 Talib 常用函数介绍

1.平均趋向指数 ADX 和累积派发线 AD

AD（累积派发线）是一种平衡交易量指标，以当日的收盘价位来估算成交流量，用于估算一段时间内该证券累积的资金流量。它通常与 ADX 一起使用，利用多空趋向的变化差离与总和判定平均趋势，ADX 数值不能显示趋势的发展方向。但是如果趋势存在，ADX 可以衡量趋势的强度。

ADX 与 AD 的函数如下：

```
def ADX(high, low, close, *args, **kwargs):
```

```
def AD(high, low, close, volume):
```

可以看到，ADX 函数在常规的 high、low、close 参数后面还有更多的参数可以输入，这和 5.1 节的 MACD 类似，可以对不同的时间函数进行设定。这里默认的 timeperiod 为 14。

AD 为资金趋势函数，向上的 A/D 表明买方占优势，而向下的 A/D 表明卖方占优势。AD 与价格的背离可视为买卖信号，即底背离考虑买入，顶背离考虑卖出。

【程序 5-7】

```
from gm.api import *
import talib
import numpy as np
import matplotlib.pyplot as plt

set_token("9e02621e7fcf850731def2e8a9de1fdbd5b21ad6")

data = history_n(symbol="SZSE.002310",frequency="1d",count=100,end_time="2017-
12-
31",fields="high,low,close,open,volume",fill_missing="last",adjust=ADJUST_PREV
,df=True)

close = np.asarray(data["close"].values)
open = np.asarray(data["open"].values)
high = np.asarray(data["high"].values)
low = np.asarray(data["low"].values)
volume = np.asarray(data["volume"].values).astype(np.double)

adx = talib.ADX(high,low,close)
adx = np.nan_to_num(adx)
adx = adx/np.max(adx)

ad = talib.AD(high,low,close,volume)
ad = np.nan_to_num(ad)
ad = ad/np.max(ad) + 20
plt.plot(ad,"r",adx,"b")
plt.show()
```

【程序 5-7】中，首先获取了对应股票的数据集，之后使用 NumPy 库包将其提取，对提取后的数据进行命名，输入到 ADX 与 AD 函数中进行计算。最终显示结果如图 5-6 所示。

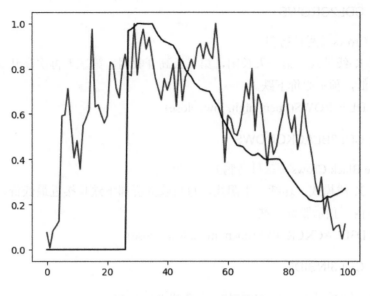

图 5-6　ADX 与 AD 曲线结果

由于周期的选择和对应标的不同，图像的展示效果也不同，请读者自行演示。

2. ADOSC（Chaikin A/D Oscillator Chaikin）震荡指标

ADOSC 将资金流动情况与价格行为相对比，检测市场中资金流入和流出的情况。其函数如下：

```
def ADOSC(high, low, close, volume, *args, **kwargs):
```

3. ATR（Average True Range，平均真实波幅）

ATR 主要用来衡量价格的波动。因此，这一技术指标并不能直接反映价格走向及其趋势的稳定性，而只是表明价格波动的程度。

```
def ADOSC(high, low, close, volume, *args, **kwargs):
```

4. OBV（On Balance Volume，能量潮）

OBV 通过统计成交量变动的趋势推测股价趋势。它以某日为基期，逐日累计每日上市股票总成交量，若隔日指数或股票上涨，则基期 OBV 加上本日成交量为本日 OBV。若隔日指数或股票下跌，则基期 OBV 减去本日成交量为本日 OBV。函数如下：

```
def OBV(real, volume):
```

以上只是对部分常用的函数进行说明，其他相关函数请读者自行演示。

5.2.2　Talib 图像形态识别

除了常用的函数之外，Talib 还提供了蜡烛图（K 线图）的图像识别方法。

1. 函数名：CDL2CROWS

名称：Two Crows（两只乌鸦）

简介：三日 K 线模式，第一天长阳，第二天高开收阴，第三天再次高开继续收阴，收盘比前一日收盘价低，预示股价下跌。

函数：def CDL2CROWS(open, high, low, close)

2. 函数名：CDL3BLACKCROWS

名称：Three Black Crows（三只乌鸦）

简介：三日 K 线模式，连续三根阴线，每日收盘价都下跌且接近最低价，每日开盘价都在上根 K 线实体内，预示股价下跌。

函数：def CD3BLACKCROWS(open, high, low, close)

3. 函数名：CDL3INSIDE

名称： Three Inside Up/Down（三内部上涨和下跌）

简介：三日 K 线模式，母子信号+长 K 线，以三内部上涨为例，K 线为阴阳阳，第三天收盘价高于第一天开盘价，第二天 K 线在第一天 K 线内部，预示着股价上涨。

函数：def CDL3INSIDE(open, high, low, close)

4. 函数名：CDL3LINESTRIKE

名称： Three-Line Strike（三线打击）

简介：四日 K 线模式，前三根阳线，每日收盘价都比前一日高，开盘价在前一日实体内，第四日市场高开，收盘价低于第一日开盘价，预示股价下跌。

函数：def CDL3LINESTRIKE(open, high, low, close)

5. 函数名：CDL3OUTSIDE

名称：Three Outside Up/Down（三外部上涨和下跌）

简介：三日 K 线模式，与三内部上涨和下跌类似，K 线为阴阳阳，但第一日与第二日的K 线形态相反，以三外部上涨为例，第一日 K 线在第二日 K 线内部，预示着股价上涨。

函数：def CDL3OUTSIDE(open, high, low, close)

6. 函数名：CDL3STARSINSOUTH

名称：Three Stars In The South（南方三星）

简介：三日 K 线模式，与大敌当前相反，三日 K 线皆阴，第一日有长下影线，第二日与第一日类似，K 线整体小于第一日，第三日无下影线实体信号，成交价格都在第一日振幅之内，预示下跌趋势反转，股价上升。

函数：def CDL3STARSINSOUTH(open, high, low, close)

7. 函数名：CDL3WHITESOLDIERS

名称：Three Advancing White Soldiers（三个白兵）

简介：三日 K 线模式，三日 K 线皆阳，每日收盘价变高且接近最高价，开盘价在前一日实体上半部，预示股价上升。

函数：def CDL3WHITESOLDIERS(open, high, low, close)

8. 函数名：CDLABANDONEDBABY

名称：Abandoned Baby（弃婴）

简介：三日 K 线模式，第二日价格跳空且收十字星（开盘价与收盘价接近，最高价与最低价相差不大），预示趋势反转，发生在顶部下跌，底部上涨。

函数：def CDLABANDONEDBABY(open, high, low, close, penetration=0)

9. 函数名：CDLADVANCEBLOCK

名称：Advance Block（大敌当前）

简介：三日 K 线模式，三日都收阳，每日收盘价都比前一日高，开盘价都在前一日实体以内，实体变短，上影线变长。

函数：def CDLADVANCEBLOCK(open, high, low, close)

10. 函数名：CDLBELTHOLD

名称：Belt-Hold（捉腰带线）

简介：两日 K 线模式，下跌趋势中，第一日阴线，第二日开盘价为最低价，阳线，收盘价接近最高价，预示价格上涨。

函数：def CDLBELTHOLD(open, high, low, close)

11. 函数名：CDLBREAKAWAY

名称：Breakaway（脱离）

简介：五日 K 线模式，以看涨脱离为例，下跌趋势中，第一日长阴线，第二日跳空阴线，延续趋势开始震荡，第五日长阳线，收盘价在第一天收盘价与第二天开盘价之间，预示价格上涨。

函数：def CDLBREAKAWAY(open, high, low, close)

12. 函数名：CDLCLOSINGMARUBOZU

名称：Closing Marubozu（收盘缺影线）

简介：一日 K 线模式，以阳线为例，最低价低于开盘价，收盘价等于最高价，预示着趋势持续。

函数：def CDLCLOSINGMARUBOZU(open, high, low, close)

13. 函数名：CDLCONCEALBABYSWALL

名称： Concealing Baby Swallow（藏婴吞没）

简介：四日 K 线模式，下跌趋势中，前两日阴线无影线，第三日开盘、收盘价皆低于第二日，且第三日呈现倒锤头，第四日开盘价高于前一日最高价，收盘价低于前一日最低价，预示着底部反转。

函数：def CDLCONCEALBABYSWALL(open, high, low, close)

14. 函数名：CDLCOUNTERATTACK

名称：Counterattack（反击线）

简介：二日 K 线模式，与分离线类似。

函数：def CDLCOUNTERATTACK(open, high, low, close)

15. 函数名：CDLDARKCLOUDCOVER

名称：Dark Cloud Cover（乌云压顶）

简介：二日 K 线模式，第一日为长阳，第二日开盘价高于前一日最高价，收盘价处于前一日实体中部以下，预示着股价下跌。

函数：def CDLDARKCLOUDCOVER(open, high, low, close, penetration=0)

16. 函数名：CDLDOJI

名称：Doji（十字）

简介：一日 K 线模式，开盘价与收盘价基本相同。

函数：def CDLDOJI(open, high, low, close)

17. 函数名：CDLDOJISTAR

名称：Doji Star（十字星）

简介：一日 K 线模式，开盘价与收盘价基本相同，上下影线不会很长，预示着当前趋势反转。

函数：def CDLDOJISTAR(open, high, low, close)

18. 函数名：CDLDRAGONFLYDOJI

名称：Dragonfly Doji（蜻蜓十字/T 形十字）

简介：一日 K 线模式，开盘后价格一路走低，之后收复，收盘价与开盘价相同，预示趋势反转。

函数：def CDLDRAGONFLYDOJI(open, high, low, close)

19. 函数名：CDLENGULFING

名称：Engulfing Pattern（吞噬模式）

简介：两日 K 线模式，分多头吞噬和空头吞噬，以多头吞噬为例，第一日为阴线，第二日为阳线，第一日的开盘价和收盘价在第二日开盘价和收盘价之内，但不能完全相同。

函数：def CDLENGULFING(open, high, low, close)

20. 函数名：CDLEVENINGDOJISTAR

名称：Evening Doji Star（十字暮星）

简介：三日 K 线模式，基本模式为暮星，第二日收盘价和开盘价相同，预示顶部反转。

函数：def CDLEVENINGDOJISTAR(open, high, low, close, penetration=0)

21. 函数名：CDLEVENINGSTAR

名称：Evening Star（暮星）

简介：三日 K 线模式，与晨星相反，上升趋势中，第一日为阳线，第二日价格振幅较小，第三日为阴线，预示顶部反转。

函数：def CDLEVENINGSTAR(open, high, low, close, penetration=0)

22. 函数名：CDLGAPSIDESIDEWHITE

名称：Up/Down-gap side-by-side white lines（向上/下跳空并列阳线）

简介：二日 K 线模式，上升趋势向上跳空，下跌趋势向下跳空，第一日与第二日有相同的开盘价，实体长度差不多，则趋势持续。

函数：def CDLGAPSIDESIDEWHITE(open, high, low, close)

23. 函数名：CDLGRAVESTONEDOJI

名称：Gravestone Doji（墓碑十字/倒 T 十字）

简介：一日 K 线模式，开盘价与收盘价相同，上影线长，无下影线，预示底部反转。

函数：def CDLGRAVESTONEDOJI(open, high, low, close)

24. 函数名：CDLHAMMER

名称：Hammer（锤头）

简介：一日 K 线模式，实体较短，无上影线，下影线大于实体长度两倍，处于下跌趋势底部，预示反转。

函数：def CDLHAMMER(open, high, low, close)

25. 函数名：CDLHANGINGMAN

名称：Hanging Man（上吊线）

简介：一日 K 线模式，形状与锤子类似，处于上升趋势的顶部，预示着趋势反转。

函数：def CDLHANGINGMAN(open, high, low, close)

26. 函数名：CDLHARAMI

名称：Harami Pattern（母子线）

简介：二日 K 线模式，分多头母子与空头母子，两者相反，以多头母子为例，在下跌趋势中，第一日 K 线长阴，第二日开盘价和收盘价在第一日价格振幅之内，为阳线，预示趋势反转，股价上升。

函数：def CDLHARAMI(open, high, low, close)

27. 函数名：CDLHARAMICROSS

名称：Harami Cross Pattern（十字孕线）

简介：二日 K 线模式，与母子线类似，若第二日 K 线是十字线，便称为十字孕线，预示着趋势反转。

函数：def CDLHARAMICROSS(open, high, low, close)

28. 函数名：CDLHIGHWAVE

名称：High-Wave Candle（风高浪大线）

简介：三日 K 线模式，具有极长的上/下影线与短的实体，预示着趋势反转。

函数：def CDLHIGHWAVE(open, high, low, close)

29. 函数名：CDLHIKKAKE

名称：Hikkake Pattern（陷阱）

简介：三日 K 线模式，与母子线类似，第二日价格在前一日实体范围内，第三日收盘价高于前两日，反转失败，趋势继续。

函数：def CDLHIKKAKE(open, high, low, close)

30. 函数名：CDLHIKKAKEMOD

名称：Modified Hikkake Pattern（修正陷阱）

简介：三日 K 线模式，与陷阱类似，上升趋势中，第三日跳空高开；下跌趋势中，第三日跳空低开，反转失败，趋势继续。

函数：def CDLHIKKAKEMOD(open, high, low, close)

31. 函数名：CDLHOMINGPIGEON

名称：Homing Pigeon（家鸽）

简介：二日 K 线模式，与母子线类似，不同的是二日 K 线颜色相同，第二日最高价、最低价都在第一日实体之内，预示着趋势反转。

函数：def CDLHOMINGPIGEON(open, high, low, close)

32. 函数名：CDLIDENTICAL3CROWS

名称：Identical Three Crows（三胞胎乌鸦）

简介：三日 K 线模式，上涨趋势中，三日都为阴线，长度大致相等，每日开盘价等于前一日收盘价，收盘价接近当日最低价，预示价格下跌。

函数：def CDLIDENTICAL3CROWS(open, high, low, close)

33. 函数名：CDLINNECK

名称：In-Neck Pattern（颈内线）

简介：二日 K 线模式，下跌趋势中，第一日为长阴线，第二日开盘价较低，收盘价略高于第一日收盘价，阳线，实体较短，预示着下跌继续。

函数：def CDLINNECK(open, high, low, close)

34. 函数名：CDLINVERTEDHAMMER

名称：Inverted Hammer（倒锤头）

简介：一日 K 线模式，上影线较长，长度为实体的 2 倍以上，无下影线，在下跌趋势底部，预示着趋势反转。

函数：def CDLINVERTEDHAMMER(open, high, low, close)

35. 函数名：CDLKICKING

名称：Kicking（反冲形态）

简介：二日 K 线模式，与分离线类似，两日 K 线为秃线，颜色相反，存在跳空缺口。

函数：def CDLKICKING(open, high, low, close)

36. 函数名：CDLKICKINGBYLENGTH

名称：Kicking - bull/bear determined by the longer marubozu（由较长缺影线决定的反冲形态）

简介：二日 K 线模式，与反冲形态类似，较长缺影线决定价格的涨跌。

函数：def CDLKICKINGBYLENGTH(open, high, low, close)

37. 函数名：CDLSTALLEDPATTERN

名称：Stalled Pattern（停顿形态）

简介：三日 K 线模式，上涨趋势中，第二日为长阳线，第三日开盘于前一日收盘价附近，短阳线，预示着上涨结束。

函数：def CDLSTALLEDPATTERN(open, high, low, close)

38. 函数名：CDLSTICKSANDWICH

名称：Stick Sandwich（条形三明治）

简介：三日 K 线模式，第一日为长阴线，第二日为阳线，开盘价高于前一日收盘价，第三日开盘价高于前两日最高价，收盘价与第一日收盘价相同。

函数：def CDLSTICKSANDWICH(open, high, low, close)

39. 函数名：CDLTAKURI

名称：Takuri（Dragonfly Doji with very long lower shadow，探水竿）

简介：一日 K 线模式，大致与蜻蜓十字相同，下影线长度长。

函数：def CDLTAKURI(open, high, low, close)

40. 函数名：CDLTASUKIGAP

名称：Tasuki Gap（跳空并列阴阳线）

简介：三日 K 线模式，分上涨和下跌，以上升为例，前两日为阳线，第二日跳空，第三日为阴线，收盘价于缺口中，上升趋势持续。

函数：def CDLTASUKIGAP(open, high, low, close)

41. 函数名：CDLTHRUSTING

名称：Thrusting Pattern（插入）

简介：二日 K 线模式，与颈上线类似，下跌趋势中，第一日为长阴线，第二日开盘价跳空，收盘价略低于前一日实体中部，与颈上线相比实体较长，预示着趋势持续。

函数：def CDLTHRUSTING(open, high, low, close)

42. 函数名：CDLTRISTAR

名称：Tristar Pattern（三星）

简介：三日 K 线模式，由三个十字组成，第二日的十字必须高于或者低于第一日和第三日，预示着反转。

函数：def CDLTRISTAR(open, high, low, close)

43. 函数名：CDLUNIQUE3RIVER

名称：Unique 3 River（奇特三河床）

简介：三日 K 线模式，下跌趋势中，第一日为长阴线，第二日为锤头，最低价创新低，第三日开盘价低于第二日收盘价，收阳线，收盘价不高于第二日收盘价，预示着反转，第二日下影线越长可能性越大。

函数：def CDLUNIQUE3RIVER(open, high, low, close)

44. 函数名：CDLUPSIDEGAP2CROWS

名称：Upside Gap Two Crows（向上跳空的两只乌鸦）

简介：三日 K 线模式，第一日为阳线，第二日跳空以高于第一日最高价开盘，收阴线，第三日开盘价高于第二日，收阴线，与第一日比仍有缺口。

函数：def CDLUPSIDEGAP2CROWS(open, high, low, close)

45. 函数名：CDLXSIDEGAP3METHODS

名称：Upside/Downside Gap Three Methods（上升/下降跳空三法）

简介：五日 K 线模式，以上升跳空三法为例，上涨趋势中，第一日为长阳线，第二日为短阳线，第三日为跳空阳线，第四日为阴线，开盘价与收盘价于前两日实体内，第五日为长阳线，收盘价高于第一日收盘价，预示股价上升。

函数：def CDLXSIDEGAP3METHODS(open, high, low, close)

下面对函数做一个演示。

【程序 5-8】

```
from gm.api import *
import talib
import numpy as np
import matplotlib.pyplot as plt

set_token("9e02621e7fcf850731def2e8a9de1fdbd5b21ad6")

data = history_n(symbol="SZSE.399006",frequency="1d",count=100,end_time="2018-
12-
31",fields="high,low,close,open,volume",fill_missing="last",adjust=ADJUST_PREV
,df=True)

close = np.asarray(data["close"].values)
open = np.asarray(data["open"].values)
high = np.asarray(data["high"].values)
low = np.asarray(data["low"].values)
volume = np.asarray(data["volume"].values).astype(np.double)

cdl2crows = talib.CDL2CROWS(high,low,close,volume)
print(cdl2crows)
```

【程序 5-8】展示了对标的进行 2 只乌鸦图形的查找。当确定结果后，会输出 100，而当不符合函数确定的样式图形时，会以 0 输出显示。

更多样式的识别还请读者参考 Talib 官方文档。

5.3 实战：Talib 金融工具回测实战

Talib 的用途在金融项目中准确地把握行情，认清所处的趋势位置。通过结合掘金量化库包可以直接对所产生的策略进行回测检验，从而找出策略方案与回测的真实性与差异性如何。

5.3.1 根据 MACD 变化回测 2017 年盈利情况

MACD 是股市中最常用的指标，一般认为当 dif 值由负变为正时为购买金融产品的时机，而 dif 值由正变为负时为卖出时机。通过 Talib 的 MACD 结合量化掘金类库可以达到择时对股票进行购买并计算收益的目的。

在前面介绍掘金量化库包的时候，通过设定不同的回测主程序可以对选定的内容进行回测。

1. 进行程序的初始化

```
def init(context):
    context.symbol = "SZSE.300296"
    context.frequency = "1d"
    context.fields = "open,high,low,close"
    context.volume = 200
    schedule(schedule_func=algo,date_rule="1d",time_rule="09:35:00")
```

init 函数是回测程序的初始化程序，在这里进行数据的初始化，从本代码段中可以看到，这里通过 context 初始化了目标代码、时间周期以及所需要读取的字典。最后通过 schedule 函数对回测的执行规则做了设定，选择了回测算法以及时间规则。

再提醒一点，在初始化过程中，可以添加一些额外的程序进行初始化工作。例如，将机器学习中的回归分析、深度学习中的模型检测填入 init 函数中进行预处理。

2. 主算法的设定

回测策略的关键是算法的设定。根据不同的金融产品对象设置不同的分析算法从而决定买卖点。

本算法中，MACD 买卖点的核心就是获取前一日的 MACD 值，当其大于 0 时候进行金融产品的买入，而当 MACD 小于 0 时进行卖出。

想要计算 MACD 值，首先就要获取给定时间段的值，在这里使用量化掘金库包中的 history_n 函数获取前一段时间 count 周期内的数据。

```
now = context.now
last_day = get_previous_trading_date("SZSE",now)
data =
history_n(symbol=context.symbol,frequency=context.frequency,count=35,end_time=
now,
fields=context.fields,fill_missing="last",adjust=ADJUST_PREV,df=True)
```

代码段中，首先通过 context.now 函数获取回测阶段当天的数值，通过

get_previous_trading_date 函数获取相同市场上一个交易日的日期。

　　history_n 函数获取截至当前日期上一个交易日的所有周期数据，并以 pandas 格式返回。

```
open = np.asarray((data["open"].values))
high = np.asarray((data["high"].values))
low = np.asarray((data["low"].values))
close = np.asarray((data["close"].values))
```

　　获取的数据需要通过 NumPy 库包进行数据处理，这里通过调用关键字的方法获取各个值的序列，为下一步的计算做准备。

　　MACD 值的计算就显得较为简单，直接调用 Talib 库包中的函数值计算即可。

```
macd,_,_ = talib.MACD(close)
macd = macd[-1]
```

 这里的 MACD 返回的是 3 个数值序列，根据需要只要第一个即可。而 macd[-1]指的是获取当前序列最后一个数值，即根据上一个交易日获取的 MACD 值进行计算。

　　判断 MACD 值的情况，调用掘金量化库包进行买卖，其方法如下：

```
if macd > 0:
order_volume(symbol=context.symbol, volume=context.volume,
side=PositionSide_Long,
order_type=OrderType_Market, position_effect=PositionEffect_Open)
print("买入")
elif macd < 0:
order_volume(symbol=context.symbol, volume=context.volume,
side=PositionSide_Short,
 order_type=OrderType_Market, position_effect=PositionEffect_Close)
print("卖出")
```

3. 主方法的设定

　　主方法中主要对账户信息、Python 代码的名称、执行的类型、起止时间、复权方法进行设定。代码段如下：

```
if __name__ == "__main__":
    run(
        strategy_id='******************',
        filename='MACD不同时间.py',
        mode=MODE_BACKTEST,
        token='9e02621e7fcf850731def2e8a9de1fdbd5b21ad6',
        backtest_start_time='2017-01-01 09:00:00',
        backtest_end_time='2017-12-31 15:00:00',
        backtest_initial_cash=20000,
```

```
        backtest_adjust=ADJUST_PREV
    )
```

在主方法中还对起始金额做了设定，这里为了简便，设置起始金额为 2 万元。

【程序 5-9】

```
from gm.api import *
import numpy as np
import talib

def init(context):

    context.symbol = "SZSE.300296"
    context.frequency = "1d"
    context.fields = "open,high,low,close"
    context.volume = 200
schedule(schedule_func=algo,date_rule="1d",time_rule="09:35:00")

def algo(context):

    now = context.now
    last_day = get_previous_trading_date("SZSE",now)
data = history_n(symbol=context.symbol,frequency=context.frequency,count=35,
end_time=now,fields=context.fields,fill_missing="last",adjust=ADJUST_PREV,df=T
rue)

open = np.asarray((data["open"].values))
    high = np.asarray((data["high"].values))
    low = np.asarray((data["low"].values))
    close = np.asarray((data["close"].values))
    macd,_,_ = talib.MACD(close)
    macd = macd[-1]

    if macd > 0:
        order_volume(symbol=context.symbol, volume=context.volume,
side=PositionSide_Long,
                    order_type=OrderType_Market,
position_effect=PositionEffect_Open)
        print("买入")
    elif macd < 0:
        print("卖出")
        order_volume(symbol=context.symbol, volume=context.volume,
side=PositionSide_Short,
                    order_type=OrderType_Market,
position_effect=PositionEffect_Close)

if __name__ == "__main__":
    run(
        strategy_id='****************',
        filename='MACD 不同时间.py',
```

```
mode=MODE_BACKTEST,
token='9e02621e7fcf850731def2e8a9de1fdbd5b21ad6',
backtest_start_time='2017-01-01 09:00:00',
backtest_end_time='2017-12-31 15:00:00',
backtest_initial_cash=20000,
backtest_adjust=ADJUST_PREV

)
```

【程序 5-9】完整地展示了策略的例子，结合掘金量化客户端可以完整地看到结果，如图 5-7 所示。

	回测时间	开始日期	截止日期	累计收益率	最大回撤
	2018-01-09 15:40:34	2017-01-01	2017-12-31	15.05%	13.91%

夏普比率	回测进度	耗时	备注	操作
0.65	✓	24.99秒		🗑

图 5-7　回测结果

从总览上可以看到，使用此 MACD 简易策略，完整的年化收入为 15.05%，而最大回测约为 14%，夏普比率为 0.65。

这样看来，这个策略可以使用，但是运营的收益率不太理想。细心的读者可能还注意到，这里不包括设置手续费和滑点率这些更细节的东西。

从图 5-8 对比标的的涨幅可以看到，对于使用 MACD 进行的买卖策略实际上不能达到既有标的的年化涨幅，这点是很可惜的。

图 5-8　MACD 买入与股票涨幅对比

4. 更改主算法

既然使用 MACD 算法取得的回测成绩不满意，那么就需要对既定的策略进行检讨。

回测策略的核心是算法的使用，在回测代码中，使用的是 MACD 作为买卖判定的指标。除此之外，Talib 还有其他一些计算函数用于帮助回测的检定。

RSI（相对强弱指数）是通过比较一段时期内的平均收盘涨数和平均收盘跌数来分析市场买沽盘的意向和实力，从而做出未来市场的走势。RSI 是在 1978 年 6 月由 Wells Wider 创制的一种技术指标，它通过特定时期内股价的变动情况计算市场买卖力量对比，来判断股票价格内部本质强弱、推测价格未来的变动方向。

一般真实使用时判定当 RSI 高于 70 时，股票可以被视为超买，是卖出的时候。当 RSI 低于 30 时，股票可以被视为超卖，是买入的时候。核心代码如下：

```
rsi = talib.RSI(close)
rsi = rsi[-1]
if rsi < 30:
order_volume(symbol=context.symbol, volume=context.volume,
side=PositionSide_Long,
                order_type=OrderType_Market,
position_effect=PositionEffect_Open)
print("买入")
elif rsi > 70:
print("卖出")
order_volume(symbol=context.symbol, volume=context.volume,
side=PositionSide_Short,
                order_type=OrderType_Market,
position_effect=PositionEffect_Close)
```

通过 Talib 计算 RSI 值，针对不同的时期进行买卖交易。

【程序 5-10】

```
from gm.api import *
import numpy as np
import talib
def init(context):
    context.symbol = "SZSE.300296"
    context.frequency = "1d"
    context.fields = "open,high,low,close"
    context.volume = 200

    schedule(schedule_func=algo, date_rule="1d", time_rule="09:35:00")
def algo(context):
    now = context.now
    last_day = get_previous_trading_date("SZSE", now)
```

```
    data = history_n(symbol=context.symbol, frequency=context.frequency,
count=35,
            end_time=now, fields=context.fields, fill_missing="last",
adjust=ADJUST_PREV, df=True)

    open = np.asarray((data["open"].values))
    high = np.asarray((data["high"].values))
    low = np.asarray((data["low"].values))
    close = np.asarray((data["close"].values))

    rsi = talib.RSI(close)
    rsi = rsi[-1]

    if rsi < 30:
        order_volume(symbol=context.symbol, volume=context.volume,
side=PositionSide_Long,
                order_type=OrderType_Market,
position_effect=PositionEffect_Open)
        print("买入")
    elif rsi > 70:
        print("卖出")
        order_volume(symbol=context.symbol, volume=context.volume,
side=PositionSide_Short,
                order_type=OrderType_Market,
position_effect=PositionEffect_Close)

if __name__ == "__main__":
    run(
        strategy_id='f53dcdca-dc23-11e7-a391-902b3463caf1',
        filename='RSI 买卖测定
        mode=MODE_BACKTEST,
        token='9e02621e7fcf850731def2e8a9de1fdbd5b21ad6',
        backtest_start_time='2017-01-01 09:00:00',
        backtest_end_time='2017-12-31 15:00:00',
        backtest_initial_cash=20000,
        backtest_adjust=ADJUST_PREV

    )
```

待全部回测运行完毕后，最终结果如图 5-9 所示。

| | 2018-01-09 20:55:45 | 2017-01-01 | 2017-12-31 | 20.72% | 11.26% | 1.36 | | | 39.869秒 | |

图 5-9　回测结果

可以看到，通过 RSI 的使用，回测结果有了很大的提高，收益率由 15.05%上升到 20.72%，夏普比率也上升到 1.36 左右，如图 5-10 所示。

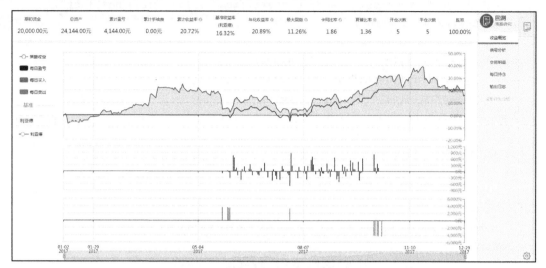

图 5-10　RSI 买入与股票涨幅对比

而与股票实际涨幅的对比来看，虽然提高了 MACD 的收益率，但是相对于对应标的的最高点并没有完全达到。因此，这个算法策略的改变并不算是完全成功。至于提高的方法还有很多，除了更改核心算法外，还有修改 RSI 判定参数、设置买卖的阈值点等方法，感兴趣的读者可以自行完成。

5.3.2　股价的波动范围及未来走势判定

股票未来走势以及波动的判定是股票市场中需要掌握的一个非常重要的内容，布林线指标可以用来判定股票未来走势以及波动。

布林线指标即 BOLL 指标，其英文全称是 Bollinger Bands。布林线由约翰·布林先生创造，其利用统计原理求出股价的标准差以及信赖区间，从而确定股价的波动范围及未来走势，利用波带显示股价的安全高低价位，因而也被称为布林带。

其上下限范围不固定，随股价的滚动而变化。布林指标和麦克（MIKE）指标一样属于路径指标，股价波动在上限和下限的区间之内，这条带状区的宽窄随着股价波动幅度的大小而变化，股价涨跌幅度加大时，带状区变宽，涨跌幅度狭小盘整时，带状区则变窄。

【程序 5-11】

```
from gm.api import *
import numpy as np
import talib
import matplotlib.pyplot as plt

set_token("9e02621e7fcf850731def2e8a9de1fdbd5b21ad6")
```

```
symbol = 'SZSE.002129'
frequency = "3600" + "s"
end_time = "2017-12-31"

fields = "open,high,low,close,volume"
last_day = get_previous_trading_date("SZSE",end_time)

data = history_n(symbol=symbol,frequency=frequency,count=100,end_time=end_time,
fields=fields,fill_missing="last",adjust=ADJUST_PREV,df=True)

open = np.asarray((data["open"].values))
high = np.asarray((data["high"].values))
low = np.asarray((data["low"].values))
close = np.asarray((data["close"].values))
volume = np.asarray((data["volume"].values)).astype(np.double)

upperband,middleband,lowerband = talib.BBANDS(close)

plt.plot(upperband,"r",close,"b--",lowerband,"r")
plt.show()
```

talib.BBANDS 函数是 Talib 中计算布林线的专用函数，其返回值分别为布林线的上中下轨，通过调用 matplotlib 库包可以很方便地将结果进行图像化展示，如图 5-11 所示。

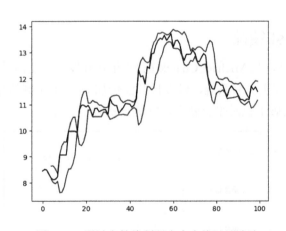

图 5-11　通过布林线判断未来走势以及波动

除了基本的画出图形外，布林线还可以用于买卖点的设置，当股价高于这个波动区间时，即突破阻力线，说明股价虚高，执行卖出操作。而股价低于这个波动区间，即跌破支撑线，说明股价虚低，执行买入。

5.4 两种经典的轨道突破策略

根据均线进行价格趋势追踪是一种常用的方法，通过比较不同均线速度的改变程度来判断买入与卖出点，根据其统计特性从而形成一套完整的交易策略。

当然除了 5.1 节中单纯地计算不同时间的均线外，还有更多的根据统计数据做出的趋势策略。

图 5-12 是《财富》杂志在 2005 年评出的最佳交易系统的排名情况，根据特定交易策略在不同的时期表现出的优秀情况，排名也在不断变化。

轨道线是趋势线概念的延伸，当股价沿道趋势上涨到某一价位水准时会遇到阻力，回档至某一水准时价格又获得支撑，轨道线就在接高点的延长线及接低点的延长线之间上下来回，当轨道线确立后，股价就可以非常容易地找出高低价位所在，投资人可依此判断来操作股票。

历年来前十名交易系统的登榜情况			
1993	1997	2001	2005
1 Black or White	Aberration	Aberration	Aberration
2 Culler Currency	CatScan 1	Basis II	Basis II
3 DCS-II	Combo Advantage	DCS-II	Checkmate
4 Dollar Trader	Culler Currency	Dollar Trader	Dollar Trader
5 Pilot Trader	DCS-II	Dynamic BreakOut	Golden SX
6 QuadLevelTrend	Dollar Trader	Golden SX	R-Breaker
7 Time Trend III	GrandCayman	GrandCayman	R-Mesa
8 Ultimate II	R-Breaker	R-Breaker	ReadySetGo
9 Volpat	Time Trend III	STC S&P DayTrade	STC S&P DayTrade
10 Wilder's Volatility	Universal LT	TrendChannel	TrendChannel

图 5-12 理念交易策略排行榜

5.4.1 Dual Thrust 策略

Dual Thrust 简称 DT，是 Michael Chalek 在 80 年代开发的，是海外 TOP10 交易系统中的一个，属于开盘区间突破类交易系统，以今日开盘价加/减一定比例的昨日振幅确定上下轨，如图 5-13 所示。日内突破上轨时平空做多，突破下轨时平多做空。

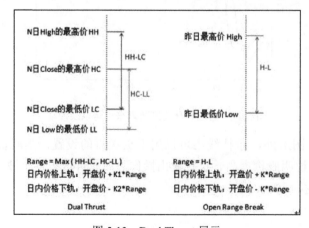

图 5-13 Dual Thrust 展示

Dual Thrust 在形式上和传统的区间突破类似。不同之处主要体现在两方面：

（1）Dual Thrust 在 Range 的设置上，针对不同的标的引入前若干天的 4 个价位，使得一定时期内的 Range 相对稳定，可以适用于日间的趋势跟踪。

（2）Dual Thrust 对不同的趋势追踪设置了不同的上轨和下轨，这里主要引入两个参数：K1 和 K2。当 K1<K2 时，买点相对容易被触发；当 K1>K2 时，卖点相对容易被触发。

因此，量化交易人员在使用该策略时，一方面可以参考历史数据测试的最优参数，另一方面可以根据自己对后势的判断，或从其他大周期的技术指标入手，阶段性地动态调整 K1 和 K2 的值。

首先获取数据。这里需要注意的是，由于针对回测当日的开盘价进行测算，因此需要以上一个交易日的历史价格周期进行收集数据。

```
today = context.now
last_day = get_previous_trading_date("SZSE",today)
data=history_n(symbol=context.symbol,frequency=context.frequency,count=context
.count,end_time=today,fields=context.fields,fill_missing="last",adjust=ADJUST_
PREV, df=True)
```

在上面的代码段中，context.symbol 在 init 函数中对标的进行了初始化操作，可以看到，对于每个参数都使用了 context 开头的参数形式，这样做的好处是可以针对不同的标的在初始化中进行参数的设置。最后以 pandas 形式将数据返回。

下面是 Dual Thrust 的核心部分：

```
high = np.asarray((data["high"].values))
low = np.asarray((data["low"].values))
close = np.asarray((data["close"].values))

hh = np.max(high)
hc = np.max(close)

lc = np.min(close)
ll = np.min(low)
```

具体算法：

（1）根据昨日的收盘计算两个值：最高价-收盘价和收盘价-最低价。之后取这两个值较大的那个，乘以 k 值 0.7。把结果称为触发值。

（2）在当日的价格回测时间记录开盘价，然后在价格低于"开盘-触发值"时马上卖空，或在价格超过"开盘价+触发值"时马上买入。

```
range = np.max([hh-hc,lc-ll])

data_now = current(symbols=context.symbol)[0]
data_now_open = data_now["open"]
```

```
data_now_price = data_now["price"]

range_up_price = data_now_open + context.k1 * range
if (data_now_price > range_up_price):
        order_target_percent(symbol=context.symbol, percent=0.75,
position_side=PositionSide_Long, order_type=OrderType_Market, price=0)
      context.flag = 0
   if (context.flag == context.flag_check):
      order_target_percent(symbol=context.symbol, percent=0,
position_side=PositionSide_Long, order_type=OrderType_Market, price=0)
      context.flag = 100
   context.flag += 1
```

上面的代码段中，range 根据 Dual Thrust 算法设置了区间，之后的 range_up_price 对当日的区间价格进行了相对计算，设置了阈值价格。根据判断条件，当开盘价大于阈值价格时，执行买入操作；当开盘价小于阈值价格时，执行卖出操作。

【程序 5-12】

```
from gm.api import *
import numpy as np
import talib

def init(context):
   context.symbol = "SHSE.600000" # sys.argv[1]
   context.frequency = "1d"
   context.fields = "open,high,low,close,volume"
   context.count = 25

   context.k1 = 0.7

   schedule(schedule_func=algo,date_rule="1d",time_rule="09:30:00")
   context.flag = 100
   context.flag_check = 2   # int(sys.argv[5])

def algo(context):

   today = context.now
   last_day = get_previous_trading_date("SZSE",today)

   data = history_n(symbol=context.symbol, frequency=context.frequency,
count=context.count,
                end_time=last_day, fields=context.fields,
                fill_missing="last", adjust=ADJUST_PREV, df=True)
   high = np.asarray((data["high"].values))
   low = np.asarray((data["low"].values))
   close = np.asarray((data["close"].values))

   hh = np.max(high)
   hc = np.max(close)
```

```
    lc = np.min(close)
    ll = np.min(low)

    range = np.max([hh-hc,lc-ll])
    data_now = current(symbols=context.symbol)[0]
    data_now_open = data_now["open"]
    data_now_price = data_now["price"]

    range_up_price = data_now_open + context.k1 * range
    if (data_now_price > range_up_price):
        order_target_percent(symbol=context.symbol, percent=0.75,
position_side=PositionSide_Long, order_type=OrderType_Market, price=0)
        context.flag = 0
if (data_now_price < range_up_price):
        order_target_percent(symbol=context.symbol, percent=0,
position_side=PositionSide_Long,order_type=OrderType_Market, price=0)

if __name__ == "__main__":
    run(
        strategy_id='c08eed5a-00c2-11e8-9308-902b3463caf1',
        filename='Dual_Thrust.py',
        mode=MODE_BACKTEST,
        token="""********************************""",
        backtest_start_time='2017-01-01 09:00:00',
        backtest_end_time='2017-12-31 15:00:00',
        backtest_initial_cash=20000,
        backtest_adjust=ADJUST_PREV

    )
```

最终回测的结果如图 5-14 所示。

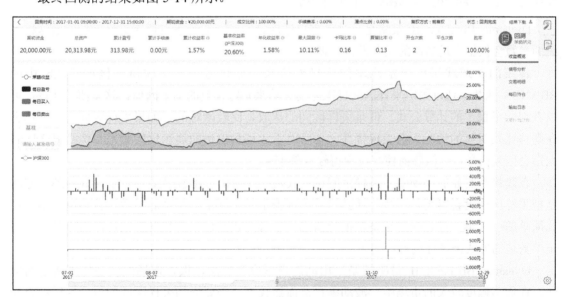

图 5-14　Dual Thrust 回测结果

从回测数据图上可以看到，Dual Thrust 的回测结果并不好，从对开仓点更细节的分析来看（见图 5-15），主要是其开仓的次数较少，而卖出点的次数过多，因此造成在判定收益时过低而回测力度比较大。

图 5-15　Dual Thrust 开仓点分析

改进的方法很多，例如加入一些简单的交易规则（如初始止损、跨周期的数据引用等）进行完善。具体来讲，每次以 30%仓位开仓，日内突破上轨且 30 分钟周期的 MA5>MA10 就买入股票，而当日跌破下轨且 30 分钟周期的 MA5<MA10 就卖出股票。

5.4.2　Dynamic Breakout II 策略

Dynamic Breakout II 策略是一种动态自适应策略。所谓动态自适应策略，指的是这种系统的参数会依据市场当前的状况而自行调整。

传统的轨道线采用固定比率的价格差值来计算轨道的上下阈值，例如 Talib 中的 BBANDS 函数，通过固定采样区间标准差的计算来确定轨道的上下阈值。这样便于计算，可以获得一个稳定的计算公式。但是采样区间的选取是比较困难的，如果采样区间太短，那么在趋势比较明显的情况下会表现优秀，信号对于入场和出场的展示比较紧密。但是采样区间太短会因为信号过于敏感而使其出现较为频繁。

在趋势不明显的市场中，采样区间设置较短会使得信号出现过多。一个较好的解决方法是把采样区间设置得更长一些，使其信号出现得不那么频繁。但是对参数进行调整并不是那么简单的一件事，最好的方法是依据当前市场本身的状况自行调整参数的值，而不是使用固定参数值的方式来进行设置。

Dynamic Breakout II 策略就是采用动态自适应的方法，根据市场的波动作为衡量的标注。在震荡幅度较大的市场中，波动率自然而然较大，需要增加采样区间的值，这样不容易反复出现买卖点信号，而在趋势稳定的市场中，市场有较为明显的走势，波动率会随之变小，因此要减少采样区间的值，使得信号的出现较为敏感。

Dynamic Breakout II 策略最重要的是波动率的计算。这个波动率的计算方式如下：

（1）计算当日的标准差。

（2）计算上一个交易日的标准差。

（3）根据公式

$$deltaVolatility = \frac{(todayVolatility - yesterDayVolatility)}{todayVolatility}$$

每日比较市场波动度的增减，如果市场波动度变大 10%，就把采样区间的参数值增加 10%。而如果市场波动度减少 10%，就把采样区间的参数值减少 10%。

代码如下：

```
todayVolatility = np.std(close)
yesterDayVolatility = np.std(close[:-1])
deltaVolatility = (todayVolatility - yesterDayVolatility) / todayVolatility

lookBackDays = np.round(lookBackDays * (1 + deltaVolatility))
lookBackDays = np.min([lookBackDays,context.ceilingAmt])
lookBackDays = np.max([lookBackDays,context.floorAmt])
```

其中的 todayVolatility 和 yesterDayVolatility 是当日和上一个交易日的标准差，deltaVolatility 用于计算当前的波动率，lookBackDays 则用于计算采样区间，根据不同波动率对其进行增减。

context.ceilingAmt 和 context.floorAmt 是人为设定的采样区间上下限，根据公开的数据和已有回测，一般高值设置为 60，而低值设置为 20 较为合适。

至于买卖点的判定，当上一日的收盘价在区间上轨时买入，而收盘价低于区间下轨时则卖出。

【程序 5-13】

```
from gm.api import *
import numpy as np
import talib
def init(context):

    context.symbol = "SZSE.300296"
    context.frequency = "1d"
    context.fields = "open,high,low,close,volume"
    context.ceilingAmt = 60
    context.floorAmt = 20
    context.bolBandTrig = 1

    schedule(schedule_func=algo,date_rule="1d",time_rule="09:30:00")

lookBackDays = 30
```

97

```
def algo(context):

    global lookBackDays

    today = context.now
    last_day = get_previous_trading_date("SZSE",today)

    data = history_n(symbol=context.symbol, frequency = context.frequency,
count=int(lookBackDays),
                    end_time=last_day, fields=context.fields,
                    fill_missing="last", adjust=ADJUST_PREV, df=True)

    close = np.asarray((data["close"].values))
    high = np.asarray((data["high"].values))
    low = np.asarray((data["low"].values))

    todayVolatility = np.std(close)
    yesterDayVolatility = np.std(close[:-1])
    deltaVolatility = (todayVolatility - yesterDayVolatility) / todayVolatility

    lookBackDays = np.round(lookBackDays * (1 + deltaVolatility))
    lookBackDays = np.min([lookBackDays,context.ceilingAmt])
    lookBackDays = np.max([lookBackDays,context.floorAmt])

    MidLine = np.average(close)
    Band = np.std(close)

    upBand = MidLine + context.bolBandTrig * Band
    lowBand = MidLine - context.bolBandTrig * Band

    buyPoint = np.max(high)
    sellPoint = np.min(low)
    current_data = current(symbols= context.symbol)
    current_price = current_data[0]["price"]

    if ((close[-1] > upBand) and (current_price > buyPoint)):
        order_percent(symbol=context.symbol, percent=1,
side=OrderSide_Buy,position_effect = PositionEffect_Open ,
order_type=OrderType_Market, price=0)

    if ((close[-1] < lowBand) and (current_price < sellPoint)):
        order_percent(symbol=context.symbol, percent=0,
side=OrderSide_Sell,position_effect = PositionEffect_Open ,
order_type=OrderType_Market, price=0)

if __name__ == "__main__":
```

```
run(
    strategy_id='c08eed5a-00c2-11e8-9308-902b3463caf1',
    filename='Dynamic_Breakout_II.py',
    mode=MODE_BACKTEST,
    token='*********************************',
    backtest_start_time='2017-01-01 09:00:00',
    backtest_end_time='2017-12-31 15:00:00',
    backtest_initial_cash=20000,
    backtest_adjust=ADJUST_PREV
    )
```

具体回测请读者自行完成。

5.5　小结

本章介绍了 Talib 的基本使用方法，Talib 是金融分析中最常用的技术分析指标工具，通过图表或技术指标的记录研究市场过去及现在的行为反应，以推测未来价格的变动趋势。

但是从更深一个层次来说，仅仅依靠技术分析指标对走势做出预测并不可行，因为决定一个公司股票价格的最终因素是其内在的价值，而技术分析只关心证券市场本身的变化，不考虑会对其产生某种影响的经济方面、政治方面等各种外部的因素。

后续的介绍将以基本面分析为主，这也是本书的重点。

第 6 章

◀ 多因子策略 ▶

技术分析与基本面分析是股票价格分析最基础也是最经典的两个部分。

技术分析是针对股票的特定走势与价格趋势做出分析策略，主要根据某个特定时间段的开盘价、收盘价、最高价与最低价以及特定时间段的成交量等基本因素做出分析结果。

基本面分析是基于公司本身的素质，对影响公司估价走势的基本因子进行处理和排序，生成可以被量化统计的结果数据。

6.1 一个奇怪的问题

为什么要"买买买"（见图 6-1）？

图 6-1　买买买

相信读者在买东西之前一定会综合考虑要买的这个东西的形状大小、颜色类型甚至是重量是否符合自己的要求。也就是说，读者在最终决定要买卖一个商品之前，一定会认真比较某个商品的某些特点，还有可能会列出不同的备选方案，从而最终决定买入哪个商品。

那么有一个非常奇怪的问题，为什么大多数人在买入一只股票的时候都没有任何思考的过程，甚至是在一秒钟之内就做出了买卖的决定呢？

下面将给出解释。

6.1.1 因子是什么

因子是什么？

通俗地说，因子就是在选择一只股票时，能够帮助你做出决定的一个因素。例如，如果你觉得净利润增长率大于 25%的公司就是一个好公司，那么只需要关注净利润增长率大于 25%的公司即可。这个净利润增长率大于 25%就是因子。

这只是举一个例子，真正影响公司股价、推动资金进入和股价波动的因子是各种各样的，有基本面、消息面、政策面以及关于研报和分析师预测的预期等。

下面举例来说，对于国内 A 股，长时间能够表现出色的因子主要有哪些。

1. 规模因子：小市值因子

无论是在 A 股市场，还是港台以及欧美市场，小市值因子一直存在，并且小市值因子的逻辑很简单易懂。市值越小，其操纵涨跌所需要的资金越少，股票被操纵的可能性就越大。

2. 技术因子：动量反转因子

动量反转因子是典型的技术因子，指的是单个标的涨跌幅度的反转效应明显。简单地说，就是涨得多了就要跌，跌得多了就要涨，远离要回归，价格归于价值。这个其实就是在股市里说的补涨补跌。

3. 预测因子：预测收入的因子

预测因子指的是能够预测下一个财务周期的各种因子。预测收入增长的越高越好，净利润增长的越高越好，支出费用越低越好。这些都是能够帮助决定股价的一些因子。

一般来说，因子包括 9 类，即规模因子、估值因子、成长因子、盈利因子、动量反转因子、交投因子、波动因子、股东因子、一致性预测因子。

- 规模因子，如总市值、流通市值、自由流通市值。
- 估值因子，如市盈率（TTM）、市净率、市销率、市现率、企业价值倍数。
- 成长因子，如营业收入同比增长率、营业利润同比增长率、归属于母公司的近利润同比增长率、经营活动产生的现金流金额同比增长率。
- 盈利因子，如净资产收益率（ROE）、总资产报酬率（ROA）、销售毛利率、销售净利率。
- 动量反转因子，如前一个月涨跌幅、前 2 个月涨跌幅、前 3 个月涨跌幅、前 6 个月涨跌幅。
- 交投因子，如前一个月日均换手率。
- 波动因子，如前一个月的波动率、前一个月的振幅。
- 股东因子，如户均持股比例、户均持股比例变化、机构持股比例变化。
- 一致性预测因子，如研报或者分析师预测当年净利润增长率、主营业务收入增长率、最近一个月预测净利润上调幅度、最近一个月预测主营业务收入上调幅度、最近一个月上调评级占比。

6.1.2　选取因子

最简单的方法是选取一些自己喜欢的因子，比如前面所说的增长率、市值、营业收入等，一个一个计算不同因子的收益，看看效果如何，效果好就留下，效果不好则剔除，再选择下一个。

下面就以前面所说的净利润增长率为基础做出因子的效果表现。

1. 从表中提取因子

对于读者使用掘金量化来说，选取因子的第一步就是从掘金量化所提供的财务数据表（掘金量化主界面→帮助中心→数据文档）中抽取特定的数据。掘金量化提供了特定的财务因子代码供选取，代码如下：

```
def get_fundamentals_n(table, symbols, end_date, fields=None,
filter=None,order_by=None, count=1, df=False):
```

这里函数名为 get_fundamentals_n，而其中的参数分别为表名、股票池名、截止于特定的选择时间以及需要选择的因子等，count 是周期数，每个标的选择几个数据，df 指的是生成的数据以 pandas 的形式进行返回。

例如，从掘金量化主界面→帮助中心→数据文档→财务数据→衍生财务指标中选择净利润增长率因子，代码如下：

```
_df= get_fundamentals_n(table='deriv_finance_indicator',
symbols=symbol_list,end_date=day_time, count=1,fields=" NPGRT ", df=True)
```

2. 对于股票池的选择

在前面提取因子时，经过查询相应的表和因子名可以选取对应的因子。但是问题在于，如果要在股票池中选择我们所需要的因子，那么首先要建立对应的股票池。

建立股票池的方法，对于读者来说，当然可以选择特定的股票来组成一个股票池，但是无特定目标时，一般选择采用股指组成的成分股来作为股票池。同样，掘金也提供了对应的函数来获取对应的股指对应的成分股。

```
def get_history_constituents(index, start_date=None, end_date=None):
```

这里 index 代表的是股指，start_date 与 end_date 指的是股指日期，而返回的 list 每项是个字典，包含的 key 值如下。

trade_date: 交易日期，datetime 类型。

constituents: 一个字典，每只股票的 symbol 作为 key 值，weight 作为 value 值。

举例如下：

```
symbol_list = get_history_constituents(index="SHSE.000016",
start_date=now)[0].get("constituents").keys()
```

返回的是上证 50 成分股，结果如下：

```
['SHSE.600000', 'SHSE.600016', 'SHSE.600019', 'SHSE.600028', 'SHSE.600029',
'SHSE.600030',
 'SHSE.600036', 'SHSE.600048', 'SHSE.600050', 'SHSE.600104', 'SHSE.600111',
'SHSE.600309',
 'SHSE.600340', 'SHSE.600518', 'SHSE.600519', 'SHSE.600547', 'SHSE.600606',
'SHSE.600837',
 'SHSE.600887', 'SHSE.600919', 'SHSE.600958', 'SHSE.600999', 'SHSE.601006',
'SHSE.601088',
 'SHSE.601166', 'SHSE.601169', 'SHSE.601186', 'SHSE.601211', 'SHSE.601229',
'SHSE.601288',
 'SHSE.601318', 'SHSE.601328', 'SHSE.601336', 'SHSE.601398', 'SHSE.601601',
'SHSE.601628',
 'SHSE.601668', 'SHSE.601669', 'SHSE.601688', 'SHSE.601766', 'SHSE.601800',
'SHSE.601818',
 'SHSE.601857', 'SHSE.601878', 'SHSE.601881', 'SHSE.601985', 'SHSE.601988',
'SHSE.601989',
 'SHSE.603993']
```

下面将选取的成分股与因子组合在一起，要求选取当日的上证 50 成分股的增长率。

【程序 6-1】

```
from gm.api import *
import datetime

set_token("715f84a04a4574e2e77491d62f7c8bbc0c663b12")
day_time,hour_and_mins=str(datetime.datetime.now().strftime('%Y-%m-%d
%H:%M:%S')).split(" "):

index = "SHSE.000016"

symbol_list=get_history_constituents(index=index,start_date=day_time)[0].get("
constituents").keys()

df=
get_fundamentals_n(table="deriv_finance_indicator",symbols=symbol_list,end_dat
e=day_time,
fields="NPGRT",count=1,df=True)

print(df.head(5))
```

【程序 6-1】中首先导入了掘金量化的程序包，而 datetime 是获取当前时间的辅助包，可以通过函数获取当前系统对应的时间并以字符串的形式打印出来，之后通过字符串分割出当前的年月日和时分秒。而 symbol_list 是获取当前日期上证 50 构成的成分股，之后将

symbol_list 导入对应的因子获取函数，最终结果如图 6-2 所示。

```
      symbol      pub_date    end_date    NPGRT
0  SHSE.601288  2018-04-28  2018-03-31    5.4317
1  SHSE.601166  2018-04-25  2018-03-31    4.9394
2  SHSE.600606  2018-04-24  2018-03-31   30.3047
3  SHSE.600999  2018-04-27  2018-03-31  -20.5682
4  SHSE.601668  2018-04-28  2018-03-31   14.9802
```

图 6-2　上证 50 成分股股票增长率情况

读者可以尝试在不同的表以及使用不同的因子来获取不同的因子状态。

3. 对因子进行排序

对于单因子净利润增长率来说，当然是越高越好。

下面对因子进行排序，在这里并不是简单地对数据进行排序，而是需要对决定因子的股票代码进行排序，代码如下：

```
df= get_fundamentals_n(table="deriv_finance_indicator",symbols=symbol_list,
end_date=day_time,fields="NPGRT",count=1,df=True)
df = df.sort_values(["NPGRT"],ascending=False)
print(df.head(5))
```

这里是直接对 pandas 数据进行排序，sort_value 函数是对 pandas 内部的数据进行排序的函数，ascending=False 决定了排序方式是由大到小的，最终结果如图 6-3 所示。

```
       symbol      pub_date    end_date    NPGRT
25  SHSE.600050  2018-04-21  2018-03-31  374.7468
12  SHSE.603993  2018-04-28  2018-03-31  159.5361
19  SHSE.601628  2018-04-27  2018-03-31  119.8406
22  SHSE.601601  2018-04-28  2018-03-31   87.5500
47  SHSE.601857  2018-04-28  2018-03-31   78.1014
```

图 6-3　排序后的上证 50 成分股股票增长率情况

还有一种方法是产生对应的字典，之后对字典进行排序，部分代码如下：

```
df=
get_fundamentals_n(table="deriv_finance_indicator",symbols=symbol_list,end_dat
e=day_time,
fields="NPGRT",count=1,df=True)


npgrt = df["NPGRT"].values


symbol_and_npgrt = {}


for _symbol, npgrt in zip(symbol_list,npgrt):
    symbol_and_npgrt[_symbol] = _npgrt
symbol_and_npgrt = sorted(symbol_and_npgrt d.items(),key = lambda
```

```
x:x[1],reverse = False) #这里是由小到大排列
for _ in symbol_and_npgrt:
print(_[0])
```

这里首先获取了装载 NPGRT 数据的 pandas，之后建立了一个 symbol 与 NPGRT 对应的字典，sorted 函数用于对数据进行自动排序，这里根据字典的 value 对数据排序，之后将排序后的值返回到数据字典中。具体结果请读者自行打印查看。

6.1.3　单因子选股轮动测试

下面使用选定的因子进行选股轮动。在使用某个策略的时候，最重要的是确定策略所使用的方案，本节中所使用的方案如下：

● 　股票池选用上证 50 的成分股。

● 　选择股票池中净利润增长率排名前 5 的 5 家公司。

● 　每个月进行调仓，调出排名跌出前 5 的公司，重新买入进入排名前 5 的公司。

1. init 格式化对象

使用掘金框架进行回测设计，第一步就是设定格式化对象，其中最重要的是设置回测的方式。

```
def schedule(schedule_func, date_rule, time_rule):
```

schedule 函数定义了回测的内容，schedule_func 是回测主调用函数，回测主内容写在此处，date_rule 是基于回测的时间周期，time_rule 是每个时间周期中具体执行的时间点。代码段如下：

```
from gm.api import *
import os


def init(context):

    context.index = "SHSE.000016"
    context.num = 5
    schedule(schedule_func=algo, date_rule='1w', time_rule='09:31:00')
```

最上端的 from 导入了掘金的程序包，os 是操作系统需要的包，在后面会介绍。init 函数是回测框架的初始化函数，可以设置大量初始化内容。

2. algo 函数

algo 是回测框架的主要算法框架，这里定义了每个时间周期需要进行的策略的主要内容。在本策略中，为了简单起见，首先在每个 frequency（设定的策略运行周期）上进行清仓操作，之后获取当前时间段的上证 50 成分股，下一步获取成分股对应的因子数据，之后对因

子进行排序，买入排名前 5 的标的内容。

```python
def algo(context):
    now = context.now

    order_close_all()

symbol_list= get_history_constituents(index=context.index, start_date=now)[0].
get("constituents").keys()
    df = get_fundamentals_n(table="deriv_finance_indicator",
symbols=symbol_list, end_date=now, fields="NPGRT",count=1, df=True)
    df = df.sort_values(["NPGRT"], ascending=False)

    target_list = df["symbol"].values
    target_list = target_list[:context.num]

    for symbol in target_list:
        order_target_percent(symbol=symbol, percent=1. / context.num,
order_type=OrderType_Market, position_side=PositionSide_Long)
```

这里 order_close_all 为了简略起见，直接清仓。在真实的实盘交易时，为了节省交易费用等，需要判断持仓情况，这里先不采用。

【程序 6-2】

```python
from gm.api import *
import os

def init(context):

    context.index = "SHSE.000016"
    context.num = 5
    schedule(schedule_func=algo, date_rule='1m', time_rule='09:31:00')
def algo(context):
    now = context.now
    order_close_all()

symbol_list= get_history_constituents(index=context.index, start_date=now)[0].
get("constituents").keys()
    df = get_fundamentals_n(table="deriv_finance_indicator",
symbols=symbol_list, end_date=now, fields="NPGRT",count=1, df=True)
    df = df.sort_values(["NPGRT"], ascending=False)

    target_list = df["symbol"].values
    target_list = target_list[:context.num]
```

```
for symbol in target_list:
    order_target_percent(symbol=symbol, percent=1. / context.num,
order_type=OrderType_Market, position_side=PositionSide_Long)

def on_backtest_finished(context, indicator):
    print(indicator)
if __name__ == "__main__":
    run(
        strategy_id='9f53e15f-6870-11e8-801c-4cedfb681747',
        filename=(os.path.basename(__file__)),
        mode=MODE_BACKTEST,
        token='715f84a04a4574e2e77491d62f7c8bbc0c663b12',
        backtest_start_time=start_time,
        backtest_end_time='2018-06-25 15:00:00',
        backtest_initial_cash=10000000,
        backtest_adjust=ADJUST_PREV
    )
```

具体代码运行结果如图 6-4 所示。

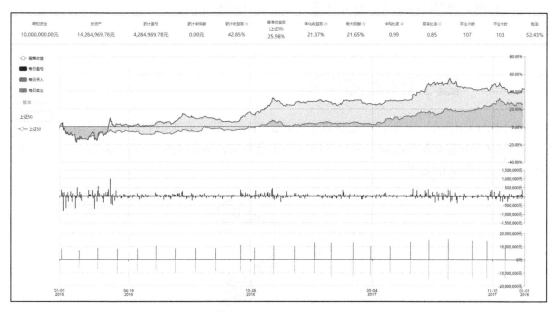

图 6-4　选取净利润增长率排前 5 的回测结果

可以看到，通过选取净利润增长率前 5 的股票进行回测，其累计收益率为 42.85%，而同期上证 50 的基准收益率为 25.98%，可以说获得了约 17% 的额外收益。

下面展示一个反例，这里是作者随机选择的一个因子，单因子测试的结果如图 6-5 所示。

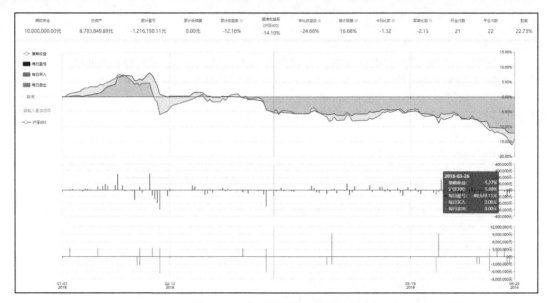

图 6-5　一个反例因子的测试结果

从图 6-5 可以看到，选择因子时，好的因子可以有效地提高收入，让使用者能够获取丰厚的收益，而坏的因子非但不会带来收益，反而会促使使用者产生额外亏损。

怎么选取一个好的因子呢？这点在下一节会专门讲述。

6.2　因子的量化选择

关于因子的作用，在 6.1 节已经做了专门的讲述。随之而来的问题是因子的选择。究竟什么样的因子会带来额外收益，而什么样的因子会带来额外损失呢？图 6-6 所示为好的因子与坏的因子所带来的效果。

图 6-6　好的因子与坏的因子

从传统的方法来看，对于不同的候选因子，在模型设定的初期，计算每个周期每只正常交易股票的该因子的大小，按从小到大的顺序对样本股票进行排序，并平均分为 n 个组合，一直持有到周期末，在下个周期初再按同样的方法重新构建 n 个组合并持有到周期末，一直重复到模型结束。

6.2.1　基于 IC 值的多因子计算方法

随着金融行业的发展，在金融系统中产生能够表述某一方面问题的因子越来越多，大概可以分为估值与市值类因子、偿债能力和资本结构类因子、分析师预期类因子、均线型因子、成交量型因子、成长能力类因子、每股指标因子、现金流指标因子、盈利能力和收益质量类因子、能量型因子、营运能力类因子、超买超卖型因子、趋势型因子这些大类。

大类因子进一步细分下去，目前来说会形成 5000 个左右的可观测因子，因此要从中找出有效因子，一个有效而合适的测试方法必不可少。

目前最常用的就是因子 IC 的计算方法。因子 IC 法来自于多因子模型的打分法，指的是选用若干能够对股票未来时间段收益产生预测作用的因子，根据每个因子在对应位置的状况给出股票在该位置上的得分，然后按照一定的权重将各个因子的得分相加，从而得到该股票各个因子的最终得分。

因此可以看到，在打分模型中，各个因子的权重设定和计算非常重要，即使是非常好的因子，在权重配置下也可能会有不好的结果。

IC 的计算公式如下：

$$r_{12} = \frac{\sum_{k=1}^{n}(x_{1k}-\bar{x}_1)(x_{2k}-\bar{x}_2)}{\sqrt{\sum_{k=1}^{n}(x_{1k}-\bar{x}_1)^2 \sum_{k=1}^{n}(x_{2k}-\bar{x}_2)^2}}$$

从公式中可以看到，IC 的计算公式实际上就是不同序列的相关系数的计算，那么 IC 值的计算用一句话解释就是："IC 值为因子与对应的下期收益率之间的关系"。下面通过 Python 对 IC 进行计算。假设不同的股票在某个时间段对应的因子值和下期的收益率如表 6-1 所示。

表 6-1　股票因子与收益率表

	因子 A	因子 B	下期收益率
股票 a	6	2	0.02
股票 b	1	4	0.004
股票 c	2	8	0.005
股票 d	7	9	0.007

读者可以手动计算此时的 IC 值，但是 Python 中的 NumPy 工具包提供了更为方便的计算方法，即 corrcoef 函数：

```
corr = np.corrcoef()
```

完整代码如下：

【程序 6-3】

```
import numpy as np

factor_A = [6,1,2,7]
return_profit = [0.02,0.004,0.005,0.007]

corr = np.corrcoef(factor_1,return_profit)
print(corr)
```

打印结果如下：

```
[[ 1.        0.593641]
 [ 0.593641 1.     ]]
```

其中，0.593641 是两个序列的相关系数，即为其对应的 IC 值。读者可以自行计算因子 B 对应的 IC 值。

 注意 无论是因子 A 还是因子 B，其相关系数对应计算的都是下个时间周期的收益率。

6.2.2 基于 IC 值的多因子计算方法（续）

除了直接求相关系数的计算方法外，还有一种 IC 值的计算方法，即回归法。简单来说，就是用该期的股票收益率对上期的因子值做回归，并用该期的因子值预测下期股票的收益率，取下期预测的收益率和下期实际收益率的相关系数。

下面使用表 6-1 来介绍基于回归法的 IC 值求解。

1. 计算因子与收益率的回归系数

对于回归的计算方法有很多种，Python 提供了专门的工具包，帮助使用者进行回归系数的计算。所需要的包如下：

```
import statsmodels.api as sm
import numpy as np
```

其使用方法如下：

```
x = np.asarray([1, 2, 3, 4, 5, 6, 7, 8, 9, 10])
y = 10 + 4 * x1
x_ = sm.add_constant(x)
model = sm.OLS(y, x_)
results = model.fit()
print(results.params)
```

其中，x 是生成的一个序列变量，而 y 为方程的计算结果，具体打印结果如下：

```
[10. 4.]
```

这里 result.params 对应的是两个结果，第一个为 noise 值，第二个为对应的 weight 值。

使用回归计算因子与收益率的代码段如下：

```
factor_1 = [6,1,2,7]
return_profit = [0.02,0.004,0.005,0.007]

x_ = sm.add_constant(factor_1)
y = return_profit

model = sm.OLS(y, x_)
results = model.fit()
print(results.params)
```

而最终打印结果如下：

```
[ 0.003   0.0015]
```

2. 计算下一期股票收益率

在得到了对应的回归系数后，下一步是计算对应的预期股票收益率。代码段如下：

```
pre_return_profit = results.params[0] + np.asarray(factor_1) *
results.params[1]
```

其结果如下：

```
[ 0.012   0.0045  0.006   0.0135]
```

3. 计算预期收益率与真实收益率的相关系数

最后一步是计算预期收益率与真实收益率之间的相关系数。代码段如下：

```
corr = np.corrcoef(pre_return_profit,return_profit)
print(corr)
```

完整代码如【程序 6-4】所示。

【程序 6-4】

```
import statsmodels.api as sm
import numpy as np

factor_1 = [6,1,2,7]
return_profit = [0.02,0.004,0.005,0.007]

x_ = sm.add_constant(factor_1)
y = return_profit
model = sm.OLS(y, x_)
```

```
results = model.fit()
pre_return_profit = results.params[0] + np.asarray(factor_1) *
results.params[1]

corr = np.corrcoef(pre_return_profit,return_profit)
print(corr)
```

最终结果如下：

```
[[ 1.        0.593641]
 [ 0.593641 1.       ]]
```

可以看到，使用两种方法计算出的相关系数的值是相同的。本例中参数的计算相对简单，读者可以采用更为复杂的数据来计算对应的数据值。

补充说明一点，对于不同的股票，由于其市值不同，因子的影响往往差异很大。例如，最基本的市盈率因子，往往会集中于银行等体量比较大的板块中。在对因子的 IC 值进行计算之前，首先要根据不同的条件做回归分析，取残差作为一个替代值。这里不展开介绍，相关代码段如下：

```
def fast_batch_get_neutralized_factor(symbol_list,factor,now,more_is_better):

last_day = get_previous_trading_date("SHSE",now)
    _symbol_list = symbol_list
    symbol_list = []
    for _ in _symbol_list:
        symbol_list.append(_)
    TOTMKTCAP = []
    #根据市值进行中性化处理
    data = get_fundamentals(table='trading_derivative_indicator',
symbols=symbol_list, start_date=last_day, end_date=last_day,
fields="TOTMKTCAP")

    if len(data) == len(symbol_list):
        for _ in data:
            try:
                TOTMKTCAP.append(_["TOTMKTCAP"])
            except:TOTMKTCAP.append(1e+15)
    else:
        for symbol in symbol_list:
            try:
                _data = get_fundamentals(table='trading_derivative_indicator',
symbols=symbol, _date=last_day, end_date=last_day, fields="TOTMKTCAP")
                TOTMKTCAP.append(_data[0]["TOTMKTCAP"])
            except:
```

```
            TOTMKTCAP.append(1e+15)

    factor_with_table = {}
    for line in open("../tools/单因子表列.txt", encoding='UTF-8'):
        line = line.strip('\n')[0:]
        lines = line.split(",")
        factor_with_table[lines[1]] = lines[0]
table_name = factor_with_table[factor]

    factor_value_list = []
    data = get_fundamentals(table=table_name, symbols=symbol_list,
start_date=last_day,
                    end_date=last_day, fields=factor)

    if len(data) == len(symbol_list):
        for _ in data:
            try:
                factor_value_list.append(_[factor])
            except:
                if more_is_better == True:
                    factor_value_list.append(-999)
                else:
                    factor_value_list.append(999)
    else:
        for symbol in symbol_list:
            try:
                _data = get_fundamentals(table=table_name, symbols=symbol,
start_date=last_day, end_date=last_day, fields=factor)
                factor_value_list.append(_data[0][factor])
            except:
                if more_is_better == True:
                    factor_value_list.append(-999)
                else:
                    factor_value_list.append(999)

    TOTMKTCAP = fast_detal_edge(TOTMKTCAP)    #这个是 x
    factor_value_list = fast_detal_edge(factor_value_list)    #这个是 y

    _TOTMKTCAP = sm.add_constant(TOTMKTCAP)
    model = sm.OLS(factor_value_list, _TOTMKTCAP)
    results = model.fit()

    d_value_dict = {}
```

```
for i in range(len(symbol_list)):
    d_value = factor_value_list[i] - ( results.params[1] * TOTMKTCAP[i] +
results.params[0])
    d_value_dict[symbol_list[i]] = d_value

return d_value_dict
```

因子 IC（信息系数）代表因子预测股票收益的能力。IC 具体为全部股票在调仓周期期初的排名和本调仓周期收益排名的线性相关度。IC 的均值是多个调仓周期 IC 的平均值。

IC 越大，表明是排名越靠前的股票，未来收益排名也越靠前。IC 的理论最大值为 1，但对于多时间段的 IC 均值来说，当其值大于 0.05 时，就可以认为因子是有效的阿尔法因子，大于 0.1 时，就可以认为因子是特别好的阿尔法因子。当 IC 均值接近 0 时，因子可被认为是无效因子。当 IC 均值小于-0.05 时，因子可以被认为是反向有效因子，只要将排名次序颠倒过来，因子就是正向的阿尔法因子。简而言之，IC 均值的绝对值越大，因子越有效。

因子 IR（信息比率）代表因子在历史上表现的稳定性，公式如下：

$$IR = \frac{IC_{mean}}{IC_{std}}$$

因子在不同历史时期的表现有可能差别很大，有的时候表现得很好，有的时候表现得很差，表现在 IC 上，就是 IC 的波动率很大。假设 IC 均值一定，IC 的波动率越小，因子表现得越稳定，IR 就越大。

6.2.3　因子 IC 值计算的目标，等权法因子值的合成

对于单个因子的测试来说，直接使用掘金程序进行测试即可，如果回测人员觉得有必要选用更多的因子一起更新使用的内容的话，需要对因子进行合成，生成一个新的数量因子。

对于选定的因子，最常用的方法是按等权重进行合成，如表 6-2 所示。

表 6-2　股票多因子与收益率表

	因子 A	因子 B	因子 C	下期收益率
股票 a	6	2	1	0.02
股票 b	1	4	5	0.004
股票 c	2	8	6	0.005
股票 d	7	9	2	0.007

表 6-2 在表 6-1 的基础上做了修改，增加了一个因子 C。下面根据不同的值计算对应的 IC 值。其代码如下：

【程序 6-5】

```
import numpy as np
```

```
factor_A = [6,1,2,7]
factor_B = [2,4,8,9]
factor_C = [1,5,6,2]
return_profit = [0.02,0.004,0.005,0.007]

corr = np.corrcoef(factor_A,return_profit)
print("factor_A:",corr[0][1])

corr = np.corrcoef(factor_B,return_profit)
print("factor_B:",corr[0][1])

corr = np.corrcoef(factor_C,return_profit)
print("factor_C:",corr[0][1])
```

打印结果如下：

```
factor_A: 0.593641001409
factor_B: -0.651000828374
factor_C: -0.790625442073
```

可以看到对应不同的因子值，其 IC 值也不相同，因子 A 的 IC 值约为 0.59，而因子 B 和因子 C 对应的 IC 值约为 -0.65 和 -0.79。此时，因子 B 和因子 C 被视为反向因子，因此在选取时需要对其进行辨别。

如果从表中的 3 个因子中选出两个组成一个新的因子，根据上面的计算方法，选择因子 A 和因子 C 是最为合适的。需要注意的是，由于因子 C 是负相关的，因此在计算时需要将其转成正值计算，代码如下：

```
factor_total = np.asarray(factor_A) + np.asarray(factor_C) * -1
```

这里 factor_A 与 factor_C 共同组成了一个新的因子，factor_total：

```
[ 5 -4 -4  5]
```

下面计算新的因子与收益率之间的 IC 值，代码如下：

```
factor_total = np.asarray(factor_A) + np.asarray(factor_C) * -1

corr = np.corrcoef(return_profit,factor_total)
print(corr[0][1])
```

打印结果如下：

```
0.69853547
```

可以看到，相较于单独的因子 A，因子 A 和因子 C 合成的因子，其 IC 值正向增加了 0.1，因此可以认为合成的因子能够提高对收益率的反映。

这里选用等权法进行计算，由于因子 A 是正相关的，可以认为值越大越好，其权值为 +1；而由于因子 C 为负相关的，可以认为对收益率的影响越小越好，从而权值被设定为 -1。至于在计算多因子时到底是越大越好还是越小越好，需要综合认定和对最终结果的判定，一定要在同一个模型中统一判断标准。

在前面 6.1 节已经介绍了，除了基本面因子外，还可以根据不同的条件生成各种有代表性的因子，这点在下一节会介绍。

6.3 实战：基于成长因子的模型测试

成长模型是一种以公司未来成长为基础的选股模型。

成长投资理论由现代投资理论的开路先锋之一，Philip A.Fisher（费雪）最早提出，他在 1959 年的名著《怎样选择成长股》中对该投资理念进行了详细阐述，解释了成长股的标准、如何寻找成长股、怎样把握时机获利等一系列重要的问题，为广大投资者称道。

在实际操作中，成长型投资通常是在对经济周期和行业景气分析的基础上，结合股票基本面情况，包括收益率和增长率等属性的分析，来评估和选择成长型股票。

在量化形式上，成长型投资主要是通过 ROE、ROA、ROIC、营业收入增长率、主营业务利润率等参数来挖掘成长性相对更高的股票。

6.3.1 模型说明

以 ROIC-NPG 两个指标来构建成长模型。根据我们对各项指标的重新梳理，现将 ROIC 列为质量指标，另外构建包括 EBITG（息税前收益增长率）、NPG（净利润增长率）、MPG（主营利润增长率）、GPG（毛利润增长率）、OPG（营业利润增长率）、OCG（经营现金流增长率）、NAG（净资产增长率）、EPSG（每股收益增长率）、ROEG（净资产收益率增长率）、GMPG（毛利率增长率）10 个考核公司成长能力的指标。

1. 因子的构建形式

在多因子计算的初始，需要建立一个能够存储因子的矩阵，Python 中对于矩阵的建立，一般使用的是 pandas 工具包，而对于选定的因子，建立一个可以容纳其数据的字段名即可，代码如下：

```
df = pd.DataFrame([])
df["symbol"] = symbol_list
df["EBITG"] = -999
df["NPG"] = -999
df["TAG"] = -999 # MPG用TAG代替
```

```
df["GPG"] = -999
df["OPG"] = -999
df["OCG"] = -999
```

 注 意 在掘金数据集中，MPG 数据被 TAG 代替，这里只需要建立 TAG 代码段即可。

可能读者注意到，在这里其值被定义为 -999，这样做的目的是，在读取数据时，为了防止有数据缺失或者出错，将默认值设置成现实数据中可能会遇到的最小值。这样做的好处是在后续计算时可以自动将出错的数据的计算结果降为最差结果。

2. 因子的获取

对于需要使用的因子，掘金量化也提供了对应的基本面获取函数：

```
def get_fundamentals_n(table, symbols, end_date, fields=None,
filter=None,order_by=None, count=1, df=False):
```

其中，table 是对应的表名，field 是字段名，order_by 是排序方式，如果有一些需要过滤的字段，可以使用 filter 进行字段过滤。

首先看本模型中的第二个因子——NPG。通过查表可得，第一个需要查询的字段 NPG 在掘金数据库中的字段名为 NPGRT，其在 deriv_finance_indicator 表中，因此根据 get_fundamentals_n 函数可以写成如下形式：

```
get_fundamentals(table='deriv_finance_indicator', symbols=symbol_list,
start_date=day_time,
end_date=day_time, fields="NPGRT", df=True)
```

需要注意的是，对于部分数据有可能会产生缺失，因此在读取时需要对数据的数量进行判断，如果是正常读取，就可以正常结束，而当数据出现缺失时，可使用默认的最小值进行填充，代码如下：

```
_df = get_fundamentals(table='deriv_finance_indicator', symbols=symbol_list,
start_date=day_time, end_date=day_time, fields="NPGRT", df=True)
if len(_df) == len(symbol_list):
df["NPG"] = _df["NPGRT"]
else:
for number in range(len(symbol_list)):
try:
_df = get_fundamentals(table='deriv_finance_indicator',
symbols=symbol_list[number], start_date=day_time, end_date=day_time,
fields="NPGRT")
_NPG = tools.get_data_value(_df, "NPGRT")
df.iloc[number, 2] = _NPG[0]
except:
df.iloc[number, 2] = -999
```

这里首先使用 symbol_list 批量化获取数据值，之后判断读取的数据有没有缺失，如果产生缺失，就逐个获取对应的因子数据，而对于缺失的因子数据，使用 -999 进行填充。

前面介绍了第二个因子 NPG 的获取，而对于第一个因子 EBITG（息税前收益增长率），掘金数据表中并没有直接给出，需要读者对数据进行处理，自行计算得出，分别使用本期的 EBITMARGIN（息税前利润率）与上期的值计算，即：

```
EBITG = ((now_EBITMARGIN - last_EBITMARGIN) / last_EBITMARGIN)
```

对于不同的数据值获取方式，掘金同时提供了不同的基本面获取函数，代码如下：

```
def get_fundamentals_n(table, symbols, end_date, fields=None,
filter=None,order_by=None, count=1, df=False):
```

get_fundamentals_n 函数的意思是查询基本面财务数据中每个股票在 end_date 的前 n 条，本处只需要获取两条即可。

```
for number in range(len(symbol_list)):
try:
        _df = get_fundamentals_n(table='deriv_finance_indicator',
symbols=symbol_list[number], end_date=day_time, count=2, fields="EBITMARGIN")
        now_EBITMARGIN = _df[0]["EBITMARGIN"]
        last_EBITMARGIN = _df[1]["EBITMARGIN"]
        EBITG = ((now_EBITMARGIN - last_EBITMARGIN) / last_EBITMARGIN)
        df.iloc[number, 1] = EBITG
    except:
        df.iloc[number, 1] = -999
```

字段中的 EBITG 分别取了本期和上期的值，其差值与上期的数据比值可以认为是所需要的息税前利润率。

取全部因子的代码如下：

```
# symbol_list = tools.read_MSCI()
df = pd.DataFrame([])
df["symbol"] = symbol_list
df["EBITG"] = -999
df["NPG"] = -999
df["TAG"] = -999  # MPG 取不到，用 TAG 代替
df["GPG"] = -999
df["OPG"] = -999
df["OCG"] = -999
df["vol"] = 0
# 求出 EBITG
for number in range(len(symbol_list)):
    try:
        _df = get_fundamentals_n(table='deriv_finance_indicator',
```

```
symbols=symbol_list[number], end_date=day_time, count=2, fields="EBITMARGIN")
        now_EBITMARGIN = _df[0]["EBITMARGIN"]
        last_EBITMARGIN = _df[1]["EBITMARGIN"]
        EBITG = ((now_EBITMARGIN - last_EBITMARGIN) / last_EBITMARGIN)
        df.iloc[number, 1] = EBITG
    except:
        df.iloc[number, 1] = -999


# 求 NPG
_df = get_fundamentals(table='deriv_finance_indicator', symbols=symbol_list,
start_date=day_time, end_date=day_time, fields="NPGRT", df=True)
if len(_df) == len(symbol_list):
    df["NPG"] = _df["NPGRT"]
else:
    for number in range(len(symbol_list)):
        try:
            _df = get_fundamentals(table='deriv_finance_indicator',
symbols=symbol_list[number], start_date=day_time, end_date=day_time,
fields="NPGRT")
            _NPG = tools.get_data_value(_df, "NPGRT")
            df.iloc[number, 2] = _NPG[0]
        except:
            df.iloc[number, 2] = -999


# 求出 TAG
_df = get_fundamentals(table='deriv_finance_indicator', symbols=symbol_list,
start_date=day_time, end_date=day_time, fields="TAGRT", df=True)
if len(_df) == len(symbol_list):
    df["TAG"] = _df["TAGRT"]
else:
    for number in range(len(symbol_list)):
        try:
            _df = get_fundamentals(table='deriv_finance_indicator',
symbols=symbol_list[number], start_date=day_time, end_date=day_time,
fields="TAGRT")
            _NPG = tools.get_data_value(_df, "TAGRT")

            df.iloc[number, 2] = _NPG[0]
        except:
            df.iloc[number, 2] = -999


# 求 GPG
for number in range(len(symbol_list)):
```

```
        try:
            _df = get_fundamentals_n(table='deriv_finance_indicator',
symbols=symbol_list[number], end_date=day_time, count=2, fields="OPGPMARGIN")

            now_EBITMARGIN = _df[0]["OPGPMARGIN"]
            last_EBITMARGIN = _df[1]["OPGPMARGIN"]
            EBITG = ((now_EBITMARGIN - last_EBITMARGIN) / last_EBITMARGIN)

            df.iloc[number, 4] = EBITG
        except:
            df.iloc[number, 4] = -999

    # 求 OPG
    for number in range(len(symbol_list)):
        try:
            _df = get_fundamentals_n(table='deriv_finance_indicator',
symbols=symbol_list[number], end_date=day_time, count=2, fields="OPPRORT")

            now_EBITMARGIN = _df[0]["OPPRORT"]
            last_EBITMARGIN = _df[1]["OPPRORT"]
            EBITG = ((now_EBITMARGIN - last_EBITMARGIN) / last_EBITMARGIN)
            df.iloc[number, 5] = EBITG
        except:
            df.iloc[number, 5] = -999

    # 求 OCG
    for number in range(len(symbol_list)):
        try:
            _df = get_fundamentals_n(table='deriv_finance_indicator',
symbols=symbol_list[number], end_date=day_time, count=2, fields="NCFPS")
            now_EBITMARGIN = _df[0]["NCFPS"]
            last_EBITMARGIN = _df[1]["NCFPS"]
            EBITG = ((now_EBITMARGIN - last_EBITMARGIN) / last_EBITMARGIN)
            df.iloc[number, 6] = EBITG
        except:
            df.iloc[number, 6] = -999
```

生成的因子矩阵如图 6-7 所示。

```
        symbol      EBITG        NPG       TAG      GPG      OPG      OCG
0   SHSE.600000  -999.0000    -1.0856   -7.7215  -0.7566   0.0357  -1.2163
1   SHSE.600008    -0.0696   -17.8317   19.6606  -0.7582  -0.2473  -0.1166
2   SHSE.600009    -0.0718    28.6179   20.3458  -0.7122  -0.0216  -0.3339
3   SHSE.600010     0.3434   222.1856   22.1764  -0.7143   0.2254  -1.7664
4   SHSE.600011     0.2523    86.9642   15.1118  -0.6618   1.0049  -8.9287
5   SHSE.600015  -999.0000     5.2328    1.3626  -0.7681  -0.0322  -0.9754
6   SHSE.600016  -999.0000    32.6025   -6.8159  -0.6997   0.1790  -0.9932
7   SHSE.600018    -0.3022    12.8480    6.7102  -0.7977  -0.2261  -1.3802
8   SHSE.600019     0.1064    16.9055   12.7369  -0.7288   0.2013  -0.9414
9   SHSE.600023    -0.3734    13.5005    7.2002  -0.8625  -0.4635  -0.6455
10  SHSE.600025    -0.0086    -0.4916    2.5441  -0.7827  -0.2988   0.4431
11  SHSE.600028     0.3171   374.7468    8.5934  -0.7446   0.3757  -2.4729
12  SHSE.600029    -0.0603   -11.6128   12.8822  -0.6878   0.6151  -1.4010
13  SHSE.600030  -999.0000    -6.8055   20.4395  -0.7770  -0.0059  -1.2780
```

图 6-7　部分数据因子矩阵

可以看到，数据中有一系列的 -999，主要是存在数据的缺失问题。

3. 矩阵因子的计算与排序

对于生成的数据集，下面提取出对应的数据组成矩阵，代码如下：

```
df = df.dropna()
df_factor = df.iloc[:,1:]
df_factor = np.asmatrix(df_factor)
```

因为第一个数据是 symbol，在计算时不需要，所以可以从第一列开始存储。

```
-999.0000   -1.0856   -7.7215 -0.7566   0.0357  -1.2163
-0.0696   -17.8317   19.6606 -0.7582  -0.2473  -0.1166
-0.0718    28.6179   20.3458 -0.7122  -0.0216  -0.3339
0.3434    222.1856   22.1764 -0.7143   0.2254  -1.7664
0.2523     86.9642   15.1118 -0.6618   1.0049  -8.9287
-999.0000    5.2328    1.3626 -0.7681  -0.0322  -0.9754
```

下面对生成的矩阵进行因子计算。在本策略模型中，各个因子对收益率的影响可以认为越大越好，因此可以统一地将全部权重值设成-1，这样做的好处是在后续的计算中，可以调用默认方法将值从小到大进行排列。当然，读者也可以将其全部设置成+1，只需要统一规格即可。

```
weight_mat = np.asmatrix(weight)
res = np.dot(df_factor, weight_mat)
df["score"] = (res)
df = (df.sort_values(["score"]))
```

对于矩阵计算，这里调用了 NumPy 中的矩阵计算方法，res 就是最终计算的结果，将其重新作为一个因子合并到 df 数据集中，打印结果如图 6-8 所示。

	symbol	EBITG	NPG	TAG	GPG	OPG	OCG		score
0	SHSE.600000	-999.0000	-1.0856	-7.7215	-0.7566	0.0357	-1.2163	49	-5.9173
1	SHSE.600008	-0.0696	-17.8317	19.6606	-0.7582	-0.2473	-0.1166	262	-5.1157
2	SHSE.600009	-0.0718	28.6179	20.3458	-0.7122	-0.0216	-0.3339	182	-4.7523
3	SHSE.600010	0.3434	222.1856	22.1764	-0.7143	0.2254	-1.7664	242	-4.6576
4	SHSE.600011	0.2523	86.9642	15.1118	-0.6618	1.0049	-8.9287	40	-4.6171
5	SHSE.600015	-999.0000	5.2328	1.3626	-0.7681	-0.0322	-0.9754	215	-4.6115
6	SHSE.600016	-999.0000	32.6025	-6.8159	-0.6997	0.1790	-0.9932	272	-4.4601
7	SHSE.600018	-0.3022	12.8480	6.7102	-0.7977	-0.2261	-1.3802	234	-4.4385
8	SHSE.600019	0.1064	16.9055	12.7369	-0.7288	0.2013	-0.9414	117	-4.4302
9	SHSE.600023	-0.3734	13.5005	7.2002	-0.8625	-0.4635	-0.6455	252	-4.4071
								30	-4.3855
								80	-4.3782

图 6-8　带有结果的因子矩阵

可以看到，这里对于不同的标的，综合获取了各个因子后，利用矩阵计算从而获得了一个最终的计算值。下面对生成的结果根据股票的最终得分进行排序。

```
df = (df.sort_values(["score"]))
symbol_list = []
for _ in df["symbol"].values:
    symbol_list.append(_)
```

pandas 中有专门用来排序的函数，sort_values 是根据 pandas 的某个因子进行排序。

4. 核心选股模型的编写

核心选股模型的代码如下：

```
def 成长模型(index,now):
    symbol_list = tools.get_symbol_list(index,now)

    last_day = get_previous_trading_date("SHSE",now)
    day_time = last_day
    #symbol_list = tools.read_MSCI()
    df = pd.DataFrame([])
    df["symbol"] = symbol_list
    df["EBITG"] = -999
    df["NPG"] = -999
    df["TAG"] = -999 #MPG 取不到，用 TAG 代替
    df["GPG"] = -999
    df["OPG"] = -999
    df["OCG"] = -999
    #求出 EBITG
    for number in range(len(symbol_list)):
        try:
            _df = get_fundamentals_n(table='deriv_finance_indicator',
symbols=symbol_list[number],end_date=day_time, count=2,fields="EBITMARGIN")

            now_EBITMARGIN = _df[0]["EBITMARGIN"]
```

```
        last_EBITMARGIN = _df[1]["EBITMARGIN"]
        EBITG = ((now_EBITMARGIN-last_EBITMARGIN)/last_EBITMARGIN)

        df.iloc[number,1] = EBITG
    except:df.iloc[number,1] = -999

#求 NPG
_df = get_fundamentals(table='deriv_finance_indicator', symbols=symbol_list,
start_date=day_time,end_date=day_time, fields="NPGRT",df=True)
if len(_df) == len(symbol_list):
    df["NPG"] = _df["NPGRT"]
else:
    for number in range(len(symbol_list)):
        try:
            _df = get_fundamentals(table='deriv_finance_indicator',
symbols=symbol_list[number], start_date=day_time,
                            end_date=day_time, fields="NPGRT")
            _NPG = tools.get_data_value(_df,"NPGRT")

            df.iloc[number, 2] = _NPG[0]
        except:
            df.iloc[number, 2] = -999
#求出 TAG
_df = get_fundamentals(table='deriv_finance_indicator', symbols=symbol_list,
start_date=day_time,end_date=day_time, fields="TAGRT",df=True)
if len(_df) == len(symbol_list):
    df["TAG"] = _df["TAGRT"]
else:
    for number in range(len(symbol_list)):
        try:
            _df = get_fundamentals(table='deriv_finance_indicator',
symbols=symbol_list[number], start_date=day_time,
                            end_date=day_time, fields="TAGRT")
            _NPG = tools.get_data_value(_df,"TAGRT")

            df.iloc[number, 2] = _NPG[0]
        except:
            df.iloc[number, 2] = -999

#求 GPG
for number in range(len(symbol_list)):
    try:
        _df = get_fundamentals_n(table='deriv_finance_indicator',
```

```
symbols=symbol_list[number],end_date=day_time, count=2,fields="OPGPMARGIN")

        now_EBITMARGIN = _df[0]["OPGPMARGIN"]
        last_EBITMARGIN = _df[1]["OPGPMARGIN"]
        EBITG = ((now_EBITMARGIN-last_EBITMARGIN)/last_EBITMARGIN)

        df.iloc[number,4] = EBITG
    except:df.iloc[number,4] = -999

   #求OPG
   for number in range(len(symbol_list)):
       try:
           _df = get_fundamentals_n(table='deriv_finance_indicator',
symbols=symbol_list[number],end_date=day_time, count=2,fields="OPPRORT")

           now_EBITMARGIN = _df[0]["OPPRORT"]
           last_EBITMARGIN = _df[1]["OPPRORT"]
           EBITG = ((now_EBITMARGIN-last_EBITMARGIN)/last_EBITMARGIN)
           df.iloc[number,5] = EBITG
       except:df.iloc[number,5] = -999
   #求OCG
   for number in range(len(symbol_list)):
       try:
           _df = get_fundamentals_n(table='deriv_finance_indicator',
symbols=symbol_list[number],end_date=day_time, count=2,fields="NCFPS")
           now_EBITMARGIN = _df[0]["NCFPS"]
           last_EBITMARGIN = _df[1]["NCFPS"]
           EBITG = ((now_EBITMARGIN-last_EBITMARGIN)/last_EBITMARGIN)
           df.iloc[number,6] = EBITG
       except:df.iloc[number,6] = -999


   df = df.dropna()
   df_factor = df.iloc[:,1:]
   df_factor = np.asmatrix(df_factor)

   #先进行列归一化，然后对每行进行标准化处理
   df_factor = preprocessing.MinMaxScaler().fit_transform(df_factor)
   weight = [[-1],[-1],[-1],[-1],[-1],[-1]]
   weight_mat = np.asmatrix(weight)
   res = np.dot(df_factor, weight_mat)
   df["score"] = (res)

   df = (df.sort_values(["score"]))
```

```
print(df)
symbol_list = []
for _ in df["symbol"].values:
    symbol_list.append(_)


return symbol_list
```

这里的代码段成长模型首先解析指数的构成成分股，之后根据需要对所有的成分股进行排序并打分，接着对打分的结果进行排序，返回经过排序后的股票列表。

6.3.2　使用模型进行回测

以 ROIC-NPG 两个指标来构建成长模型。根据我们对各项指标的重新梳理，现将 ROIC 列为质量指标，另外构建了 EBITG、NPG 和 MPG。一个最简单的策略就是每日买入排序后的股票标的前 N 名，使用的是上证 50 作为股票池，核心选股代码在 6.3.1 小节已经给出。这里为了简化测试，取前 5 名继续排序，代码如下：

【程序 6-6】

```
from 挖掘成长 import 成长模型_挖掘成长伏藏 as fun
import os

def init(context):
    schedule(schedule_func=algo, date_rule='1d', time_rule='09:31:00')
    context.index = "SHSE.000016"


    context.num = 5

def algo(context):
    now = context.now
    last_day = get_previous_trading_date("SHSE", now)


    order_close_all()

    """核心选股代码"""
    _symbol_list = fun.成长模型(context.index, now)
    """核心选股代码"""
    symbol_list = []
    for symbol in _symbol_list:
        symbol_list.append(symbol)

    # 取前多少个标的
    target_list = symbol_list[:context.num]   # 无黑名单存在，卖掉以后又可以买回
```

```
for symbol in target_list:
    order_target_percent(symbol=symbol, percent=1. / context.num,
order_type=OrderType_Market, position_side=PositionSide_Long)
def on_backtest_finished(context, indicator):
    print(indicator)
if __name__ == "__main__":
    run(
        strategy_id='9f53e15f-6870-11e8-801c-4cedfb681747',
        filename=(os.path.basename(__file__)),
        mode=MODE_BACKTEST,
        token='715f84a04a4574e2e77491d62f7c8bbc0c663b12',
        backtest_start_time="2016-01-10 09:30:00",
        backtest_end_time='2018-06-10 15:00:00',
        backtest_initial_cash=10000000,
        backtest_adjust=ADJUST_PREV
    )
```

具体结果如图 6-9 所示。

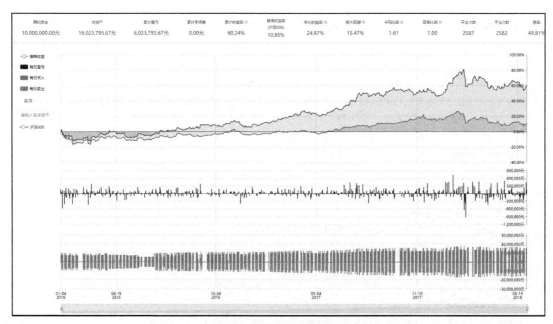

图 6-9　成长模型回测结果

从图 6-9 可以看到回测结果并不是很好，因为这里省略了部分选股策略和算法，这也给读者留下了极大的优化空间，希望读者可以在此基础上做出更改。

6.4 霍华·罗斯曼的投资模型

华尔街永远不缺传奇与经典，对于纵横华尔街的一些传奇投资人，自有其生存与发展之道。霍华·罗斯曼就是其中之一。下面使用掘金 API 重现其投资模型和方法。

6.4.1 霍华·罗斯曼简介

霍华·罗斯曼（Howard Rothman）是华尔街著名的投资分析公司——远见投资顾问公司（Vision Investment Advisor，VIA）的首席投资分析师和总裁（1997~2002 年），也曾为美国折扣券商协会（the National Introducing Brokers Association）的主席及创始会员。

他于 1990 年一月被折扣券商会员（Introducing Broker Membership）推荐进入国家期货协会董事会（the National Futures Association Board of Directors）担任董事，并连任达 3 届。目前为期货产业协会的纪律委员会（the Law and Compliance Division of the Futures Industry Association）会员。

霍华·罗斯曼的投资方式强调"在正确的时机买入并紧握持股"与"选择优质股票并长期持有"（"buy right and hold tight" and "buy strong and hold long"）。

他认为只要在适当的价格买入稳定且持续成长获利的股票，不需要经常更换持股，投资报酬率必然指日可期。由此可见，霍华·罗斯曼的投资哲学虽然简单，却充分显现了首席投资分析师的谨慎风范。

6.4.2 霍华·罗斯曼的投资模型

霍华·罗斯曼强调其投资风格在于为投资大众建立均衡且以成长为导向的投资组合。其选股方式偏好大型股、管理良好且领导产业趋势以及产生实际报酬率的公司，不仅重视公司产生现金的能力，也强调有稳定成长能力的重要性。

下面介绍几个要点。

（1）总市值大于等于 50 亿美元。

（2）良好的财务结构。

（3）较高的股东权益报酬。

（4）拥有良好且持续的自由现金流量。

（5）稳定持续的营收成长率。

（6）优于比较指数的盈余报酬率。

将其投资模型用程序语言组织起来：

（1）总市值≥市场平均值*1.0。

（2）最近一季流动比率≥行业平均值。

（3）近四季股东权益报酬率≥市场平均值。

（4）最近三年 CPS≥0 且最近四季 CPS≥0。

（5）近四季营收成长率为 6% 至 30%。

（6）近四季盈余成长率为 8% 至 50%。

6.4.3　对霍华·罗斯曼模型的分析

对于组织起来的投资模型并不能直接使用，最好的方式是根据已有的条件逐步分析和进行下去。

投资模型共有 6 个条件，其中条件 5 和条件 6 可以认为是自身的判定条件，可以首先被选择或剔除。

代码如下：

```
# （5）近四季营收成长率为 6% 至 30%。          由高到低 NPGRT
# （6）近四季盈余成长率为 8% 至 50%。   净利润     由高到低 TAGRT
df = get_fundamentals(table='deriv_finance_indicator', symbols=symbol_list,
start_date=now, end_date=now, fields="NPGRT,TAGRT", filter="NPGRT > 6 and
NPGRT < 30 and TAGRT > 8 and TAGRT < 50", df=True)

symbol_list = []
for _ in df["symbol"].values:
    symbol_list.append(_)
```

接着对剩余的 4 个条件进行分析，从字面上看，这 4 个条件均为行业或者股票标的池之间的比较，因子可以共同作为一个选择形式分析。更为细分地看，对于条件 1 和条件 2，一般情况下，总市值和流动比率并没有特定的要求，也就是说，并不需要对其进行详细的比较，因此可以作为一个单独的选股条件进行选择。

代码如下：

```
# （1）总市值≥市场平均值*1.0
# （2）最近一季流动比率≥市场平均值
df = get_fundamentals(table='trading_derivative_indicator',
symbols=symbol_list, start_date=now, end_date=now,fields="TOTMKTCAP,PCTTM",
df=True)
TOTMKTCAP_mean = df["TOTMKTCAP"].mean()
PCTTM_mean = df["PCTTM"].mean()
df = df[df["TOTMKTCAP"] > TOTMKTCAP_mean]
df = df[df["PCTTM"] > PCTTM_mean]

symbol_list = []
for _ in df["symbol"].values:
    symbol_list.append(_)
```

至于条件 3 和条件 4，可以认为是对不同股票标的之间的比较，因此可以对其进行传统的多因子排序，默认其值越大越好，代码如下：

```
_df = get_fundamentals(table='deriv_finance_indicator', symbols=symbol_list,
```

```
start_date=now,
                        end_date=now,fields="ROEAVGCUT,FCFEPS", df=True)

    if len(_df) == len(symbol_list):
        df["ROEAVGCUT"] = _df["ROEAVGCUT"]
        df["FCFEPS"] = _df["FCFEPS"]
    else:
        for number in range(len(symbol_list)):
            try:
                _df = get_fundamentals(table='deriv_finance_indicator',
symbols=symbol_list[number], start_date=now, end_date=now,
fields="ROEAVGCUT,FCFEPS")
                _factor_value = tools.get_data_value(_df, "ROEAVGCUT")
                df.iloc[number, 1] = _factor_value[0]

                _factor_value = tools.get_data_value(_df, "FCFEPS")
                df.iloc[number, 2] = _factor_value[0]
            except:
                df.iloc[number, 1] = np.mean(df["ROEAVGCUT"])
                df.iloc[number, 2] = np.mean(df["FCFEPS"])
```

最后对求出的条件 3 和条件 4 进行排序，这里还是使用矩阵化乘积的方式进行。

霍华·罗斯曼的完整选股模型如下：

```
def get_symbol_list(index, now):
    _symbol_list = tools.get_symbol_list(index, now)
    symbol_list = []
    bank_list = tools.get_symbol_list("SHSE.000947", now)
    stock_company_list = tools.get_symbol_list("SZSE.399975", now)

    for _ in _symbol_list:
        if (_ not in bank_list) and (_ not in stock_company_list):
            symbol_list.append(_)
    # （1）　总市值≥市场平均值*1.0
      （2）　最近一季流动比率≥市场平均值
    df = get_fundamentals(table='trading_derivative_indicator',
symbols=symbol_list, start_date=now, end_date=now,
                        fields="TOTMKTCAP,PCTTM", df=True)
    TOTMKTCAP_mean = df["TOTMKTCAP"].mean()
    PCTTM_mean = df["PCTTM"].mean()
    df = df[df["TOTMKTCAP"] > TOTMKTCAP_mean]
    df = df[df["PCTTM"] > PCTTM_mean]

    symbol_list = []
    for _ in df["symbol"].values:
        symbol_list.append(_)

    # （5）近四季营收成长率为 6% 至 30%。              由高到低 NPGRT
    # （6）近四季盈余成长率为 8% 至 50%。    净利润        由高到低 TAGRT
    df = get_fundamentals(table='deriv_finance_indicator', symbols=symbol_list,
start_date=now, end_date=now,
```

```
                        fields="NPGRT,TAGRT", filter="NPGRT > 6 and NPGRT < 30
and TAGRT > 8 and TAGRT < 50", df=True)

    symbol_list = []
    for _ in df["symbol"].values:
        symbol_list.append(_)
    df = pd.DataFrame([])
    df["symbol"] = symbol_list
    df["ROEAVGCUT"] = -999
    df["FCFEPS"] = -999
    _df = get_fundamentals(table='deriv_finance_indicator', symbols-symbol_list,
start_date=now,
                      end_date=now,
                      fields="ROEAVGCUT,FCFEPS", df=True)

    if len(_df) == len(symbol_list):
        df["ROEAVGCUT"] = _df["ROEAVGCUT"]
        df["FCFEPS"] = _df["FCFEPS"]
    else:
        for number in range(len(symbol_list)):
            try:
                _df = get_fundamentals(table='deriv_finance_indicator',
symbols=symbol_list[number],
                                start_date=now,
                                end_date=now, fields="ROEAVGCUT,FCFEPS")
                _factor_value = tools.get_data_value(_df, "ROEAVGCUT")
                df.iloc[number, 1] = _factor_value[0]

                _factor_value = tools.get_data_value(_df, "FCFEPS")
                df.iloc[number, 2] = _factor_value[0]
            except:
                df.iloc[number, 1] = np.mean(df["ROEAVGCUT"])
                df.iloc[number, 2] = np.mean(df["FCFEPS"])

    df = df.dropna()
    df_factor = df.iloc[:, 1:]
    df_factor = np.asmatrix(df_factor)

    # 先进行列归一化，然后在对每行进行标准化处理
    df_factor = preprocessing.MinMaxScaler().fit_transform(df_factor)

    weight = [[-1], [-1]]
    weight_mat = np.asmatrix(weight)
    res = np.dot(df_factor, weight_mat)
    df["score"] = (res)

    df = (df.sort_values(["score"]))
    symbol_list = []
    for _ in df["symbol"].values:
        symbol_list.append(_)
```

```
return symbol_list
```

请读者自行建立选股框架进行验证。

 这里模型的使用是基于作者对霍华·罗斯曼投资模型的理解，读者需要通过自身的消化和理解做出合适自己的模型。例如，作者在分析时使用 1、2、5、6 作为选择条件，3 和 4 作为多因子排序条件，而完全可以将 1、2、3、4 作为多因子排序条件共同进行下一步的选取。这点请读者自行完成。

6.5　小结

本章介绍了量化选股中最基础的多因子选股策略，从一个简单的例子介绍了因子的选择和对一个股票标的产生的影响。之后介绍了使用 IC 值计算某个时间段的因子与下一个时间段股票收益之间的关系，作用是通过比较和计算不同的因子对下一个时间段股票收益的影响，从而选出较为适合的相关因子。

因子的选取方法有很多，但是万变不离其宗，其根本就是需要找到当前的因子与下期股票的涨势相互之间的关系，这点请读者牢记。

成长模型是读者接触到的第一个较为完整的选股模型，核心是使用特定的因子综合起来计算最终因子得分，这里是使用等权法计算的，也是最为传统的方法。而在回测框架上，使用的是最为简单的模型框架，选择模型时没有考虑止损和止盈相关的影响。而这些都是在现实中需要极其注意的地方。

本章介绍了多因子入门的知识，主要是基本面选股，但是在实际使用时，除了基本面因子外，还有很多技术面因子，这点将在下一章向读者介绍。

第 7 章

带技术指标的多因子策略

多因子策略除了基本面因子外，还有大量的技术面因子。

技术面因子作为多因子策略的重要组成部分，已经越来越多地被量化基金和程序设计人员所使用。其主要作用是作为基本面选股的一个重要补充，解决了基本面选股策略中对买入时机的选择有所欠缺的问题。

技术面选股和基本面选股是一个问题的不同方面，它们共同补充从而构成了多因子选股的完整策略，如图 7-1 所示。

图 7-1　完整的多因子选股策略

7.1　技术面多因子介绍

相对于基本面因子，技术面因子的设计和组合是多种多样的，甚至可以说是天马行空、无奇不有的。因为基本面因子本质来源于公司的财务、供销、利润以及产出等，而技术面因子的组合计算更多涉及数学、统计等。本节主要介绍一些常用的数学技术性指标。

7.1.1　101 个技术因子

2015 年 12 月，WorldQuant LLC 公布了 101 个阿尔法表达式（见图 7-2），并声称其中 80%的因子仍然在实盘中使用。国内众多量化爱好者如获至宝，蜂拥实现并验证其因子的有效性。

虽然从检验结果来看，公布的大部分因子在中国股市的效果平平或已失效，但是其因子的构造形式却值得深入研究。论文中说到，目前量化交易中使用的因子数量早已成百上千，甚至达到了数百万的数量级。这已远远不是通过人工搜索并试验有效因子所能企及的。

也就是说，如何通过机器实现这些阿尔法因子的挖掘、测试和应用才是更有意义的，也是大势所趋。

101 Formulaic Alphas

Zura Kakushadze[§†1]

[§] Quantigic® Solutions LLC,[2] 1127 High Ridge Road, #135, Stamford, CT 06905

[†] Free University of Tbilisi, Business School & School of Physics
240, David Agmashenebeli Alley, Tbilisi, 0159, Georgia

December 9, 2015

"There are two kinds of people in this world:
Those seeking happiness, and bullfighters."
(Zura Kakushadze, ca. early '90s)[3]

Abstract

We present explicit formulas – that are also computer code – for 101 real-life quantitative trading alphas. Their average holding period approximately ranges 0.6-6.4 days. The average pair-wise correlation of these alphas is low, 15.9%. The returns are strongly correlated with volatility, but have no significant dependence on turnover, directly confirming an earlier result based on a more indirect empirical analysis. We further find empirically that turnover has poor explanatory power for alpha correlations.

Alpha#1: (rank(Ts_ArgMax(SignedPower(((returns < 0) ? stddev(returns, 20) : close), 2.), 5)) - 0.5)

Alpha#2: (-1 * correlation(rank(delta(log(volume), 2)), rank(((close - open) / open)), 6))

Alpha#3: (-1 * correlation(rank(open), rank(volume), 10))

Alpha#4: (-1 * Ts_Rank(rank(low), 9))

Alpha#5: (rank((open - (sum(vwap, 10) / 10))) * (-1 * abs(rank((close - vwap)))))

Alpha#6: (-1 * correlation(open, volume, 10))

Alpha#7: ((adv20 < volume) ? ((-1 * ts_rank(abs(delta(close, 7)), 60)) * sign(delta(close, 7))) : (-1 * 1))

图 7-2　101 个技术选股因子

有兴趣的读者可以找文章的原文来阅读，本书只实现其中 3 个因子，目的是给读者一个大概的引导，起到抛砖引玉的作用。

1. 因子 16：5 日内最高值与量之间的相关系数的倒数

其代码如下：

```
def alpha16(symbol,now):
```

```
data = history_n(symbol=symbol,frequency="1d",end_time=now,count=5
,fields="close,volume",df=True)
    vloume = data["volume"].values
    close = data["close"].values
    corr = np.corrcoef(vloume,close)
    return -corr
```

其中的 data 是获取数据后生成的一个数据表，volume 和 close 是其中对应的数据。在获取数据后，调用 NumPy 计算两个数据列对应的相关系数并返回相关系数的倒数。

2. 因子 53：((close - low) - (high - close)) / ((close - low)的 9 日之前的值-当前值)

其代码如下：

```
def alpha53(symbol,now):
    last_day = get_previous_trading_date("SHSE",now)
    data = history_n(symbol=symbol, frequency="1d", end_time=last_day, count=9,
fields="high,low,close", df=True)
    high = data["high"].values
    low = data["low"].values
    close = data["close"].values
    result = (2 * close[-1] - high[-1] - low[-1])/(high[-1] - low[-1])
    return result
```

这里需要注意的是，对于需要计算的序列，其中的日期是至关重要的，此因子的计算是采用昨天的收盘价与 9 日前的价差进行比较，因此使用的日期为上一个交易日为宜。

顺便说一下，在这里可能是读者第一次接触到未来函数这个概念，因为在回测时一般是默认计算上一个交易日的买卖点，因此建议读者在使用时使用 last_day。这样能够较好地防止有未来函数参与回测中。

3. 因子 78：对股票过去 5 天的成交量和最高价进行排名，再取相关系数

其代码如下：

```
from scipy.stats import rankdata

def alpha53(symbol,now):
    last_day = get_previous_trading_date("SHSE", now)
    data = history_n(symbol=symbol, frequency="1d", end_time=last_day, count=5,
fields="volume,high", df=True)
    high = data["high"].values
    volume = data["low"].values
    high_rank = rankdata(high)
    volume_rank = rankdata(volume)
    corr = np.corrcoef(high_rank,volume_rank)
    return corr
```

这里需要说明的是，在 scipy 工具包中的 rankdata 函数用以对数据按从大到小的顺序进行排序，之后再对排序后的数据计算其相关系数。

除此之外还有不少技术因子，见表 7-1。

表 7-1 其他技术因子

流动性	STOM	月度平均换手率：最近一个月的交易量/流通股数
	STOQ	季度平均换手率：最近一季度的交易量/流通股数
	STOS	半年平均换手率：最近半年的交易量/流通股数
	STOA	年度平均换手率：最近一年的交易量/流通股数
	STOM_barra	Barra 因子：公式为 $\ln\left(\sum_{1}^{21}\frac{V_t}{S_t}\right)$，$V_t$ 为 t 日成交金额，S_t 为 t 日流动市值
	STOQ_barra	Barra 因子：公式为 $\ln[\frac{1}{T}\sum_{t=1}^{T}\exp(STOM_t)]$，T＝63 个交易日
	STOA_barra	Barra 因子：公式为 $\ln[\frac{1}{T}\sum_{t=1}^{T}\exp(STOM_t)]$，T＝244 个个交易日
	lns	机构持股比例：机构持股变动/总股本
	Ins_c	机构持股比例变动
	Size	总市值
	non-linear-size	Barra 因子：中等市值，将总市值的对数与总市值立方的对数回归得到残差，再对残差做标准化处理
	Market cap	流通市值
	MSM	一个月换手率变动：最近 1 个月换手率/最近 1 年换手率
	MSQ	季度换手率变动：最近 3 个月换手率/最近 1 年换手率
	MSS	半年换手率变动：最近 6 个月换手率/最近 1 年换手率
动量	RSTR_barra	Barra 因子：$\sum_{t=L}^{T+L}w_t[\ln(1+r_t)]$，L＝21，T＝500，半衰期 120 日
	RSTR_m24	$\sum_{t=L}^{T+L}w_t[\ln(1+r_t)]$，L＝1，T＝240，半衰期 120 日
	RSTR_m12	$\sum_{t=L}^{T+L}w_t[\ln(1+r_t)]$，L＝1，T＝240，半衰期 60 日
	RSTR_m6	$\sum_{t=L}^{T+L}w_t[\ln(1+r_t)]$，L＝1，T＝120，半衰期 30 日
	RSTR_m3	$\sum_{t=L}^{T+L}w_t[\ln(1+r_t)]$，L＝1，T＝60，半衰期 15 日
	RSTR_m1	$\sum_{t=L}^{T+L}w_t[\ln(1+r_t)]$，L＝1，T＝20，半衰期 5 日
	RS_1	最新收盘价/21 个交易日前收盘价
	RS_3	最新收盘价/63 个交易日前收盘价
	RS_6	最新收盘价/126 个交易日前收盘价
	RS_12	最新收盘价/252 个交易日前收盘价
	Alpha	Alpha 系数，个股收益率序列与沪深 300 指数收益率序列以半衰期指数加权，得到 Alpha 系数，半衰期为 60 日

	DASTD	Barra 因子，年度平均波动率，累计日波动率以半衰期指数加权，半衰期为 40 日
	CMRA	Barra 因子，年度收益率波动
	HSIGMA	Barra 因子，sigma，个股收益率序列与沪深 300 指数收益率序列以半衰期指数加权，得到残差，对残差求标准差得到 sigma，半衰期为 60 日
	Beta	Barra 因子，贝塔系数，个股收益率序列与沪深 300 指数收益率序列以半衰期指数加权，得 Beta 系数，半衰期为 60 日
	Yieldvol_1	月度日收益率波动率；一个月日收益率标准差
	Yieldvol_3	季度日收益率波动率；三个月日收益率标准差
	Yieldvol_3	半年日收益率波动率；半年日收益率标准差
波动率	High_low_1	月度股价波动；最高价/最低价（最近一个月内价格）
	High_low_3	季度股价波动；最高价/最低价（最近三个月内价格）
	High_low_6	半年股价波动；最高价/最低价（最近六个月内价格）
	High_low_12	全年股价波动；最高价/最低价（最近十二个月内价格）
	VOL_1	成交量月度波动率；1 月波动率标准差
	VOL_3	成交量季度波动率；3 月波动率标准差
	VOL_6	成交量半年波动率；6 月波动率标准差
	VOL_12	成交量年度波动率；12 月波动率标准差

7.1.2　基于 Talib 的技术因子重写

Talib 库有很多现成的工具和计算工具，但是某些技术指标的确定和国内还是有差别的，例如 MACD 和 RSI 等函数。在这里按国内的指标重写了部分函数，方便读者在回测时使用。

1. SMA 简单移动平均

算术移动平均线是简单而普遍的移动平均线。平均线是指算术平均数，计算方法为一组数字相加，除以该组数据的组成个数，其中每一个给定时限在计算平均值时的权重均相等。

```
def SMA_CN(close, timeperiod) :
  return reduce(lambda x, y: ((timeperiod - 1) * x + y) / timeperiod, close)
```

2. RSI 指标

RSI 是根据一定时期内上涨点数和涨跌点数之和的比率制作出的一种技术曲线，能够反映出市场在一定时期内的景气程度。RSI 由威尔斯·威尔德（Welles Wilder）最早应用于期货买卖，后来人们发现在众多的图表技术分析中，强弱指标的理论和实践极其适合股票市场的短线投资，于是被用于股票升跌的测量和分析中。

该分析指标的设计是以三条线来反映价格走势的强弱的，这种图形可以为投资者提供操作依据，非常适合做短线差价操作。

```
def RSI_CN(close, timeperiod):
    diff = map(lambda x, y: x - y, close[1:], close[:-1])
    diffGt0 = map(lambda x: 0 if x < 0 else x, diff)
    diffABS = map(lambda x: abs(x), diff)
    diff = np.array(diff)
    diffGt0 = np.array(diffGt0)
    diffABS = np.array(diffABS)
    diff = np.append(diff[0], diff)
    diffGt0 = np.append(diffGt0[0], diffGt0)
    diffABS = np.append(diffABS[0], diffABS)
    rsi = map(lambda x: SMA_CN(diffGt0[:x], timeperiod) / SMA_CN(diffABS[:x],
timeperiod) * 100,
            range(1, len(diffGt0) + 1))

    return np.array(rsi)
```

3. KDJ 指标

KDJ 指标又叫随机指标，是一种相当新颖、实用的技术分析指标，它起先用于期货市场的分析，后被广泛用于股市的中短期趋势分析，是期货和股票市场上最常用的技术分析工具。

随机指标 KDJ 一般用于股票分析的统计体系，根据统计学原理，通过一个特定的周期（常为 9 日、9 周等）内出现过的最高价、最低价及最后一个计算周期的收盘价及这三者之间的比例关系，来计算最后一个计算周期的未成熟随机值 RSV，然后根据平滑移动平均线的方法来计算 K 值、D 值与 J 值，并绘成曲线图来研判股票走势。

```
def KDJ_CN(high, low, close, fastk_period, slowk_period, fastd_period):
    kValue, dValue = talib.STOCHF(high, low, close, fastk_period,
fastd_period=1, fastd_matype=0)

    kValue = np.array(map(lambda x: SMA_CN(kValue[:x], slowk_period), range(1,
len(kValue) + 1)))
    dValue = np.array(map(lambda x: SMA_CN(kValue[:x], fastd_period), range(1,
len(kValue) + 1)))

    jValue = 3 * kValue - 2 * dValue

    func = lambda arr: np.array([0 if x < 0 else (100 if x > 100 else x) for x
in arr])

    kValue = func(kValue)
    dValue = func(dValue)
```

```
    jValue = func(jValue)

return kValue, dValue, jValue
```

4. MACD 指标

MACD 称为指数平滑移动平均线，是从双指数移动平均线发展而来的，由快的指数移动平均线（EMA12）减去慢的指数移动平均线（EMA26）得到快线 DIF，再用 "2×(快线 DIF-DIF 的 9 日加权移动均线 DEA)" 得到 MACD 柱。

MACD 的意义和双移动平均线基本相同，即由快、慢均线的离散、聚合表征当前的多空状态和股价可能的发展变化趋势，但阅读起来更方便。当 MACD 从负数转向正数时，是买的信号。当 MACD 从正数转向负数时，是卖的信号。

当 MACD 以大角度变化，表示快的移动平均线和慢的移动平均线的差距非常迅速地拉开，代表一个市场大趋势的转变。

```
def MACD_CN(close, fastperiod = 12, slowperiod = 26, signalperiod = 9):
    macdDIFF, macdDEA, macd = talib.MACDEXT(close, fastperiod=fastperiod,
fastmatype=1,slowperiod=slowperiod, slowmatype=1, signalperiod=signalperiod,
signalmatype=1)
    macd = macd * 2
    return macdDIFF, macdDEA, macd
```

下面使用 MACD 指标对股票进行买卖，代码如下：

【程序 7-1】

```
import numpy as np
from gm.api import *
import os
from tools import Talib_CN_基于 Talib 实现国内行情软件一致 as talib_cn

def init(context):
    schedule(schedule_func=algo, date_rule='1d', time_rule='09:31:00')

    context.index = "SHSE.000300"

def algo(context):
    now = context.now
    last_day = get_previous_trading_date("SHSE", now)

    data =
history_n(context.index,frequency="1d",count=30,end_time=last_day,fields="clos
e",df=True)
    close = data["close"].values
    macdDIFF, macdDEA, macd = talib_cn.MACD_CN(close)

    if macd[-1] > 0 and macd[-2] < 0:
```

```
      order_target_percent(symbol=context.index, percent=1,
order_type=OrderType_Market,
                     position_side=PositionSide_Long)
  elif macd[-1] < 0 and macd[-2] > 0:
      order_target_percent(symbol=context.index, percent=0,
order_type=OrderType_Market,
                     position_side=PositionSide_Long)

def on_backtest_finished(context, indicator):
  print(indicator)
if __name__ == "__main__":
  run(
      strategy_id='9f53e15f-6870-11e8-801c-4cedfb681747',
      filename=(os.path.basename(__file__)),
      mode=MODE_BACKTEST,
      token='715f84a04a4574e2e77491d62f7c8bbc0c663b12',
      backtest_start_time='2016-01-05 09:30:00',
      backtest_end_time='2018-06-23 15:00:00',
      backtest_initial_cash=10000000,
      backtest_adjust=ADJUST_PREV
  )
```

这里的核心程序是使用 MACD 对收盘价进行判定，当 MACD 线上穿 0 线时买入，当 MACD 下穿 0 线时卖出，而采用的股票对象是沪深 300 指数，这样可以另类地作为一种测试择时的判定条件。

结果如图 7-3 所示。

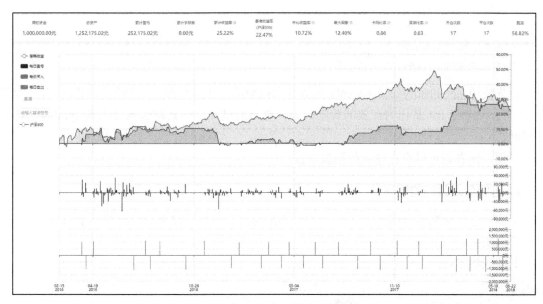

图 7-3　基于自定义 MACD 的择时

可以看到，基于自定义的 MACD 能够在一定程度上做到择时，但是数据并不值得使用，可能无论是 Talib 自带的 MACD 还是自定义的 MACD，最好都不要使用自带的默认参数。

7.1.3 一个基于放量技术因子策略的回测

下面介绍一个放量策略，这是完全基于放量策略对股票池进行轮动选股的策略，对过去 14 天收盘价标准差小于 0.05 的股票进行个股买入。

1. 股票池获取的函数

对于多股票的监控，首先需要建立股票池，这里提供对指数进行解析，提取对应构成的成分股，代码段如下：

```python
def get_symbol_list(index,now):

    try:
        symbol_list = get_history_constituents(index=index,
start_date=now)[0].get("constituents").keys()
        symbol_list_not_suspended = get_history_instruments(symbols=symbol_list,
start_date=now, end_date=now)
        symbol_list = [item['symbol'] for item in symbol_list_not_suspended if
not item['is_suspended']]

        _symbol_list = symbol_list
        symbol_list = []
        for _ in _symbol_list:
            symbol_list.append(_)
    except:print(index)
    return symbol_list
```

首先使用 get_history_constituents 函数获取指数的历史成分股，之后判断当时没有停牌的股票。而 symbol_list 是作为存放的股票列表，重新通过一个检索将数据读出到 symbol_list 中并返回。

当然，读者也可以自行建立待测股票池。

2. 选股买入策略的编写

下面对选股策略进行编写。在这里的核心是对过去 14 天收盘价标准差小于 0.05 的股票进行个股买入。

其代码如下：

```python
data =
history_n(symbol,frequency="1d",fields="close",count=14,end_time=last_day)
close = tools.get_data_value(data,"close")
std = np.std(close)
```

这里需要判定标准差小于 0.05。

3. 整体策略的编写

下面对整体策略进行编写，除了买入策略外，还有卖出策略，在这里需要不停地对股票进行判断，检测当时的股票价格是否符合卖出条件。

本策略中，卖出条件为收益 30%或者损失 7%，代码如下：

```
positions = context.account().positions()
for position in positions:
     symbol = position['symbol']
     current_price = current(symbol)[0]["price"]
     if (current_price > context.symbol_buy_pirce[symbol] * 1.3) or
(current_price < context.symbol_buy_pirce[symbol] * 0.97):
         order_target_percent(symbol=symbol, percent=0,
order_type=OrderType_Market,
                         position_side=PositionSide_Long)
```

最终整体代码如下：

【程序 7-2】

```
import os
from gm.api import *
import numpy as np
from MSCI_tools import msci_tools as tools
def init(context):
    context.index = "SHSE.000010"
    context.threshold = 0.05
    subscribe(symbols=[context.index], frequency='60s')

    context.symbol_buy_pirce = {}

    context.num = 3


def on_bar(context,bars):

    now = context.now
    positions = context.account().positions()
    for position in positions:
        symbol = position['symbol']
        current_price = current(symbol)[0]["price"]
        if (current_price > context.symbol_buy_pirce[symbol] * 1.3) or
(current_price < context.symbol_buy_pirce[symbol] * 0.97):
            order_target_percent(symbol=symbol, percent=0,
order_type=OrderType_Market,
                         position_side=PositionSide_Long)
```

```
    last_day = get_previous_trading_date("SHSE",now)
    day_time ,hour_and_mins = str(now).split(" ")

    symbol_list = []
    if hour_and_mins == "09:31:00":
        _symbol_list = tools.get_symbol_list(context.index,now)

        for symbol in _symbol_list:
            data =
history_n(symbol,frequency="1d",fields="close",count=14,end_time=last_day)
            close = tools.get_data_value(data,"close")
            std = np.std(close)
            if std < context.threshold:
                symbol_list.append(symbol)
        print("----------",now," ",symbol_list,"----------")

    for symbol in symbol_list:
        volume = history_n(symbol=symbol, frequency="60s", count=2,
fields='volume', fill_missing='Last',
                end_time=now, df=True)['volume'].values
        if volume[1]/volume[0] >= 5:
            current_price = current(symbol)[0]["price"]
            last_price = history_n(symbol=symbol, frequency="1d", count=1,
fields='close', fill_missing='Last',
                end_time=now, df=True)['close'].values
            if np.log(current_price/last_price) > 0:
                order_target_percent(symbol=symbol, percent=1. / (context.num),
order_type=OrderType_Market,
                                position_side=PositionSide_Long)
                context.symbol_buy_pirce[symbol] = current_price

if __name__ == "__main__":
    run(
        strategy_id='9f53e15f-6870-11e8-801c-4cedfb681747',
        filename=(os.path.basename(__file__)),
        mode=MODE_BACKTEST,
        token='715f84a04a4574e2e77491d62f7c8bbc0c663b12',
        backtest_start_time="2018-01-01 09:30:00",
        backtest_end_time='2018-01-15 15:00:00',
        backtest_initial_cash=10000000,
        backtest_adjust=ADJUST_PREV
    )
```

在这里需要注意的是，本策略使用的是按分钟回测的 on_bar 的结果，这样做测试的时间会非常长。

最终结果如图 7-4 所示。

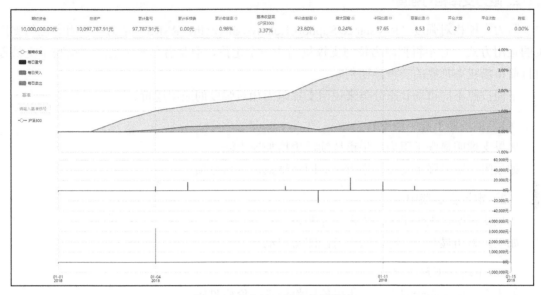

图 7-4 按分钟回测的数据结果

7.2 较为复杂的技术因子

除了传统的技术因子外，随着计算能力的增强，还有更多的因子被人为地发现和产生，下面将介绍一些较为复杂的因子。

 本节略微有一些难度，读者可以先跳过本节从 7.3 节开始学起，相对来说，7.3 节因子的常用性和普及程度要高于本节所介绍的，但是常用的因子更容易失效。

7.2.1 阻力支撑相对强度因子介绍

1. 阻力支撑相关概念

阻力位是指指标价格上涨时可能遇到的压力，即交易者认为卖方力量开始反超买方，从而价格难以继续上涨或从此回调下跌的价位；支撑位则是交易者认为买方力量开始反超卖方，从而止跌或反弹上涨的价位。

常见的确定阻力支撑位的方法有，布林带上下轨突破策略（突破上轨建仓买入，突破下轨卖出平仓）和均线策略（如超过 20 日均线建仓买入，低于 20 日均线卖出平仓）。然而，布林带突破策略在震荡期间出现了持续亏损，均线策略交易成本巨大，且在震荡期间的回撤很大。

2. 阻力支撑相对强度

阻力支撑相对强度（Resistance Support Relative Strength，RSRS）是另一种阻力位与支撑位的运用方式，它不再把阻力位与支撑位当作一个定值，而是看作一个变量，反映了交易者对目前市场状态顶底的一种预期判断。

下面按照不同市场状态分类来说明支撑阻力相对强度的应用逻辑。

（1）市场在上涨牛市中

如果支撑明显强于阻力，牛市持续，价格加速上涨。

如果阻力明显强于支撑，牛市可能即将结束，价格见顶。

（2）市场在震荡中

如果支撑明显强于阻力，牛市可能即将启动。

如果阻力明显强于支撑，熊市可能即将启动。

（3）市场在下跌熊市中

如果支撑明显强于阻力，熊市可能即将结束，价格见底。

如果阻力明显强于支撑，熊市持续，价格加速下跌。

3. 阻力支撑相对强度的计算方法

每日最高价和最低价是一种阻力位与支撑位，它是当日全体市场参与者的交易行为所认可的阻力与支撑。一个很自然的想法是建立最高价和最低价的线性回归，并计算出斜率，即：

$$high = \alpha + \beta \cdot low + \epsilon, \epsilon \sim N(0, \sigma2)$$

当斜率值很大时，支撑强度大于阻力强度。在牛市中阻力渐小，上方上涨空间大；在熊市中支撑渐强，下跌势头欲止。

当斜率值很小时，阻力强度大于支撑强度。在牛市中阻力渐强，上涨势头渐止；在熊市中支撑渐弱，下方下跌空间渐大，如图 7-5 所示。

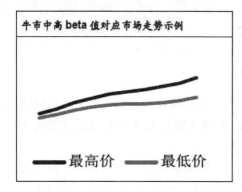
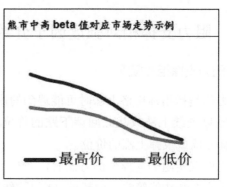

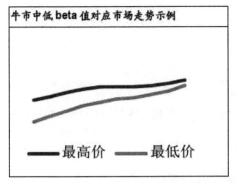
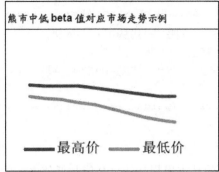

图 7-5　不同斜率（Beta 值）对应市场走势

RSRS 因子的基本计算代码如下：

```
def get_rsrs_weight_not_support(symbol,now,length = 600,window = 18):
    last_day = get_previous_trading_date("SZSE",now)
    last_last_day = get_previous_trading_date("SZSE",last_day)
    data = history_n(symbol=symbol, frequency="1d", count=length + window,
                end_time=last_last_day,
                fields="open,high,low,close",
                fill_missing="last", df=True)
    data_high = (data["high"].values)
    data_low = (data["low"].values)
    #这里是直到前天的 RSRS 序列值
    rsrs_weights = []
    for len_ in range(len(data) - window + 1):
        high_ = data_high[len_:len_ + window]
        low_ = data_low[len_:len_ + window]

        low_ = sm.add_constant(low_)
        model_ = sm.OLS(high_, low_)
        results_ = model_.fit()
        weight_ = (results_.params[1])

        # rsrs_weights.append(weight_)    #原始 weight
        rsrs_weights.append(weight_)    # 这里是加上权重的 weight

    last_day_data = history_n(symbol=symbol, frequency="1d", count=window,
end_time=last_day,
                        fields="open,high,low,close", fill_missing="last",
df=True)

    high_ = last_day_data["high"].values
    low_ = last_day_data["low"].values
```

```
    low_ = sm.add_constant(low_)
    model_ = sm.OLS(high_, low_)
    results_ = model_.fit()
    weight_ = (results_.params[1])


    z_score = (weight_ - np.mean(rsrs_weights)) / np.std(rsrs_weights)


    return z_score
```

这里的基本思想是计算高值与低值之间的斜率值，即：

- 取前 M 日的最高价与最低价序列（M＝600）。
- 将两列数据进行 OLS 回归。
- 取前 M 日的斜率时间序列，计算当日斜率的标准分。

7.2.2　改进的 RSRS 因子与回测数据

实际上，在使用 RSRS 进行因子值计算时，其量化效果很大程度上受拟合本身效果的影响。我们将 RSRS 标准分与决定系数相乘得到 RSRS 修正标准分，以此降低绝对值很大但拟合效果很差的 RSRS 标准分对策略的影响。

RSRS 标准分在预测性上的改善效果主要体现于标准分左侧，由于 A 股更多地使用做多策略，因此左侧预测性改善对择时策略帮助并不大。一个改进的策略是将 RSRS 修正标准分与 RSRS 斜率值相乘得到 RSRS 右偏标准分。

改进后的 RSRS 计算方法如下：

```
#斜率越大，支撑强弱（RSRS）越强，反之越弱
def get_rsrs_weight_classic(symbol,now,length = 200,window = 18):
    last_day = get_previous_trading_date("SHSE", now)

    ans = []
    ans_rightdev = []

    data = history_n(symbol, frequency="1d", count=length, end_time=last_day,
fields="high,low")

    highs = msci_tools.get_data_value(data, "high")
    lows = msci_tools.get_data_value(data, "low")
    for i in range(len(highs))[window:]:
        data_high = highs[i - window + 1:i + 1]
        data_low = lows[i - window + 1:i + 1]
        X = sm.add_constant(data_low)
        model = sm.OLS(data_high, X)
        results = model.fit()
```

```
        ans.append(results.params[1])
        # 计算 r2
        ans_rightdev.append(results.rsquared)
```

```
    # 计算标准化的 RSRS 指标
    # 计算均值序列
    section = ans[-length:]
    # 计算均值序列
    mu = np.mean(section)
    # 计算标准化 RSRS 指标序列
    sigma = np.std(section)
    zscore = (section[-1] - mu) / sigma
    # 计算右偏 RSRS 标准分
    zscore_rightdev = zscore * ans[-1] * ans_rightdev[-1]

    return (zscore_rightdev)
```

下面使用右偏 RSRS 对大盘进行回测择时。

【程序 7-3】

```
from gm.api import *
import os

from MSCI_tools import 计算 RSRS as RSRS
def init(context):
    schedule(schedule_func=algo, date_rule='1d', time_rule='09:31:00')

    context.index = "SHSE.000300"

def algo(context):
    now = context.now
    last_day = get_previous_trading_date("SHSE", now)

    rsrs_weight = RSRS.get_rsrs_weight_classic(context.index,last_day)

    if rsrs_weight > 0.7:
        order_target_percent(symbol=context.index, percent=1,
order_type=OrderType_Market,
                        position_side=PositionSide_Long)
    elif rsrs_weight < -0.7:
        order_target_percent(symbol=context.index, percent=0,
order_type=OrderType_Market,
                        position_side=PositionSide_Long)
```

```
def on_backtest_finished(context, indicator):
    print(indicator)
if __name__ == "__main__":
    run(
        strategy_id='9f53e15f-6870-11e8-801c-4cedfb681747',
        filename=(os.path.basename(__file__)),
        mode=MODE_BACKTEST,
        token='715f84a04a4574e2e77491d62f7c8bbc0c663b12',
        backtest_start_time='2016-01-10 09:30:00',
        backtest_end_time='2018-07-01 15:00:00',
        backtest_initial_cash=10000000,
        backtest_adjust=ADJUST_PREV
    )
```

回测结果如图 7-6 所示。

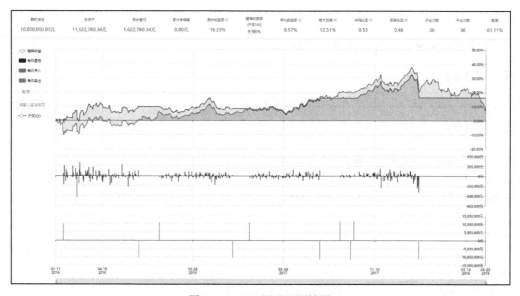

图 7-6　RSRS 因子回测结果

对于沪深 300 的择时回测可以看到，在前半段因子走出了一个独立行情，可以较好地针对走势做出调整。顺便说一下，通过回测图可以看到，RSRS 的因子在本次测试的前半段能够较好地走出独立行情，能够较好地锁住因子，而在后半段仅仅反映出对应标的的走势，这是一种因子失效的表现。

7.2.3　价差偏离度因子介绍

价差偏离度因子本质上是一个相对意义上的反转因子，价差偏离度低，近期跑输其同类股票，股票相对处于低位，有向上回复的动力，有正的预期超额收益；价差偏离度越高，股票处于相对高位，后期有回调的压力。

　　价差偏离度和传统的市值因子、估值因子相关性弱，通过因子分层后分组和 Fama-Macbeth 回归可以发现，传统的 1 个月反转和 3 个月反转可以被价差偏离度替代，而价差偏离度因子信息来源相对独立，不能被其他的常见因子所解释。

　　因此可以知道，价差偏离度因子的主要作用是捕捉股票相对其同类型（板块）股票的高估低估程度。低估的股票之后会补涨，高估的股票之后有补跌的趋势。

　　下面介绍价差偏离度因子的使用。

　　（1）价差偏离度因子指的是股票池内股票标的过去 250 个交易日的复权收盘价，要求计算涨跌幅及 250 天涨跌幅的 Pearson 相关系数，而"股票间的距离"使用的是皮尔逊相关系数，用系数值代替不同的股票之间的距离。

　　公式如下：

$$\text{Distance} = \text{两股票过去 250 个交易日涨跌幅的 Pearson 相关系数 distance}$$
$$= 1 - \text{两股票过去 250 个交易日涨跌幅的 Pearson 相关系数}$$

　　（2）为每一只股票取出距离最近的 10 只股票 distance_min10，等权构建这 10 只股票的特征组合，计算特征组合的净值价格，作为参考价格（ReferencePrice）。

　　（3）取出股票池中每只股票的收盘价（closePrice），与参考价格取对数后作差，得到对数价差（PriceSpread）。

　　公式如下：

$$\text{PriceSpread} = \ln((\text{closePrice}) - \ln(\text{ReferencePrice}))\text{PriceSpread}$$
$$= \ln((\text{closePrice}) - \ln(\text{ReferencePrice}))$$

　　（4）对每只股票算过去 60 个交易日的 PriceSpread，并对其标准化得到 SpreadBias。公式如下：

$$\text{SpreadBias} = \text{PriceSpread} - \text{mean}(\text{PriceSpread})\text{std}(\text{PriceSpread})\text{SpreadBias}$$
$$= \text{PriceSpread} - \text{mean}(\text{PriceSpread})\text{std}(\text{PriceSpread})$$

　　股票池中距离的获取：

```
def get_max_symbols_list(symbol_list = "",frequency="1d",count = 250,now =
"",num = 10):

    start_date = ago.get_previous_date(now,250)
    last_day = get_previous_trading_date("SZSE",now)

    df = pd.DataFrame([])
    _symbol_list = []
    for symbol in symbol_list:
        try:
            data = history(symbol=symbol, frequency=frequency,
```

```
start_time=start_date, end_time=last_day, fields="close",
                        fill_missing="last", adjust=ADJUST_PREV, df=True)
        if len(data) == count:
            _symbol_list.append(symbol)
            close = (data["close"].values)
            close = np.diff(close)/close[:-1]
            data_close = pd.DataFrame({symbol: close})
            if len(df) == 0:
                df = (data_close)
            else:
                df = pd.concat([df, data_close], axis=1)
    except:
        pass
symbol_list = _symbol_list


corr = df.corr()
symbol_and_corr_list={}
for _ in range(len(symbol_list)):
    line_1 = (corr.ix[:,_])

    line_1 = line_1.sort_values(ascending=False)  #由高到低排序

    res = (line_1.index)[0:num]
    symbol_and_corr_list[symbol_list[_]] = res
return symbol_and_corr_list
```

对于因子值的最终计算：

```
def get_SpreadBias(symbol_and_corr_list,now):

    last_day = get_previous_trading_date("SZSE",now)
    symbol_and_ReferencePrice = {}

    symbol_and_PriceSpread = {}

    for symbol in symbol_and_corr_list:
        symbol_list = symbol_and_corr_list[symbol]

        PriceSpread_arr = []
        for n in range(60):
            target_day = ago.get_previous_date(last_day,n)
            close_arr = []
            for _ in symbol_list:
                data = history(symbol=_, frequency="1d", start_time=target_day,
```

```
end_time=target_day, fields="close",
                        fill_missing="last", adjust=ADJUST_PREV, df=True)
        close_arr.append(data["close"].values)
      data = history_n(symbol=symbol, frequency="1d", count=1,
end_time=target_day, fields="close",
                    fill_missing="last", adjust=ADJUST_PREV, df=True)
      close = data["close"].values
      PriceSpread = np.log(close[-1]) - np.log(np.mean(close_arr))
      PriceSpread_arr.append(PriceSpread)
    symbol_and_PriceSpread[symbol] = (PriceSpread_arr[-1] -
np.mean(PriceSpread_arr))/np.std(PriceSpread_arr)
return symbol_and_PriceSpread
```

此因子计算需要大量的时间，因此建议读者自行斟酌是否继续完成。

根据价差偏离度的定义可以知道，该因子实际上度量了个股相对其相似的股票集价格的偏离程度，是一个相对意义上的反转因子。价差偏离度低，说明股票近期跑输其特征组合，相对估值较低，有向上回复的动力，有正的预期超额收益；反之，价差偏离度较高，则说明该股票相对估值较高，后期有回调的压力。这里要注意的是，该因子有效的前提是股票基本面没有发生重大变化，若近期内发生重大变化使得价格发生改变，则价差偏离度因子很有可能会失效。

7.3 简单的技术性因子——波动率因子

读者看完了 7.2 节中部分因子的计算与写法，可能对相关内容比较难以理解，其实大多数的内容也是仅仅涉及了回归分析，这应该是大学本科一二年级的课程。

本节将继续介绍一个最常用的技术性因子——波动率因子，难度会有所降低，但是会更加具有普遍性和适用性。

7.3.1 波动率因子介绍

"低波动率影响现象"，从字面上解释为低风险和低波动率的股票有更高的风险调整后的回报率。

然而这一理论与传统金融学的思想相悖。传统金融学认为，风险和收益之间存在权衡，高风险往往带来高收益，低风险则对应低收益，因此在传统金融学背景下，低风险低波动率的股票也能带来更高的回报率这一说法似乎难以成立。

在论文《The Volatility Effect: Lower Risk without Lower Return》中，作者给出了对于这一现象的几种解释：

● 低波动的资产投资组合需要杠杆来匹配市场风险，进而充分利用低风险股票所特有的绝对回报,但是现在对于杠杆存在制度限制。

● 低效投资过程。管理者通常对高波动的股票支付过高,以期待在牛市中得到更高回报。

● 私人投资者的行为偏差。

而在实际中,波动率因子又根据波动的相对条件分为"自波动"与"相对波动(Beta)"值,这是波动率计算的两个最基础的方面。其主要区别是,"自波动"主要计算标的自身的时间序列的波动性,而"相对波动"主要是计算标的时间序列与相对的时间序列之间的波动性。

其代码实现如下:

1. 对数收益率自波动的计算方法

自波动的计算方法是根据每个时间段的收益率的标准差进行计算,代码如下:

```python
def get_volatility_wind(symbol,now,count):

    last_day = get_previous_trading_date("SHSE",now)
    data = history_n(symbol=symbol, frequency="1d", count=count,

end_time=last_day,fields="high,low,close",fill_missing="last")

    close = msci_tools.get_data_value(data,"close")
    close = pd.DataFrame(close)
    stocks_change = close.apply(lambda x: np.log(x) - np.log(x.shift(1)))
    # 计算30,60,90日波动率,年化之
    daily_vol = stocks_change.std()
    annual_vol = daily_vol * 252 ** 0.5
    return annual_vol.values[0]
```

其主要思想是计算收益率的对数时对其进行年化处理。get_data_value 函数用于从数据集中提取收盘价时间序列,代码如下:

```python
#这段代码用于获取返回的data数据中的对应因子的list
def get_data_value(data,factor):
    result = []
    for _ in data:
        result.append(_[factor])
    return result
```

2. 简单自波动的计算方法

还有一种较为常用的自波动的计算方法是简单波动率计算法。其来源于自身的相关系数与变异系数的计算值与结果,代码如下:

```
def get_volatility_normal(symbol,now,count):

    last_day = get_previous_trading_date("SHSE",now)
    data = history_n(symbol=symbol, frequency="1d", count=count,

end_time=last_day,fields="high,low,close",fill_missing="last")
    close = msci_tools.get_data_value(data,"close")

    res = np.var(close)/np.mean(close)
    res = np.sqrt(res)
    return res
```

这两种都是计算特定标的时间序列的方法，而对于其他标的（一般是上证指数或者沪深 300 等指数）的波动性计算，由下列方法完成。

3. 使用收盘价进行的 Beta 值计算方法

使用不同标的的收盘价作为计算的时间序列是最简单和最常用的方法，代码如下：

```
import statsmodels.api as sm

def get_beta_weight_1_not_support(symbol,now,count,market_index =
"SHSE.000001"):
    """
    一般用单个股票资产的历史收益率对同期指数（大盘）收益率进行回归，回归系数就是 Beta 系数。
    """
    last_day = get_previous_trading_date("SHSE",now)
    market_data = history_n(symbol=market_index, frequency="1d", count=count,
                end_time=last_day,fields="high,low,close",fill_missing="last")

    market_close = msci_tools.get_data_value(market_data,"close")

    symbol_data = history_n(symbol=symbol, frequency="1d", count=count,
                end_time=last_day,fields="high,low,close",fill_missing="last")

    symbol_close = msci_tools.get_data_value(symbol_data,"close")

    market_close = sm.add_constant(market_close)
    model_ = sm.OLS(symbol_close, market_close)
    results_ = model_.fit()
    weight_ = (results_.params[1])
    return weight_
```

这里使用上证指数作为对应的标的，在实际中可以根据需要修改成沪深 300 或者创业板等特定标的。

这里使用了 statsmodels 工具包，因此在使用之前需要先导入对应的包。

4. 使用收益率的 Beta 值计算方法

除了绝对收盘价之间值的计算外，还有一种使用收益率作为 Beta 值的计算方法，代码如下：

```python
def get_beta_weight_2(symbol,now,count,market_index = "SHSE.000001"):
    """
    一般用单个股票资产的历史收益率对同期指数（大盘）收益率进行回归，回归系数就是 Beta 系数。
    """
    last_day = get_previous_trading_date("SHSE",now)
    market_data = history_n(symbol=market_index, frequency="1d", count=count,
                end_time=last_day,
                fields="high,low,close",
                fill_missing="last")

    market_close = msci_tools.get_data_value(market_data,"close")

    market_close_ratio = []
    for i in range(1,len(market_close)):
        ratio = (market_close[i] - market_close[i-1])/market_close[i-1]
        ratio = (0.99 ** (len(market_close) - i)) * ratio
        market_close_ratio.append(ratio)

    symbol_data = history_n(symbol=symbol, frequency="1d", count=count,
                end_time=last_day,
                fields="high,low,close",
                fill_missing="last")

    symbol_close = msci_tools.get_data_value(symbol_data,"close")

    symbol_close_ratio = []
    for i in range(1,len(symbol_close)):
        ratio = (symbol_close[i] - symbol_close[i-1])/symbol_close[i-1]
        ratio = (0.99 ** (len(market_close) - i)) * ratio
        symbol_close_ratio.append(ratio)

        market_close_ratio = sm.add_constant(market_close_ratio)
    model_ = sm.OLS(symbol_close_ratio, market_close_ratio)
    results_ = model_.fit()
    weight_ = (results_.params[1])
    return weight_
```

以上 4 种是较为常见的波动率的计算方法，除此之外，还有更多的波动率的计算方法，下一节进行介绍。

7.3.2　更多的波动率因子

除了 7.3.1 小节介绍的波动率因子外，还有更多的波动率因子可以使用，作者总结了几个有效因子供读者学习。需要注意的是，这里的 price_data 是生成的对应的 pandas 格式，按需要包括最高价、最低价以及收盘价。

（1）Parkinson（1980）估计量采用交易时段最高价和最低价两个价格数据，利用极差进行估计。该估计量使价格波动区间在一定假设下比基于收盘价的估计量更能有效地估计回报波动率。

```
def Parkinson_get_estimator(price_data, window=30, trading_periods=252,
clean=True):


  rs = (1.0 / (4.0 * math.log(2.0))) * ((price_data['High'] /
price_data['Low']).apply(np.log)) ** 2.0

  def f(v):
     return trading_periods * v.mean() ** 0.5

  result = rs.rolling(
     window=window,
     center=False
  ).apply(func=f)

  if clean:
     return result.dropna()
  else:
     return result
```

（2）Garman-Klass（1980）利用交易时段最高价、最低价和收盘价三个价格数据进行估计，该估计量通过将估计量除以调整因子来纠正存在的偏差，以便得到方差的无偏估计。

```
def GarmanKlass_get_estimator(price_data, window=30, trading_periods=252,
clean=True):

  log_hl = (price_data['High'] / price_data['Low']).apply(np.log)
  log_cc = (price_data['Close'] / price_data['Close'].shift(1)).apply(np.log)
  rs = 0.5 * log_hl ** 2 - (2 * math.log(2) - 1) * log_cc ** 2

  def f(v):
```

```
    return (trading_periods * v.mean()) ** 0.5

result = rs.rolling(window=window, center=False).apply(func=f)
if clean:
    return result.dropna()
else:
    return result
```

（3）Parkinson 和 Garman-Klass 估计量之所以能提高估计效率，是因为它们依赖于一些不适用于真实市场的假设，尤其是价格服从不带漂移项的几何布朗运动以及交易是连续的假设。Rogers-Satchell 在一定程度上放宽了这些限制条件，引入了带有漂移项的更优的估计量。

```
def RogersSatchell_get_estimator(price_data, window=30, trading_periods=252,
clean=True):

    log_ho = (price_data['High'] / price_data['Open']).apply(np.log)
    log_lo = (price_data['Low'] / price_data['Open']).apply(np.log)
    log_co = (price_data['Close'] / price_data['Open']).apply(np.log)

    rs = log_ho * (log_ho - log_co) + log_lo * (log_lo - log_co)

    def f(v):
        return trading_periods * v.mean() ** 0.5

    result = rs.rolling(
        window=window,
        center=False
    ).apply(func=f)

    if clean:
        return result.dropna()
    else:
        return result
```

（4）Garman-Klass（1980）估计量无法解决价格序列中存在跳空开盘的情况。Yang-Zhang（2000）推导出了适用于价格跳空开盘的估计量，本质上是各种估计量的加权平均。

```
def YangZhang_get_estimator(price_data, window=30, trading_periods=252,
clean=True):

    log_ho = (price_data['High'] / price_data['Open']).apply(np.log)
    log_lo = (price_data['Low'] / price_data['Open']).apply(np.log)
    log_co = (price_data['Close'] / price_data['Open']).apply(np.log)

    log_oc = (price_data['Open'] / price_data['Close'].shift(1)).apply(np.log)
```

```
log_oc_sq = log_oc ** 2

log_cc = (price_data['Close'] / price_data['Close'].shift(1)).apply(np.log)
log_cc_sq = log_cc ** 2

rs = log_ho * (log_ho - log_co) + log_lo * (log_lo - log_co)

close_vol = log_cc_sq.rolling(
    window=window,
    center=False
).sum() * (1.0 / (window - 1.0))
open_vol = log_oc_sq.rolling(
    window=window,
    center=False
).sum() * (1.0 / (window - 1.0))
window_rs = rs.rolling(
    window=window,
    center=False
).sum() * (1.0 / (window - 1.0))

k = 0.34 / (1 + (window + 1) / (window - 1))
result = (open_vol + k * close_vol + (1 - k) * window_rs).apply(np.sqrt) *
math.sqrt(trading_periods)

if clean:
    return result.dropna()
else:
    return result
```

（5）使用偏度 Skew 代替波动率。

```
def Skew_get_estimator(price_data, window=30, clean=True):
    log_return = (price_data['Close'] /
price_data['Close'].shift(1)).apply(np.log)

    result = log_return.rolling(
        window=window,
        center=False
    ).skew()

    if clean:
        return result.dropna()
    else:
        return result
```

（6）使用峰度 Kurtosis 代替波动率。

```python
def Kurtosis_get_estimator(price_data, window=30, clean=True):
    "峰度 Kurtosis 代替波动率"
    log_return = (price_data['Close'] /
price_data['Close'].shift(1)).apply(np.log)

    result = log_return.rolling(
        window=window,
        center=False
    ).kurt()

    if clean:
        return result.dropna()
    else:
        return result
```

7.4 实战：一个回测成功率433(的中长线 买卖例子

对于股票投资，特别是中长线投资，成功率是非常重要的，任何人都不希望经过长时间的投资等待，原先的一笔投资产生亏损。下面给读者分享一个回测中成功率能够达到 100% 的选股策略，主要依据的是技术选股，如图 7-7 所示。

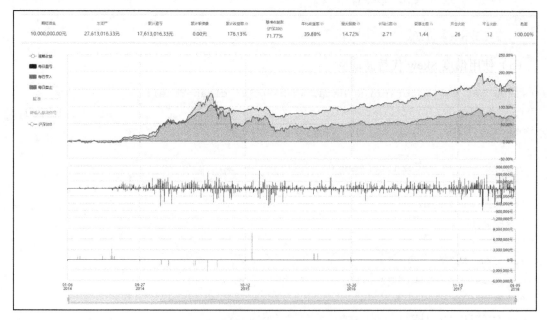

图 7-7　回测成功率 100% 的选股策略

7.4.1　技术指标的设计

传统的选股方式主要依靠技术指标，这也是长期以来广大股民从市场中获取收益的方式。技术指标更多的是涉及对收盘价以及交易量的波动性判断。

首先是买入点的指标，代码如下：

（1）定义 60 天的波动率小于 10%：

```
def buy_check_price_amplitude(context, symbol, count = 60, threshold = 0.1):

    now = context.now
    last_day = get_previous_trading_date("SHSE", now)

    #amplitude = beta_and_vol.get_volatility_normal(symbol,last_day,count=count)

    data =
history_n(symbol,frequency="1d",count=count,end_time=last_day,fields="open,high,low,close")
    close = msci_tools.get_data_value(data,"close")
    open = msci_tools.get_data_value(data, "open")
    high = msci_tools.get_data_value(data, "high")
    low = msci_tools.get_data_value(data, "low")

    amplitude = (np.max(high) - np.min(low))/close[0]

    if amplitude < threshold:
        return True
    else:
        return False
```

（2）买入点-地量（连续 18 周成交量小于最近 4 年内天量的 10%）：

```
def buy_check_mean_volume_small(context,
symbol,week_count_short=18 ,week_count_long = 150, threshold = 0.1):

    now = context.now
    last_day = get_previous_trading_date("SHSE", now)

    data = history_n(symbol, frequency="1d", count=week_count_long * 5,
end_time=last_day, fields="volume")
    volume = msci_tools.get_data_value(data,"volume")
    max_volume_last = np.max(volume[-week_count_short*5:])
    max_volume = np.max(volume)

    if max_volume_last < max_volume * 0.1:
```

```
      return True
   else:
      return False
```

（3）单日成交量大于该股的前五日移动平均成交量的 2.5 倍，大于前 10 日移动平均成交量的 3 倍：

```
def buy_check_volume_increase(context, symbol):

   now = context.now
   last_day = get_previous_trading_date("SHSE", now)

   data = history_n(symbol, frequency="1d", count=11, end_time=last_day,
fields="volume")
   volume = msci_tools.get_data_value(data,"volume")
   h = volume
   volume = h['volume'][-1]
   volume_mean_5 = np.mean(h['volume'][-6:-1])
   volume_mean_10 = np.mean(h['volume'][-11:-1])
   if volume > volume_mean_5 * 2.5 and volume > volume_mean_10 * 3:
      return True
   else:
      return False
```

（4）找到昨天之前成交量大于昨天的成交量（0.8 倍），这个区间的天数大于 30 天，昨天单日成交量大于该区间的平均成交量的 2 倍，区间价格波动小于 10%：

```
def buy_check_volume_increase_and_price_amplitude(context, symbol):

   now = context.now
   last_day = get_previous_trading_date("SHSE", now)

   data = history_n(symbol, frequency="1d", count=270, end_time=last_day,
fields="open,high,low,close,volume")

   close = msci_tools.get_data_value(data,"close")
   open = msci_tools.get_data_value(data, "open")
   high = msci_tools.get_data_value(data, "high")
   low = msci_tools.get_data_value(data, "low")
   volume = msci_tools.get_data_value(data,"volume")

   volume_yesterday = volume[-1]

   # 昨日收盘价要高于开盘价
   if close[-1] < open[-1]:
```

```
        return False
```

#找到昨天之前成交量大于昨天的成交量（0.8 倍）的那个日期，这个日期到今天的区间的天数大于 30 天

```
    start = 0
    end = -1
    for i in range(1, len(volume)):
        index = -(i + 1)
        if volume[index] > volume[-1] * 0.8:
            start = index + 1
            break
    if start == 0 or (end - start) < 30:
        return False
    # 昨天单日成交量大于该区间的平均成交量的 2 倍
    volume_mean = np.mean(volume[start:end])
    volume_mean_5 = np.mean(volume[-6:-1])
    if volume_yesterday < volume_mean * 2.5 or volume_yesterday < volume_mean_5
* 2.5:
        return False

    # 区间价格波动小于10%
    price_max = max(high[start:end])
    price_min = min(low[start:end])
    price_amplitude = (price_max - price_min) / open[start]
    # print 'min=%s, max=%s, open=%s, amplitude=%s' % (price_min, price_max,
h['open'][start], price_amplitude)
    if price_amplitude > 0.1:
        return False

    return True
```

（5）对于卖出点的指标设定，卖出点的判定代码如下：

```
def sell_check(context, symbol):
    if sell_check_mean_price(context, symbol, 0.1) and
sell_check_turnover_ratio(context, symbol):
        return True
    if sell_check_mean_price(context, symbol, 0.2):
        return True
    return False
```

（6）卖出点-均线（5 日线超过 10 日线 10%，10 日线超过 30 日线 10%）：

```
def sell_check_mean_price(context, symbol, threshold = 0.1):

    now = context.now
```

```
    last_day = get_previous_trading_date("SHSE", now)

    data = history_n(symbol, frequency="1d", count=31, end_time=last_day,
fields="open,high,low,close,volume")

    close = msci_tools.get_data_value(data, "close")
    open = msci_tools.get_data_value(data, "open")
    high = msci_tools.get_data_value(data, "high")
    low = msci_tools.get_data_value(data, "low")
    volume = msci_tools.get_data_value(data, "volume")

    # 求5日线、10日线、30日线
    mean_5 = np.mean(close[-5:])
    mean_10 = np.mean(close[-10:])
    mean_30 = np.mean(close[-30:])
    diff_5_10 = (mean_5 - mean_10) / mean_10
    diff_5_30 = (mean_5 - mean_30) / mean_30
    diff_10_30 = (mean_10 - mean_30) / mean_30

    # 求昨天的5日线、10日线、30日线
    yes_mean_5 = np.mean(close[-6:-1])
    yes_mean_10 = np.mean(close[-11:-1])
    yes_mean_30 = np.mean(close[-31:-1])
    yes_diff_5_10 = (yes_mean_5 - yes_mean_10) / yes_mean_10
    yes_diff_5_30 = (yes_mean_5 - yes_mean_30) / yes_mean_30
    yes_diff_10_30 = (yes_mean_10 - yes_mean_30) / yes_mean_30

    return diff_5_30 > threshold
```

（7）卖出点-换手率：

```
def sell_check_turnover_ratio(context, symbol):

    now = context.now
    last_day = get_previous_trading_date("SHSE", now)
    #换手率
    _df = get_fundamentals(table='trading_derivative_indicator', symbols=symbol,
start_date=last_day,
                    end_date=last_day, fields='TURNRATE')

    TURNRATE = msci_tools.get_data_value(_df,"TURNRATE")
    return TURNRATE[0]>15

#卖出点RSRS
```

```
from MSCI_tools import 计算RSRS as RSRS
def sell_check_rsrs(context,symbol):
    threshold = -0.7
    now = context.now
    zscore_rightdev = RSRS.get_rsrs_weight_classic(symbol,now)

    if zscore_rightdev < threshold:
        return True
    else:
        return False
```

（8）庄股值计算（庄股值：能够无量涨停的或无量杀跌的）：

```
def cow_stock_value(context, symbol):
    now = context.now
    _pb = get_fundamentals(table='trading_derivative_indicator', symbols=symbol,
start_date=now,
                    end_date=now, fields='PB,NEGOTIABLEMV')
    pb = msci_tools.get_data_value(_pb, "PB")
    NEGOTIABLEMV = (msci_tools.get_data_value(_pb,
"NEGOTIABLEMV"))[0]/100000000

    if NEGOTIABLEMV > 100:
        return 0
    num_fall = fall_money_day_3line(context, symbol, 120, 20, 60, 160)
    num_cross = money_5_cross_60(context, symbol, 120, 5, 160)
    return (num_fall * num_cross) / (pb *(NEGOTIABLEMV ** 0.5))
```

（9）3 条移动平均线计算缩量：

```
def fall_money_day_3line(context,symbol,n,n1=20,n2=60,n3=120):
    now = context.now
    last_day = get_previous_trading_date("SHSE",now)

    data = history_n(symbol, frequency="1d", count=n+n3, end_time=last_day,
fields="cum_volume")
    stock_m = msci_tools.get_data_value(data,"cum_volume")
    i=0
    count=0
    while i<n:
        money_MA200=np.mean(stock_m[i:n3-1+i])
        money_MA60=np.mean(stock_m[i+n3-n2:n3-1+i])
        money_MA20=np.mean(stock_m[i+n3-n1:n3-1+i])
        if money_MA20<=money_MA60 and money_MA60<=money_MA200:
            count=count+1
```

```
       i=i+1
  return count
```

（10）计算脉冲，成交额 5 日穿 60 日：

```
def money_5_cross_60(context, symbol, n, n1 = 5, n2 = 60):
  now = context.now
  last_day = get_previous_trading_date("SHSE",now)

  data = history_n(symbol, frequency="1d", count=n+n2+1, end_time=last_day,
fields="cum_volume")
  stock_m = msci_tools.get_data_value(data,"cum_volume")
  i=0
  count=0
  while i<n:
    money_MA60=np.mean(stock_m[i+1:n2+i])
    money_MA60_before=np.mean(stock_m[i:n2-1+i])
    money_MA5=np.mean(stock_m[i+1+n2-n1:n2+i])
    money_MA5_before=np.mean(stock_m[i+n2-n1:n2-1+i])
    if (money_MA60_before-money_MA5_before)*(money_MA60-money_MA5)<0:
      count=count+1
    i=i+1
  return count
```

7.4.2　回测的设计

下面对回测进行设计，从前面的内容可以得知，这里的买入点和卖出点都有特定的标的，买入标的主要需要满足 3 个条件：

- 找到昨天之前成交量大于昨天的成交量（0.8 倍），这个区间的天数大于 30 天。
- 昨天单日成交量大于该区间的平均成交量的 2 倍。
- 区间价格波动小于 10%。

而卖出标的更需要满足以下条件之一：

- 5 日均线值超过 30 日均线值的 10%且换手率大于 15。
- 5 日均线值超过 30 日均线值的 20%。

完整代码如下。

【程序 7-4】

```
import numpy as np
from gm.api import *
import os
from MSCI_tools import msci_tools
```

```python
from 中长线买入卖出点选择 import tools

def init(context):
    schedule(schedule_func=algo, date_rule='1d', time_rule='09:31:00')

    context.num = 10 #最大持股数

def algo(context):

    now = context.now

    sell_symbol_list = []
    buy_symbol_list = []

    #过滤卖出股票
    positions = context.account().positions()
    for position in positions:
        symbol = position['symbol']
        if tools.sell_check(context, symbol):
            order_target_percent(symbol=symbol, percent=0,
order_type=OrderType_Market,
                                 position_side=PositionSide_Long)
            sell_symbol_list.append(symbol)
            print(now," ","卖出: ",symbol)
    symbol_list = msci_tools.get_symbol_list("SHSE.000922",now)

    for symbol in symbol_list:
        try:
            if (symbol not in sell_symbol_list) and
(tools.buy_check(context,symbol)) :
                order_target_percent(symbol=symbol, percent=1./context.num,
order_type=OrderType_Market,
                                     position_side=PositionSide_Long)
                print(now," ","买入: ",symbol)
        except:pass

def on_backtest_finished(context, indicator):
    print(indicator)
if __name__ == "__main__":
    run(
        strategy_id='9f53e15f-6870-11e8-801c-4cedfb681747~',
        filename=(os.path.basename(__file__)),
        mode=MODE_BACKTEST,
```

```
        token='715f84a04a4574e2e77491d62f7c8bbc0c663b12',
        backtest_start_time="2014-01-05 09:30:00",
        backtest_end_time='2018-06-05 15:00:00',
        backtest_initial_cash=10000000,
        backtest_adjust=ADJUST_PREV
    )
```

buy_check 与 sell_check 分别是买入点与卖出点的设置，这里只有通过买入点的判定才能够买入，读者需要注意一个技巧，就是加入了一个黑名单的机制，在买入前还需要对黑名单进行判定，这个技巧可以说非常有用。

7.5 小结

基本面因子和技术面因子是相辅相成的，共同组成了一个完整的选股策略。

本章主要从技术面因子入手，做出了多种最常用的波动率因子的变动，主要涉及自波动与相对波动（Beta）的计算，这也是最常用的技术面因子。

在学习完基本面因子和技术面因子的构成方法后，第 8 章内容将围绕这方面展开。作者将带领读者完成一个关于指数强化基金的配置。

人人都是基金经理，你也可以！

第 8 章

人人都是基金经理——中证红利指数增强策略

人人都是基金经理。

对于基金经理这个词读者可能非常熟悉,那些掌管几十亿甚至于上百亿资金,在证券市场运筹帷幄、指点江山、挥斥方遒、好不潇洒的股市健儿就是人们印象中的基金经理。

作为一个基金经理,一般要求具有金融相关专业硕士以上教育背景,具备良好的数学基础和扎实的经济学理论功底,如有海外留学经历或获得 CFA 证书,则将更具竞争力。基金经理的工作是负责决定该基金的组合和投资策略,投资组合是按照基金说明书的投资目标去选择,投资策略由该基金经理决定。

做基金经理难吗?

是的,做一个基金经理很难。

人人都可以成为基金经理吗?

是的,人人都可以成为基金经理。

通过学习相关的内容与投资组合策略,任何人都可以成为一名合格的基金经理。本章将以中证红利为基础介绍通过构建指数增强基金,在这个过程中将全面复习以前学到的内容,综合运用基本面因子和多种技术因子,并且通过最终的回测验证基金组合的收益和成果。

 本章只是一个指数增强组合的例子,如果读者将其用于真实的股票组合和操作,还需要进一步细致和专业地对其进行分析和处理。

8.1 中证红利指数基金介绍

本节从理论开始介绍,如果读者已经有金融相关从业经验,那么可以忽略本节。

8.1.1 红利指数基金的由来

红利策略最初叫作"狗股策略"（Dogs of the Dow Theory），是由美国基金经理迈克尔·奥希金斯在 1991 年提出的。该策略的具体做法是每年年底在道琼斯工业平均指数成分股中找出 10 只股息率最高的股票，新年买入，一年后按股息率高低更新股票池，如此循环往复。

如果将股息率最高的股票按一定方法编制成指数，该指数就叫作"红利指数"，围绕红利指数进行的一系列投资方式，例如指数定投、指数长持等，都属于"红利策略"的范畴。

据投资百科（Investopedia）统计，狗股策略在 1957 年~2003 年期间的年均回报率为14.3%，高于道指 11%的年均回报率。而在 1973 年~1996 年，狗股策略年均回报率达20.3%，高于道指同期 15.8%的平均回报率。数据证明，狗股/红利策略长期来看是能够战胜市场平均的。

8.1.2 中证红利简介

中证指数有限公司 2005 年 5 月 12 日宣布，为反映沪深证券市场高股息股票的整体走势，为投资者提供新的业绩基准和投资标的，将于 5 月 26 日正式发布中证红利指数。

中证红利指数挑选了上海、深圳交易所中现金股息率高、分红比较稳定、具有一定规模及流动性的 100 只股票作为样本，以反映 A 股市场高红利股票的整体状况和走势。基日为2004 年 12 月 31 日，基点为 1000 点。中证红利指数简称"中证红利"，指数代码为 000922（上海）/399922（深圳）。

目前来说，中证红利指数的主要权重行业集中在钢铁、电力、石化、汽车、航运、煤炭、有色等。此外，对于 A 股市场而言，有持续分红能力的公司是稀缺资源，只占整个市场的三成左右。分给投资人的真金白银显示了这类公司良好的财务状况与内在价值。

从近 5 年的走势来看（见图 8-1），自 2015 年 6 月 A 股自高点回落进入震荡市以来，中证红利指数长期跑赢大盘。值得一提的是，随着价值的回归，在大盘蓝筹和行业龙头备受市场关注的同时，红利投资策略的优势更为明显。

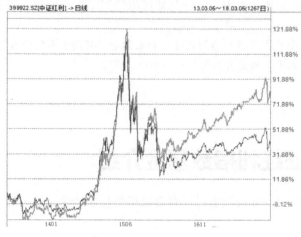

图 8-1　中证红利基金走势

从历史数据来看（见图 8-2），中证红利指数 5 年来的市盈率（TTM）均未超过 10 倍，而 A 股大盘 5 年来的平均市盈率（TTM）为 14.02 倍。相比之下，红利指数的估值仍处在相对较低的位置，投资价值明显。

交易时间	市盈率（TTM）	市净率
2017.12.29	9.57	1.22
2016.12.30	9.06	1.07
2015.12.31	9.17	1.21
2014.12.31	9.36	1.40
2013.12.31	6.39	1.05

图 8-2　中证红利市盈率与市净率

中证红利指数的行业权重主要分布在金融地产、可选消费、工业、公共事业等聚集着大量白马蓝筹价值股的行业，如图 8-3 所示。而同时，A 股市场追踪中证红利的市场有多个指数基金，从成立至今也取得了不少成就。

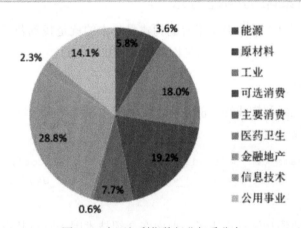

图 8-3　中证红利指数行业权重分布

8.2　基于中证红利的指数增强基金策略的构建

对于不同的指数特点和关系的内容，构建基于其内容的指数基金，最为合适的方法就是尽可能地组合出能够反映基金特点的组合策略。

从前文分析来看，中证红利选择沪深两市中现金股息率高、分红稳定、具有一定规模及流动性的 100 只股票，其特点就是稳定性强、业绩较好，同时具有一定的规模。但是由于要求其稳定性，对其个股的成长性并没有太大要求。

因此，基于分析可以得出，对于中证红利，主要有以下几个方面要进行关注。

- 股息率：股息率（Dividend Yield Ratio）是一年的总派息额与当时市价的比例。以占股票最后销售价格的百分数表示年度股息，该指标是投资收益率的简化形式。股息率是股息与股票价格之间的比率。在投资实践中，股息率是衡量企业是否具有投资价值的重要标尺之一。
- 市净率：市净率指的是每股股价与每股净资产的比率。市净率可用于股票投资分析，一般来说市净率较低的股票，投资价值较高，相反则投资价值较低。但在判断投资价值时，还要考虑当时的市场环境以及公司经营情况、盈利能力等因素。
- 市盈率：市盈率（Price Earnings ratio，即 P/E ratio）也称"本益比""股价收益比率"或"市价盈利比率"。
- 贝塔值：与大盘的联动波动率。
- 自相关波动率：自身的波动率。

基于以上分析，本节开始构建基于中证红利的指数增强基金，综合运用以上指标，搭建一个能够获取高收益、高稳态、低风险的收益组合。

8.2.1 中证红利策略的构建方法

通过前面的学习可以知道，对于组合的构建最基本的就是找到若干只符合要求的股票，组合成一个股票池，这个股票池反映的是构建者的认知与能力。

基本面因子的获取

基本面因子是中证红利构成因子的基础，在这里主要选用市净率、市盈率以及股息率作为基本的选股要求，代码如下：

```
df = get_fundamentals(table='trading_derivative_indicator',
symbols=symbol_list,start_date=last_day,end_date=last_day,fields='PETTM,DY,PB',
df=True)
```

除此之外，还需要添加波动率因子，前面在介绍技术因子时对其也有涉及，这里根据需要采用了两个技术因子：Beta 值与自相关波动率，代码如下：

```
#这里使用收益进行计算
def get_beta_weight_2(symbol,now,count,market_index = "SHSE.000001"):
    """
    一般用单个股票资产的历史收益率对同期指数（大盘）收益率进行回归，回归系数就是 Beta 系数。
    """
    last_day = get_previous_trading_date("SHSE",now)
    market_data = history_n(symbol=market_index, frequency="1d", count=count,
                end_time=last_day,
                fields="high,low,close",
```

```
                     fill_missing="last")

   market_close = msci_tools.get_data_value(market_data,"close")

   market_close_ratio = []
   for i in range(1,len(market_close)):
       ratio = (market_close[i] - market_close[i-1])/market_close[i-1]
       ratio = (0.99 ** (len(market_close) - i)) * ratio
       market_close_ratio.append(ratio)

   symbol_data = history_n(symbol=symbol, frequency="1d", count=count,
               end_time=last_day,
               fields="high,low,close",
               fill_missing="last")

   symbol_close = msci_tools.get_data_value(symbol_data,"close")

   symbol_close_ratio = []
   for i in range(1,len(symbol_close)):
       ratio = (symbol_close[i] - symbol_close[i-1])/symbol_close[i-1]
       ratio = (0.99 ** (len(market_close) - i)) * ratio
       symbol_close_ratio.append(ratio)

       market_close_ratio = sm.add_constant(market_close_ratio)
   model_ = sm.OLS(symbol_close_ratio, market_close_ratio)
   results_ = model_.fit()
   weight_ = (results_.params[1])
   return weight_
```

而 Beta 值的计算如下：

```
#波动率的简单方法
def get_volatility_normal(symbol,now,count):

   last_day = get_previous_trading_date("SHSE",now)
   data = history_n(symbol=symbol, frequency="1d", count=count,

end_time=last_day,fields="high,low,close",fill_missing="last")
   close = msci_tools.get_data_value(data,"close")

   res = np.var(close)/np.mean(close)
   res = np.sqrt(res)
   return res
```

这里为了方便起见，波动率采用了收益率的计算方法，而 Beta 值的计算采用了简单的计算方法，即变异系数的平方根。完整代码如下：

```python
def bonus_cn(now,index = "SHSE.000922"):

    last_day = get_previous_trading_date("SHSE",now)

    symbol_list = get_history_constituents(index=index,
start_date=last_day)[0].get("constituents").keys()
    symbols_not_suspended = get_history_instruments(symbols=symbol_list,
start_date=last_day, end_date=now)
symbols_not_suspended = [item['symbol'] for item in symbols_not_suspended if
not item['is_suspended']]

    df = get_fundamentals(table='trading_derivative_indicator',
symbols=symbol_list,start_date=last_day,end_date=last_day,fields='PETTM,DY,PB',
df=True)

    df = df.dropna()
    symbol_list = []
    for _ in df["symbol"].values:
        symbol_list.append(_)

    beta_list = []
    volatility_list = []
    for symbol in symbol_list:
        beta = fun.get_beta_weight_2(symbol,now,count=20)
        beta_list.append(beta)

        volatility = fun.get_volatility_normal(symbol,now,count=60)
        volatility_list.append(volatility)

    df["beta"] = beta_list
    df["volatility"] = volatility_list

    df_factor = df.iloc[:,3:]
    df_factor = np.asmatrix(df_factor)
    weight_mat = np.asmatrix([[1],[-1],[1],[1],[1]])
    res = np.dot(df_factor,weight_mat)
    df["score"] = (res)

    df = (df.sort_values(["score"]))
    symbol_list = []
    for _ in df["symbol"].values:
        symbol_list.append(_)
```

```
return symbol_list
```

这里的代码段采用了模块法，index 是中证红利的指数代码，这样做的好处是可以用其他指数代码代替当前的中证红利。之后根据设定的技术因子和基本面因子获取对应的数据值，构建出因子矩阵。

对于构建出的因子矩阵，下一步是计算出对应的因子值。目前来说，采用的是等权重的方法，根据对应的因子数据高低对股份的影响是正相关还是负相关，把权重值简单设置成 1 或 -1。

8.2.2　策略回测与优化

由于一些原因，作者不能公开相应的写法，因此这里只放出一张回测图供大家参考，如图 8-4 所示。

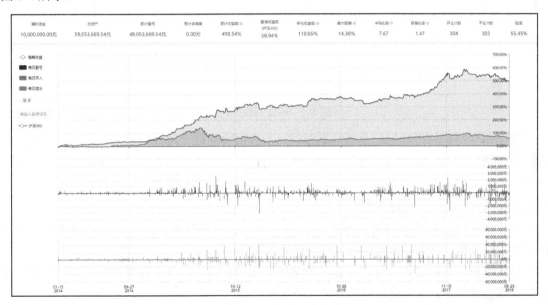

图 8-4　中证红利回测结果

提示，对于不同的数据，其权重值并不一定相同，这在增加了回测难度的同时也增加了优化空间。这点需要读者自行完成。

8.3　小结

构建一个基于指数的指数增强组合的步骤如下：

（1）根据自己的目标找到对应特征的指数。

（2）综合采用多个因子增强指数的特征。

本章中采用中证红利作为基本示例，演示了构建一个基于已有指数的指数增强基金。对于不同的指数，如果需要构建对应的指数增强组合，最重要的任务是根据其标的特征采用多个因子增强所关注的方向，这也是构建指数增强组合的基础。

除了中证红利指数外，掘金网站提供了更多的指数作为解析的标的，如图 8-5 所示。

指数代码	指数名称	启用日期	退市日期	成分股开始日期	成分股结束日期	有没有
SHSE.000001	上证指数	1991-07-15	—	2011-09-30	至今	有
SHSE.000002	A股指数	1992-02-21	—	2011-09-30	至今	有
SHSE.000003	B股指数	1992-08-17	—	2011-09-30	至今	有
SHSE.000004	工业指数	1993-05-03	—	2011-09-30	至今	有
SHSE.000005	商业指数	1993-05-03	—	2011-09-30	至今	有
SHSE.000006	地产指数	1993-05-03	—	2011-09-30	至今	有
SHSE.000007	公用指数	1993-05-03	—	2011-09-30	至今	有
SHSE.000008	综合指数	1993-05-03	—	2011-09-30	至今	有

图 8-5　部分其他指数

除了一些特定的指数外，大多数掘金网站上的指数都可以被特定解析，解析的函数在前面也有介绍。而对于特定指数的特点和偏向，通过查阅相关说明也是可以了解的。具体组建哪种形态的股票组合，这点需要"基金经理"来决定，也就是股票组合创建人通过自己的认知和股票组合的侧重点来设计组合。

关于多因子策略的学习这里就告一段落，下一章将带领读者学习量化策略的另一大方面，即回归分析，这也是最常用的量化处理的方法之一。

这里股票池的构建还是使用对指数的解析，在后续的学习中还会介绍使用多种方法构建满足需要的股票池，这也是后面学习的一个重点。

第 9 章

◀ 掘金量化——回归分析基础 ▶

前面作者用 3 章向读者介绍了量化策略中一个非常重要的策略分支——多因子策略。

所谓多因子策略，就是根据各个因子的大小对股票进行打分，然后按照一定的权重加权得到一个总分，最后根据总分再对股票进行筛选。对于多因子模型的评价而言，实际上通过评分法回测出的股票组合收益率，就能够对备选的选股模型做出优劣评价。

这种方法的优点是相对比较稳健，不容易受到极端值的影响。但是多因子策略需要对各个因子的权重做一个相对比较主观的设定，这也是多因子策略在实际模型评价过程中比较困难和需要模型求取的关键点所在，同时这也能够获得优化的空间。多因子策略模型图如图 9-1 所示。

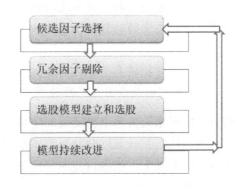

图 9-1　多因子策略模型图

本章开始将介绍另一种常用的量化策略——回归分析，这也是最为常用的一种分析方法，它可以用在股价的回归分析上，同时还可以对基本面数据进行分析，这点在之后的讲解中会介绍。

9.1　回归分析基础

回归分析预测法是在分析市场现象自变量和因变量之间相关关系的基础上，建立变量之间的回归方程，并将回归方程作为预测模型，根据自变量在预测期的数量变化来预测因变量关系，大多表现为相关关系。因此，回归分析预测法是一种重要的市场预测方法。

当对股市或者其他金融市场现象未来的发展状况和水平进行预测时，如果能将影响预测对象的主要因素找到，并且能够取得其数量资料，就可以采用回归分析预测法进行预测。回归分析预测法是一种具体的、行之有效的、实用价值很高的常用预测方法，多用于中短期预测。

9.1.1　回归法简介

在处理测量数据时，经常要研究变量之间的关系。变量之间的关系一般分为两种，一种是完全确定关系，即函数关系；另一种是相关关系，即变量之间既存在着密切联系，但又不能由一个或多个变量的值求出另一个变量的值。

例如，学生对于高等数学、概率与统计、普通物理的学习，会对统计物理的学习产生影响，它们虽然存在着密切的关系，但很难从前几门功课的学习成绩来精确地求出统计物理的学习成绩。对于彼此联系比较紧密的变量，人们总希望建立一定的公式，以便变量之间互相推测。回归分析的任务就是用数学表达式来描述相关变量之间的关系。

- 多元回归是指一个因变量（预报对象）、多个自变量（预报因子）的回归模型。基本方法是根据各变量的值算出交叉乘积和。
- 这种包括两个或两个以上自变量的回归称为多元回归。应用此方法可以加深对定性分析结论的认识，并得出各种要素间的数量依存关系，从而进一步揭示出各要素间内在的规律。
- 一般来说，多元回归过程能同时提供多个备选的函数关系式，并提供每个关系式对实验数据的理解能力，研究者可以结合自己的理论预期，据此做出选择。

回归分析预测法有多种类型。依据相关关系中自变量的个数不同进行分类，可分为一元回归分析预测法和多元回归分析预测法。在一元回归分析预测法中，自变量只有一个，而在多元回归分析预测法中，自变量有两个以上。依据自变量和因变量之间的相关关系不同，可分为线性回归预测和非线性回归预测。

9.1.2　一元线性回归

回归分析只涉及两个变量的，称为一元回归分析（见图 9-2）。一元回归的主要任务是根据两个相关变量中的一个变量去估计另一个变量，被估计的变量称为因变量，可设为 Y；估计出的变量称为自变量，设为 X。回归分析就是要找出一个数学模型 Y=f(X)，使得从 X 估计 Y 可以用一个函数式去计算。

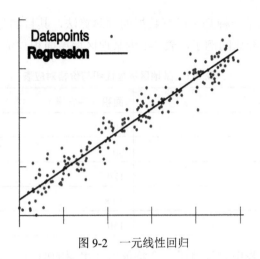

图 9-2　一元线性回归

当 Y=f(X) 的形式是一个直线方程时，称为一元线性回归。这个方程一般可表示为 Y=A+BX。根据最小平方法或其他方法，可以从样本数据中确定常数项 A 与回归系数 B 的值。A、B 确定后，有一个 X 的观测值，就可得到一个 Y 的估计值。回归方程是否可靠，估计的误差有多大，都要经过显著性检验和误差计算。有无显著的相关关系以及样本的大小等，是影响回归方程可靠性的因素。

一元线性回归方程的形式

如果只有一个自变量 X，而且因变量 Y 和自变量 X 之间的数量变化关系呈近似线性关系，就可以建立一元线性回归方程，由自变量 X 的值来预测因变量 Y 的值，这就是一元线性回归预测。

如果因变量 Y 和自变量 X 之间呈线性相关，也就是说，对于自变量 X 的某一个值，因变量 Y 对应的取值不是唯一确定的，而是有很多可能的取值，它们分布在一条直线的上下，这是因为 Y 还受除自变量以外的其他因素的影响。这些因素的影响大小和方向都是不确定的，通常用一个随机变量（记为 ε）来表示，也称为随机扰动项。于是，Y 和 X 之间的依存关系可表示为：

$$y = a + \beta x + \varepsilon$$

上面就是总体的一元线性回归模型。其中 $\alpha\beta$ 是常数。随机扰动项 ε 是无法直接观测的随机变量。一般为了便于求解，将上述公式表示为：

$$y = a + bx$$

a 和 b 分别为总体回归方程参数 $\alpha|\beta$ 的估计量，a 是样本回归方程的常数项，也就是样本回归直线在 Y 轴上的截距，表示除自变量 X 以外的其他因素对因变量 Y 的平均影响量；b 是样本回归系数，即样本回归直线的斜率，表示自变量 X 每增加一个单位，因变量 Y 的平均增加量。

换句话说，回归算法是一种基于已有数据的预测算法，其目的是研究数据特征因子与结果之间的因果关系。举个经典的例子，表 9-1 为某地区房屋面积与价格之间的对应表。

表 9-1 某地区房屋面积与价格对应表

价格（千元）	面积（平方米）
200	105
165	80
184.5	120
116	70.8
270	150

为了简单起见，在该表中只计算了一个特征值（房屋的面积）和一个结果数据（房屋的价格），因此可以使用数据集构建一个直角坐标系，如图 9-3 所示。

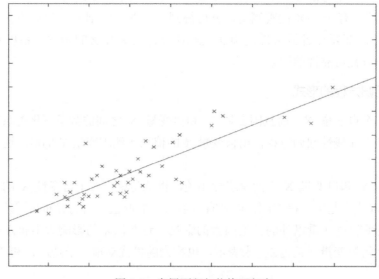

图 9-3 房屋面积与价格回归表

由图 9-3 可见，数据集的目的是建立一个线性方程组，能够对所有的点距离无限地接近，即价格能够根据房屋的面积大小决定。

同时，可以据此得到一个线性方程组：

$$h_\theta(x) = \theta_0 + \theta_1 x$$

更进一步，如果将其设计为一个多元线性回归的计算模型，例如添加一个新的变量：独立卧室数，那么数据表如表 9-2 所示。

表 9-2　某地区房屋面积与价格对应表

价格（千元）	面积（平方米）	卧室（个）
200	105	3
165	80	2
184.5	120	2
116	70.8	1
270	150	4

据此得到的线性方程组为：

$$h_\theta(x) = \theta_0 + \theta_1 x + \theta_2 x$$

可以看到，回归计算的建模能力是非常强大的，其可以根据每个特征去计算结果，能够较好地体现特征值的影响。同时，从上面的内容可以看到，每个回归模型都可以由一个回归函数表现出来，这样能够较好地表现出特征与结果之间的关系。

9.1.3　多元线性回归

除了一元线性回归外，研究一个因变量与两个或两个以上自变量的回归，称为多元线性回归，是反映一种现象或事物的数量依多种现象或事物的数量的变动而相应地变动的规律，建立多个变量之间线性或非线性数学模型数量关系式的统计方法。

多元线性回归的基本原理和基本计算过程与一元线性回归相同，但由于自变量个数多，计算相当麻烦，一般在实际中应用时都要借助统计软件。这里只介绍多元线性回归的一些基本问题。

但由于各个自变量的单位可能不一样，比如一个消费水平的关系式中，工资水平、受教育程度、职业、地区、家庭负担等因素都会影响到消费水平，而这些影响因素（自变量）的单位显然是不同的，因此自变量前系数的大小并不能说明该因素的重要程度，简单来说，同样的工资收入，如果用元为单位就比用百元为单位所得的回归系数要小，但是工资水平对消费的影响程度并没有变，所以得想办法将各个自变量化到统一的单位上来。

举例来说，x_1、x_2、x_3……是 N 个可以精确测量或者可控制的变量，如果变量 y 与多个 x 值的联系是线性的，那么进行 N 次试验后，可以获得 N 组数据，相互关系如下：

$$y_1 = b_0 + b_1 x_{11} + b_2 x_{12} + \cdots + b_p x_{1p} + \varepsilon_1$$
$$y_2 = b_0 + b_1 x_{21} + b_2 x_{22} + \cdots + b_p x_{2p} + \varepsilon_2$$
$$\vdots$$
$$y_n = b_0 + b_1 x_{n1} + b_2 x_{n2} + \cdots + b_p x_{np} + \varepsilon_n$$

其中的多个 b 是待测参数，ε 是随机因子对 y 的影响。

9.1.4 回归法的解法——最小二乘法详解

最小二乘法（LS 算法）是一种数学优化技术，也是一种回归分析的常用解法。它通过最小化误差的平方和寻找数据的最佳函数匹配。利用最小二乘法可以简便地求得未知的数据，并使得这些求得的数据与实际数据之间误差的平方和最小。最小二乘法还可用于曲线拟合，其他一些优化问题也可通过最小化能量或最大化熵用最小二乘法来表达。

下面通过一个图示向读者演示最小二乘法的原理，如图 9-4 所示。

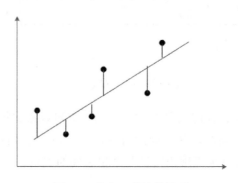

图 9-4　最小二乘法的原理

从图 9-4 可以看到，若干个点依次分布在向量空间中，如果希望找出一条直线和这些点达到最佳匹配，最简单的方法就是希望这些点到直线的值最小，即下面的最小二乘法实现公式最小。

$$f(x) = ax + b$$
$$\delta = \sum (fx_i) - y_i)^2$$

这里直接应用真实值与计算值之间的差的平方和，这种差值有个专门的名称为"残差"。基于此，表达残差的方式有以下三种。

● 范数：残差绝对值的最大值 $\max\limits_{1 \le i \le m} |r_i|$，即所有数据点中残差距离的最大值。
● L1-范数：绝对残差和 $\sum_{i=1}^{m} |r_i|$，即所有数据点残差距离之和。
● L2-范数：残差平方和 $\sum_{i=1}^{m} r_i^2$。

可以看到，所谓的最小二乘法也就是 L2-范数的一个具体应用。通俗地说，就是看模型计算的结果与真实值之间的相似性。

因此，最小二乘法可由如下公式定义：

对于给定的数据 $(x_i,y_i)(i=1,\cdots,m)$，在确定的假设空间 H 中，求解 $f(x) \in H$，使得残差 $\delta = \sum (f(x_i)-y_i)^2$ 的 L2-范数最小。

看到这里，可能有读者会提出疑问，这里的 $f(x)$ 又该如何表示呢？实际上，函数 $f(x)$ 是一条多项式曲线：

$$f(x, w) = w_0 + w_0 x + w_0 x^2 + w_0 x^3 + \cdots + w x^n$$

继续讨论下去，最小二乘法就是找到这么一组权重 w，使得 $\delta = \sum f(x_i) - y_i)^2$ 最小。那么问题就来了，如何能使得最小二乘法最小？

对于求出最小二乘法的结果，通过数学上的微积分处理方法，这是一个求极值的问题，这里只需要对权值依次求偏导数，最后令偏导数为 0，即可求出极值点。

$$\frac{\partial f}{\partial w_0} = 2 \sum_1^m (w_0 + w_1 w_i - y_i) = 0$$

$$\frac{\partial f}{\partial w_1} = 2 \sum_1^m (w_0 + w_1 w_i - y_i) x_i = 0$$

$$\vdots$$

$$\frac{\partial f}{\partial w_n} = 2 \sum_1^m (w_0 + w_n w_i - y_i) x_i = 0$$

具体实现最小二乘法的代码如下。

【程序 9-1】

```python
import numpy as np
from matplotlib import pyplot as plt

A = np.array([[5],[4]])
C = np.array([[4],[6]])
B = A.T.dot(C)
AA = np.linalg.inv(A.T.dot(A))
l=AA.dot(B)
P=A.dot(l)
x=np.linspace(-2,2,10)
x.shape=(1,10)
xx=A.dot(x)
fig = plt.figure()
ax= fig.add_subplot(111)
ax.plot(xx[0,:],xx[1,:])
ax.plot(A[0],A[1],'ko')

ax.plot([C[0],P[0]],[C[1],P[1]],'r-o')
ax.plot([0,C[0]],[0,C[1]],'m-o')

ax.axvline(x=0,color='black')
ax.axhline(y=0,color='black')
```

```
margin=0.1
ax.text(A[0]+margin, A[1]+margin, r"A",fontsize=20)
ax.text(C[0]+margin, C[1]+margin, r"C",fontsize=20)
ax.text(P[0]+margin, P[1]+margin, r"P",fontsize=20)
ax.text(0+margin,0+margin,r"O",fontsize=20)
ax.text(0+margin,4+margin, r"y",fontsize=20)
ax.text(4+margin,0+margin, r"x",fontsize=20)
plt.xticks(np.arange(-2,3))
plt.yticks(np.arange(-2,3))

ax.axis('equal')
plt.show()
```

最终结果如图 9-5 所示。

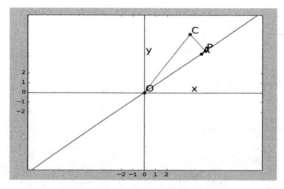

图 9-5　最小二乘法拟合曲线

在【程序 9-1】中，详细演示了最小二乘法的计算，但是在实际应用中并不需要每次使用最小二乘法进行计算时都需要列出详细的方法，Python 有专门的工具包为读者提供计算最小二乘法的方法。

代码段如下：

```
import statsmodels.api as sm
import numpy as np

def 一元线性回归():
    x1 = np.asarray([1, 2, 3, 4, 5, 6, 7, 8, 9, 10])
    y = 10 + 4 * x1

x_ = sm.add_constant(x1)
    model = sm.OLS(y, x_)
results = model.fit()

    print(results.params)
```

这里首先生成了一个序列，之后根据这个序列使用自定义函数生成一个序列值，statsmodels 是 Python 中的统计学工具包。add_constant 生成一个一元的待估参数函数，OLS 是使用 Python 中的最小二乘法去估算生成的函数模型，最后打印结果如下：

```
[10. 4.]
```

这里的打印结果是系数和扰动噪音。读者可以自行替换相关内容。需要注意的是，扰动噪音被放在 params 中的第一个参数处。

而对于多元线性回归算法，代码如下：

```python
import statsmodels.api as sm
import numpy as np

def 多元线性回归():
    x1 = np.asarray([1,2,3,4,5,6,7,8,9,10])
    x2 = np.asarray([3,2,1,5,4,6,7,6,9,2])


    y = 10 + 4 * x1 + 3 * x2
    x_ = np.column_stack((x1, x2))
    x_ = sm.add_constant(x_)


    model = sm.OLS(y,x_)
    results = model.fit()
    print(results.params)
```

这里的参数设置与一元线性回归类似，column_stack 是 NumPy 组建的一个多元回归函数，add_constant 是添加扰动噪音的函数，最后还是通过最小二乘法计算出最小函数的结果。

9.2 回归分析的一些其他计算方法

除了常用的 OLS 方法之外，还有其他的计算线性回归的方法，例如梯度下降算法和使用 Python 的 TensorFlow 工具包计算回归分析。

9.2.1 梯度下降算法与使用 TensorFlow 计算线性回归

除了最常用的 OLS 算法外，梯度下降算法也是一种常用的求解回归方程的算法。在介绍随机梯度下降算法之前，给大家讲一个道士下山的故事。

图 9-6 所示为一个模拟随机梯度下降算法的演示图。为了便于理解，作者将其比喻成道士想要出去游玩的一座山。

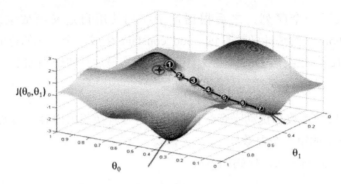

图 9-6　模拟随机梯度下降算法的演示图

设想道士有一天和道友一起到一座不太熟悉的山上去玩，在兴趣盎然中很快登上了山顶。但是天有不测，下起了雨。如果这时需要道士和其同来的道友以最快的速度下山，那么怎么办呢？

最好的办法是顺着坡度最陡峭的地方走下去。但是由于不熟悉路，道士在下山的过程中，每走过一段路程，就需要停下来观望，从而选择最陡峭的下山路。这样一路走下来的话，可以在最短时间内走到底。

图 9-6 中的路线可以近似地表示为：

①　→　②　→　③　→　④　→　⑤　→　⑥　→　⑦

每个数字代表每次停顿的地点，这样只需要在每个停顿的地点选择最陡峭的下山路即可。

这就是道士下山的故事。随机梯度下降算法与此类似，如果想要使用最迅捷的方法，最简单的办法就是在下降一个梯度的阶层后，寻找一个当前获得的最大坡度继续下降。这就是随机梯度算法的原理。

从上面的例子可以看出，随机梯度下降算法就是不停地寻找某个节点中下降幅度最大的那个趋势进行迭代计算，直到将数据收缩到符合要求的范围为止。通过数学公式计算的话，公式如下：

$$f(\theta) = \theta_0 x_0 + \theta_1 x_1 + \cdots + \theta_n x_n = \sum \theta_i x_i$$

前面介绍最小二乘法的时候，说明了直接求解最优化变量的方法，也介绍了在求解过程中的前提条件是要求计算值与实际值的偏差的平方最小。

但是在随机梯度下降算法中，对于系数需要不停地求解出当前位置下最优化的数据。通过数学方式表达的话，就是不停地对系数 θ 求偏导数，公式如下：

$$\frac{\partial}{\partial \theta} f(\theta) = \frac{\partial}{\partial \theta} \frac{1}{2} \sum (f(\theta) - y_i)2 = (f(\theta) - y)x_i$$

公式中，θ 会向着梯度下降最快的方向减少，从而推断出 θ 的最优解。

因此，可以说随机梯度下降算法最终被归结为通过迭代计算特征值从而求出最合适的值。θ 求解的公式如下：

$$\theta = \theta - \alpha(f(\theta) - y_i)\ x_i$$

公式中，α 是下降系数，用较为通俗的话表示就是用以计算每次下降的幅度大小。系数越大，每次计算中的差值越大，而系数越小，差值越小，但是计算时间也相对延长。

随机梯度下降算法模型如图 9-7 所示。

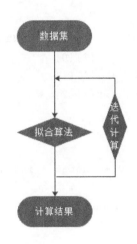

图 9-7　随机梯度下降算法过程

从图 9-7 中可以看到，实现随机梯度下降算法的关键是拟合算法的实现。而本例的拟合算法实现较为简单，通过不停地修正数据值从而达到数据的最优值。

随机梯度下降算法在神经网络特别是机器学习中应用较广，但是由于其天生的缺陷，噪音较多，使得在计算过程中并不是都向着整体最优解的方向优化，往往可能只是一个局部最优解。因此，为了克服这些困难，一个最好的办法是增大数据量，在不停地使用数据进行迭代处理的时候，能够确保整体的方向是全局最优解，或者最优结果在全局最优解附近。

【程序 9-2】

```
x = [(2, 0, 3), (1, 0, 3), (1, 1, 3), (1,4, 2), (1, 2, 4)]
y = [5, 6, 8, 10, 11]

epsilon = 0.002

alpha = 0.02
diff = [0, 0]
max_itor = 1000
error0 = 0
error1 = 0
cnt = 0
m = len(x)

theta0 = 0
```

```
theta1 = 0
theta2 = 0

while True:
    cnt += 1

    for i in range(m):
        diff[0] = (theta0 * x[i][0] + theta1 * x[i][1] + theta2 * x[i][2]) - y[i]
        theta0 -= alpha * diff[0] * x[i][0]
        theta1 -= alpha * diff[0] * x[i][1]
        theta2 -= alpha * diff[0] * x[i][2]

    error1 = 0
    for lp in range(len(x)):
        error1 += (y[lp] - (theta0 + theta1 * x[lp][1] + theta2 * x[lp][2])) **
2 / 2
    if abs(error1 - error0) < epsilon:
        break
    else:
        error0 = error1

print('theta0 : %f, theta1 : %f, theta2 : %f, error1 : %f' % (theta0, theta1,
theta2, error1))
print('Done: theta0 : %f, theta1 : %f, theta2 : %f' % (theta0, theta1, theta2))
print('迭代次数: %d' % cnt)
```

最终结果打印如下:

> theta0 : 0.100684, theta1 : 1.564907, theta2 : 1.920652, error1 : 0.569459
> Done: theta0 : 0.100684, theta1 : 1.564907, theta2 : 1.920652
> 迭代次数: 2118

从结果上看,这里需要迭代 2118 次即可获得最优解。

而使用 TensorFlow 计算一元线性回归和多元线性回归的方法如下:

```
#使用 TensorFlow 进行一元线性回归
def linear_regression(real):

    xs = []
    for _ in range(len(real)):
        xs.append(_)
    xs = np.reshape(xs,(-1,1))
    ys = real
    ys = np.reshape(ys, (-1, 1))
```

```
x = tf.placeholder(tf.float32, [None, 1])
y_ = tf.placeholder(tf.float32, [None, 1])  # y_为测试集结果数据

weight = tf.Variable(tf.zeros([1, 1]))
bias = tf.Variable(tf.zeros([1]))

#y = tf.matmul(x, weight) + bias  #不用矩阵乘法
y = tf.multiply(weight,x) + bias     #简单的线性乘法

loss = tf.reduce_mean(tf.square(y - y_))  #批量线性回归用这个损失函数
train_step = tf.train.AdamOptimizer(0.00001).minimize(loss)

init = tf.global_variables_initializer()

flag = True

with tf.Session() as sess:
    sess.run(init)

    count = 0
    loss_temp = 0
    loss_flag = 0
    while flag:
        feed = {x: xs, y_: ys}
        sess.run(train_step, feed_dict=feed)
        loss_res = sess.run(loss, feed_dict=feed)

        if count%10000 == 0:
            print("正在运行次数为:",count," Loss 为: ",loss_res)

        if loss_temp == loss_res:
            loss_flag += 1
            if loss_flag > 10:
                flag = False
        count += 1
        loss_temp = loss_res

    weight = sess.run(weight)
    bias = sess.run(bias)

    return weight[0][0],bias[0]
```

这里使用 TensorFlow 进行一元线性回归，而使用 TensorFlow 进行多元线性回归的代码

如下：

```
#使用 TensorFlow 进行多元线性回归
def linear_regression(real_Y,real_MAT):

m,n = np.shape(real_MAT)

    real_Y = np.reshape(real_Y, (m, 1))

    real_MAT = np.reshape(real_MAT,(-1,n))
    x_ = tf.placeholder(tf.float32, [None, n])
    y_ = tf.placeholder(tf.float32, [m, 1])   # y_为测试集结果数据

    weight = tf.Variable(tf.ones([n, 1]))
    bias = tf.Variable(tf.ones([1,1]))

    y = tf.matmul(x_, weight) + bias

    loss = tf.reduce_mean(tf.square(y - y_))  #批量线性回归用这个损失函数
    train_step = tf.train.AdamOptimizer(0.01).minimize(loss)

    init = tf.global_variables_initializer()

    flag = True
    with tf.Session() as sess:
        sess.run(init)

        count = 0
        loss_temp = 0
        while flag:

            feed = {x_: real_MAT, y_: real_Y}
            sess.run(train_step, feed_dict=feed)

            loss_res = sess.run(loss, feed_dict=feed)
            loss_res = np.nan_to_num(loss_res)
            # if count%10000 == 0:
            #    print("正在运行次数为:",count," Loss 为: ",loss_res)

            if (loss_temp == loss_res) or (loss_res < 0.001):
                flag = False
            count += 1
            loss_temp = loss_res
```

```
weight = sess.run(weight)
bias = sess.run(bias)
return weight,bias
```

9.2.2　线性回归的姐妹——逻辑回归

最后将少用数学公式而采用浅显易懂的方法解释一些量化策略中用到的基本理论和算法。下面将顺带介绍一下线性回归的姐妹算法——逻辑回归。本小节内容的难度较大，读者可以不看数学理论部分，9.4 节将以实例的方式进行展示。

逻辑回归主要应用于分类领域，其主要作用是对不同性质的数据进行分类标识。逻辑回归是在线性回归的算法上发展起来的，它提供一个系数 θ，并对其求值。基于此，可以较好地提供理论支持和不同的算法，轻松地对数据集进行分类。

图 9-8 是房屋面积与价格回归示意图，在这里使用逻辑回归算法对房屋价格进行了分类。可以看到，其被较好地分成了两部分，这也是在计算时要求区分的内容。

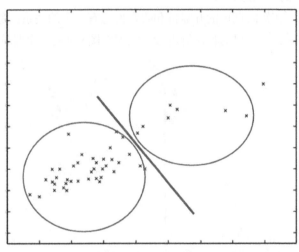

图 9-8　房屋面积与价格回归示意图

逻辑回归的具体公式如下：

$$f(x) = \frac{1}{1 + \exp(-\theta^T x)}$$

与线性回归相同，这里的 θ 是逻辑回归的参数，即回归系数。如果将其进一步变形，使其能够反映二元分类问题，那么公式为：

$$f(y = 1|x, \theta) = \frac{1}{1 + \exp(-\theta^T x)}$$

这里 y 值是由已有的数据集中的数据和 θ 共同决定的。而实际上，这个公式求的是在满足一定条件时，计算最终数据被归于某一类的概率。通过公式表示为：

$$\log(x) = \ln\left(\frac{f(y=1|x,\theta)}{f(y=0|x,\theta)}\right) = \theta_0 + \theta_1 x_1 + \theta_2 x_2 + \cdots + \theta_n x_n$$

通过这个逻辑回归倒推公式可以看到，最终逻辑回归的计算可以转化成由数据集的特征向量与系数 θ 共同完成，然后求得其加权和，得到最终的判断结果。

由前面的数学分析来看，最终逻辑回归问题也可以称为对系数 θ 的求值问题。这里读者只需要知道原理即可。

9.3 实战：回归分析——短时间开盘价与收盘价之间的关系

下面使用一个简单的实例进行介绍。

对于某只股票来说，在短时期内的开盘价和收盘价总有一定的关系，那么如何利用短期的开盘价与收盘价之间的关系去对当日的收盘价进行预测呢？图 9-9 是一个股价的线性回归图。

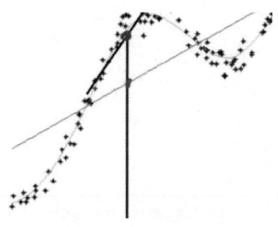

图 9-9　股价的线性回归

9.3.1　量化策略基本思路与简单实现

首先要设计出简单的量化策略，对于使用回归分析进行开盘价和收盘价预测也是如此。基于本例中只是对回归分析做一个简单的演示，设计的量化策略如下：

- 用前 7 日的开盘价和收盘价做线性拟合。
- 根据当日的开盘价去预测当日的收盘价。
- 如果当日开盘价比当日预测的收盘价低就买入，否则卖出。

下面是对策略的实现。在实现策略之前，最好通过一个个程序段对主要策略予以实现。在实际工作中也是如此，首先完善主策略，之后将其包装成只需要传参的函数，代码如下：

【程序 9-3】

```
from gm.api import *
import datetime
import numpy as np
import statsmodels.api as sm

set_token("e8978d765c4822e5a85fcaa73e044065cf17b58b")
day_time, hour_and_mins = str(datetime.datetime.now().strftime('%Y-%m-%d
%H:%M:%S')).split(" ")

symbol = "SZSE.000651"
data = history_n("SZSE.000651",frequency="1d",end_time=
day_time,count=7,fields="close,
open",df=True)

close = data["close"].values
open = data["open"].values

open = sm.add_constant(open)

model = sm.OLS(close, open)

results = model.fit()
bias,weight =(results.params)

print(bias," ", weight)
```

这里使用的是查询方法，打印结果如下：

```
19.9680323625   0.562732442978
```

可以看到通过线性回归分析最终得到一个系数组，分别是线性回归对应的 bias 和 weight，通过拟合函数的构建可以知道，最终结果应该如下：

$$close=bias+open×weight$$

这样可以通过计算获取最终的预测值。

下面将主策略以函数的形式包装起来，通过程序可以发现主策略主要涉及两个主要参数：symbol 与 data，因此可以将这两个参数独立出来作为形参传入，代码如下：

```
def get_predict_close(symbol,now,count = 7):

    last_day = get_previous_trading_date("SHSE",now)
    data =
history_n(symbol,frequency="1d",end_time=last_day,count=count,fields="close,open",
```

```
df=True)

    close = data["close"].values
    open = data["open"].values

    open = sm.add_constant(open)

    model = sm.OLS(close, open)

    results = model.fit()
    bias,weight =(results.params)

    return bias, weight
```

需要注意的是，这里在传参的时候还额外传入了 count 参数，这个的参数被设置成默认的数字 7，读者也可以设置成其他参数。

9.3.2 使用掘金量化实现回测

下面使用掘金量化对策略进行回测，代码如下：

【程序 9-4】

```
import numpy as np
from gm.api import *
import fun
import os
import csv

import datetime
def init(context):
    schedule(schedule_func=algo, date_rule='1d', time_rule='09:31:00')

    context.symbol = "SHSE.601318"

def algo(context):
    now = context.now

    bias,weight = fun.get_predict_close(context.symbol,now,count=7)

    data = history_n(context.symbol, frequency="1d", end_time=now, count=1,
fields="open", df=True)
    pre_close = bias + weight * data["open"].values
    if pre_close > data["open"].values:
        order_target_percent(symbol=context.symbol, percent=1,
```

```
order_type=OrderType_Market,
                                position_side=PositionSide_Long)
    else:
        order_target_percent(symbol=context.symbol, percent=1,
order_type=OrderType_Market,
                                position_side=PositionSide_Long)
def on_backtest_finished(context, indicator):
    pass

if __name__ == "__main__":
    run(
        strategy_id='9f53e15f-6870-11e8-801c-4cedfb681747',
        filename=(os.path.basename(__file__)),
        mode=MODE_BACKTEST,
        token='e8978d765c4822e5a85fcaa73e044065cf17b58b',
        backtest_start_time="2018-01-15 09:30:00",
        backtest_end_time='2018-07-10 15:00:00',
        backtest_initial_cash=10000000,
        backtest_adjust=ADJUST_PREV
    )
```

在本例中，设置的是当预测值大于开盘价时就买入，而预测的收盘价小于开盘价时就卖出，测试结果如图 9-10 所示。

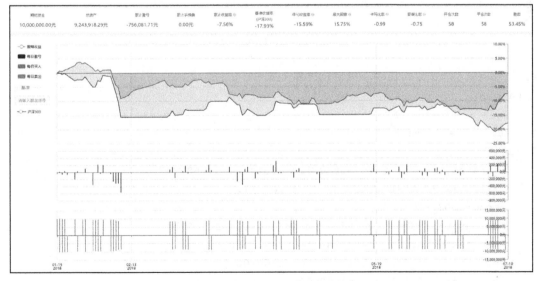

图 9-10　线性回归的回测结果

可以看到这里的胜率并不高，并没有获得较高的额外收益，读者有可能想到，如果将其变化，目前预测的收盘价高于开盘价，而将其转换成预测的收盘价低于开盘价进行买入。代码有了一些变化：

【程序 9-5】

```python
import numpy as np
from gm.api import *
import fun
import os
import csv

import datetime
def init(context):
    schedule(schedule_func=algo, date_rule='1d', time_rule='09:31:00')

    context.symbol = "SHSE.601318"

def algo(context):
    now = context.now
    order_close_all()
    bias,weight = fun.get_predict_close(context.symbol,now,count=7)

    data = history_n(context.symbol, frequency="1d", end_time=now, count=1,
fields="open", df=True)
    pre_close = bias + weight * data["open"].values
    if pre_close < data["open"].values:
        order_target_percent(symbol=context.symbol, percent=1,
order_type=OrderType_Market,
                             position_side=PositionSide_Long)

def on_backtest_finished(context, indicator):
    pass

if __name__ == "__main__":
    run(
        strategy_id='9f53e15f-6870-11e8-801c-4cedfb681747',
        filename=(os.path.basename(__file__)),
        mode=MODE_BACKTEST,
        token='e8978d765c4822e5a85fcaa73e044065cf17b58b',
        backtest_start_time="2018-01-15 09:30:00",
        backtest_end_time='2018-07-10 15:00:00',
        backtest_initial_cash=10000000,
        backtest_adjust=ADJUST_PREV
    )
```

回测结果如图 9-11 所示。

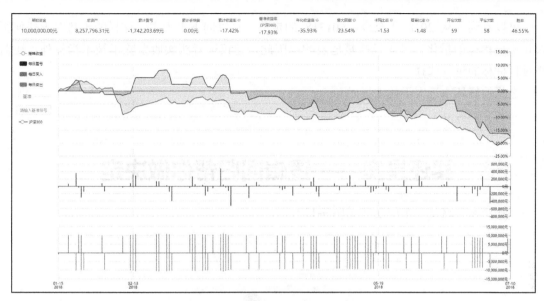

图 9-11 线性回归的回测结果

可能回测结果不像读者想象的那样，能够获取较高的收益，对于胜率的比较，图 9-10 和图 9-11 的胜率分别为 53.45%和 46.55%，这样在一起的和为 100%。

但是问题在于，无论采用哪种方式均无法获取正收益，这里截取并显示 601318 所对应的股票走势图，代码如下：

```
data = history("SHSE.601318",frequency="1d",start_time="2018-01-
15",end_time=day_time,
fields="close",df=True)


close = data["close"].values
plt.plot(close)
plt.show()
```

显示结果如图 9-12 所示。

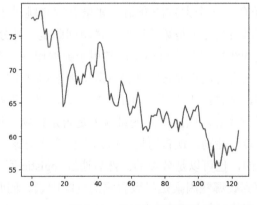

图 9-12 601318 走势图

可以看到，从 2018 年至今，601318 的走势一直以向下走为主，这样的走势对于任何买入和卖出指标的量化交易来说都是危险的。因此，建议读者买卖股票除了技术指标外，还需要对目标标的进行选择。

选择的好坏永远大于技术择时。

9.4 买还是卖——逻辑回归帮你做决定

买还是卖，这是一个问题（见图 9-13）。

图 9-13　买还是卖

对于大多数投资者来说，买或者不买实际上是一种经验的总结，其更多的是通过历史数据的分析做出判断。那么能否提供一种方法，通过模拟历史数据来对未来做出判断，这就是逻辑回归。

9.4.1　逻辑回归是一种分类算法

前面对逻辑回归已经有了一个大致的介绍，如果有读者跳过了其中的数学部分也没关系，你需要记住的就是逻辑回归并不是数值回归，逻辑回归是一种分类算法。

逻辑回归是一种广义的线性回归分析模型，常用于数据挖掘、疾病自动诊断、经济预测等领域。例如，探讨引发疾病的危险因素，并根据危险因素预测疾病发生的概率等。

以胃癌病情分析为例，选择两组人群，一组是胃癌组，另一组是非胃癌组，两组人群必定具有不同的体征与生活方式等。因此，因变量就为是否是胃癌，值为"是"或"否"，自变量就包括很多了，如年龄、性别、饮食习惯、幽门螺杆菌感染等。

自变量既可以是连续的，也可以是分类的。然后通过 logistic 回归分析可以得到自变量的权重，从而可以大致了解到底哪些因素是导致胃癌的危险因素。同时，利用该权值可以根据危险因素预测一个人患癌症的可能性。

逻辑回归的主要用途如下。

- 寻找危险因素：寻找某一疾病的危险因素；
- 预测：如果已经拟合出回归模型，那么可以根据模型预测在不同自变量的情况下发生某病或某种情况的概率有多大。
- 判别：根据逻辑回归模型判断某人属于某病或属于某种情况的概率有多大。

这是逻辑回归最常用的三个用途，实际上逻辑回归的用途是极为广泛的，逻辑回归几乎已经成了流行病学和医学中最常用的分析方法，因为它与多重线性回归相比有很多的优势，后面会对该方法进行详细的阐述。实际上还有很多分类方法，只不过逻辑回归是最成功也是应用最广的方法。

9.4.2 逻辑回归的 TensorFlow 实现

TensorFlow 在前面已经介绍过了，这里将以实际应用为主，介绍使用 TensorFlow 完成以前一日的开盘价、收盘价、最高价、最低价和成交量为因子的逻辑回归。

第一步：数据格式

在构建模型结构时暂时不需要输入数据，但需要制定几个输入特征。从前面介绍的影响因子可以看出，输入特征有以下 5 个。

- 前一日的开盘价：open。
- 前一日的收盘价：close。
- 前一日的最高价：high。
- 前一日的最低价：low。
- 前一日的成交量：volume。

而最后一个量为 flag，这里做了规定，即当日收盘价高于开盘价时，即将值设置成 1，反之为 0。

第二步：数据的获取

下面使用掘金获取数据。

通过分析可以知道，由于在设计策略时已经做出规定，通过计算前一日的 5 个特征值去对第二日的涨跌进行计算，因此数据的获取代码如下：

```
last_day = get_previous_trading_date("SHSE",now)
last_last_day = get_previous_trading_date("SHSE",last_day)

df = history_n(symbol, frequency="1d", end_time=last_last_day, count=60,
fields="open,close,high,low,volume", df=True)
```

这里需要说明，函数中的 now 是当前的日期，通过 get_previous_trading_date 函数获取前一日的日期并进一步获取前两日的日期。这样做的好处在于，数据的计算是根据前日的数据对第二天的涨跌进行判断，而最终的判定因子还是以前一日的涨跌为主。生成的数据如下：

```
close        high         low          open         volume
0    3843.4885    3854.4292    3769.8787    3769.8787    11421952500
1    3828.7014    3838.6921    3817.0320    3824.5930     7817261200
2    3755.4941    3828.7129    3744.8853    3823.3921     8715064100
3    3756.8765    3776.9751    3714.6443    3771.0369     8953172600
4    3763.6460    3787.3025    3744.5476    3769.9250     8330103500
```

这里是以沪深 300 的指数数据为例进行判定的。

下面对指标进行判定。前面已经介绍过了，对于指标的判定采用测试当日的数据涨跌情况作为判定指标，上涨设为 1，而下跌设为 0，代码如下：

```
df["flag"] = 0
for _ in range(1, len(df)):
    res = (df.loc[_ - 1, "close"]) - (df.loc[_ - 1, "open"])
    if (res) > 0:
        df.loc[_, "flag"] = 1
```

可以看到，对于获取的数据集，根据第二日的涨跌设置成 1 或者 0，并且将其设置成 pandas 中的 flag 数据，结果如下：

```
      close        high         low          open         volume        flag
0     3843.4885    3854.4292    3769.8787    3769.8787    11421952500     0
1     3828.7014    3838.6921    3817.0320    3824.5930     7817261200     1
2     3755.4941    3828.7129    3744.8853    3823.3921     8715064100     1
3     3756.8765    3776.9751    3714.6443    3771.0369     8953172600     0
4     3763.6460    3787.3025    3744.5476    3769.9250     8330103500     0
```

这里需要注意的是，flag 是所要计算的第二日的涨跌幅，因此整体数据的长度要小于原始数据长度。

第三步：TensorFlow 中逻辑回归模型的设计

在 TensorFlow 中，对于逻辑回归设计了便于使用的模型，代码如下：

```
classifier = tf.estimator.DNNClassifier(
    # 这个模型接受哪些输入的特征
    feature_columns=symbol_feature_columns,
    # 包含两个隐藏层，每个隐藏层包含 10 个神经元
    hidden_units=[128, 128],
    # 最终结果要分成的几类
    n_classes=2)
```

这里的 tf.estimator.DNNClassifier 函数指的是使用了 TensorFlow 中自带的逻辑回归函数，hidden_units 参数使用 list 设置了隐藏层中的神经元个数以及最终的分类数。

```
def train_func(train_x,train_y):
    dataset=tf.data.Dataset.from_tensor_slices((dict(train_x), train_y))
    dataset = dataset.shuffle(1000).repeat().batch(100)
    return dataset
```

　　train_func 是准备训练集函数，这里设置了训练参数和训练结果值，并且对数据进行了打乱处理，最终将打乱后的结果返回。

```
classifier.train(
    input_fn=lambda:train_func(train_x,train_y),
    steps=1000)
```

　　下面是训练函数，这里使用上文的训练数据集进行输出。

```
def predict_input_fn(features, labels, batch_size):
    features = dict(features)
    if labels is None:
        # No labels, use only features.
        inputs = features
    else:
        inputs = (features, labels)
        dataset = tf.data.Dataset.from_tensor_slices(inputs)

        assert batch_size is not None, "batch_size must not be None"
        dataset = dataset.batch(batch_size)
        return dataset
```

　　这里是输出函数，将待测数据放入函数中，使用训练好的模型和参数进行测试。
　　整体代码段如下：

```
def get_check_flag(symbol,now):

    last_day = get_previous_trading_date("SHSE",now)
    last_last_day = get_previous_trading_date("SHSE",last_day)

    df = history_n(symbol, frequency="1d", end_time=last_last_day, count=60,
fields="open,close,high,low,volume", df=True)

    df["flag"] = 0

    for _ in range(1, len(df)):
        res = (df.loc[_ - 1, "close"]) - (df.loc[_ - 1, "open"])
        if (res) > 0:
            df.loc[_, "flag"] = 1

    train_x, train_y = df, df.pop('flag')
```

```python
    symbol_feature_columns = []
    for key in train_x.keys():
        symbol_feature_columns.append(tf.feature_column.numeric_column(key=key))

    classifier = tf.estimator.DNNClassifier(
        # 这个模型接受哪些输入的特征
        feature_columns=symbol_feature_columns,
        # 包含两个隐藏层，每个隐藏层包含 10 个神经元
        hidden_units=[128, 128,128],
        # 最终结果要分成几类
        n_classes=2)

    def train_func(train_x,train_y):
        dataset=tf.data.Dataset.from_tensor_slices((dict(train_x), train_y))
        dataset = dataset.shuffle(1000).repeat().batch(100)
        return dataset

    classifier.train(
        input_fn=lambda:train_func(train_x,train_y),
        steps=1000)

    def predict_input_fn(features, labels, batch_size):
        features = dict(features)
        if labels is None:
            # No labels, use only features.
            inputs = features
        else:
            inputs = (features, labels)
        dataset = tf.data.Dataset.from_tensor_slices(inputs)

        assert batch_size is not None, "batch_size must not be None"
        dataset = dataset.batch(batch_size)
        return dataset


    df = history_n(symbol, frequency="1d", end_time=last_day, count=1,
fields="open,close,high,low,volume", df=True)
    test =
[df["open"].values,df["close"].values,df["high"].values,df["low"].values,df["v
olume"].values]

    test_data = pd.DataFrame({'open':test[0],'close':test[1],'high':test[2],
'low':test[3],'volume':test[4]},index=[0])
```

```
predict_result = []
predictions = classifier.predict(
        input_fn=lambda:predict_input_fn(test_data,labels=None,batch_size=1))
for predict in predictions:
    predict_result.append(predict['probabilities'].argmax())

return  (predict_result)
```

通过模型训练前 60 日的涨跌情况判断当日的涨跌情况，并将数据返回。若返回值是 1，则为买入信号，若返回值为 0，则为卖出信号。

9.4.3　使用 TensorFlow 的逻辑回归进行回测

下面使用逻辑回归的策略进行数据回测。使用的是沪深 300 指数作为买卖标的，代码如下：

【程序 9-6】

```
import numpy as np
from gm.api import *
import 单股票的逻辑回归分析 as fun
import os
import csv

import datetime
def init(context):
    schedule(schedule_func=algo, date_rule='1d', time_rule='09:31:00')

    context.symbol = "SHSE.000300"

def algo(context):
    now = context.now
    order_close_all()
    flag = fun.get_check_flag(context.symbol,now)
    print(flag)

    if flag:
        order_target_percent(symbol=context.symbol, percent=1,
order_type=OrderType_Market,
                                position_side=PositionSide_Long)
def on_backtest_finished(context, indicator):
    pass

if __name__ == "__main__":
    run(
        strategy_id='9f53e15f-6870-11e8-801c-4cedfb681747',
        filename=(os.path.basename(__file__)),
        mode=MODE_BACKTEST,
```

```
token='e8978d765c4822e5a85fcaa73e044065cf17b58b',
backtest_start_time="2018-01-15 09:30:00",
backtest_end_time='2018-07-10 15:00:00',
backtest_initial_cash=10000000,
backtest_adjust=ADJUST_PREV
)
```

这里导入的主策略判定就是前面所设置的逻辑回归模型，根据值的判定从而决定数据的买卖。最终结果如图 9-14 所示。

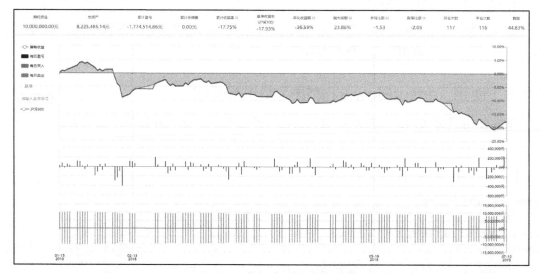

图 9-14　逻辑回归的回测结果

这里可以看到，回测曲线非常好地拟合了沪深 300 的走势，但是由于在回测期间沪深300 为下跌状态，因此其收益为负。

此时，如果把买入指标和卖出指标互换，那么回测结果如图 9-15 所示。

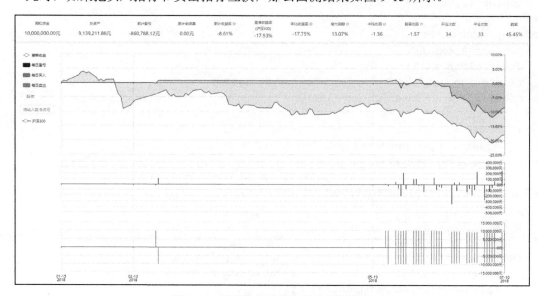

图 9-15　买卖指标互换之后的回测结果

这里可以看到，对于买卖指标进行互换，收益并没有改善多少，因此可以说，简单改变买卖指标进行股票的买卖对于收益并没有多少影响。

这里有一点需要注意，对于胜率来说，图 9-14 和图 9-15 的胜率和为 90%，而不是前面所写的 100%，这里可能是产生了数据缺失，请读者注意。

9.5 机器学习策略——支持向量机

本节将简略介绍支持向量机的用法。

支持向量机是机器学习的一种，相对于线性回归和逻辑回归来说，支持向量机实际上是一种有监督的机器学习算法。将机器学习算法应用于股市分类中，与上一节的逻辑回归类似，实际上也是通过训练模型学习不同因子对未来的走势的影响去做出判断。

9.5.1 支持向量机的基本概念

支持向量机解决的是有监督的二元分类问题（supervised binary classification）。

例如，对于股票市场来说，对于某只股，希望根据它的属性以及一系列已经分类好的历史样本，将这个新样本分到两个不同的目标类中的某一类。

股市的涨跌识别就是一个例子：一只股票在股市中每日的行情要么涨要么跌。因此，对于股票的走势判定，我们希望机器学习算法能够自动对它分类。为此，我们首先通过人工对大量的历史数据进行标识，然后用这些标识后的历史数据对机器学习算法进行训练。

在处理这类分类问题时，SVM 的作用对象是样本的特征空间（feature space），它是一个有限维度的向量空间，每个维度对应着样本的一个特征，而这些特征组合起来可以很好地描述被分类的样本。

为了对新的样本分类，SVM 算法会根据历史数据在特征空间内构建一个超平面（hyperplane），它将特征空间线性分割为两部分，对应着分类问题的两类，分别位于超平面的两侧。构建超平面的过程就是模型训练过程。对于一个给定的新样本，根据它的特征值，它会被放在超平面两侧中的某一侧，这便完成了分类。不难看出，SVM 是一个非概率的线性分类器。这是因为 SVM 模型回答的是非此即彼的问题，新样本会被确定地分到两类中的某一类。

在数学表达上，每一只股票的历史样本点由一个$(\mathbf{X}, y)$元组表示，其中粗体的 $\mathbf{X}$ 是特征向量，即 $\mathbf{X} = (x_1, ..., x_p)$，而其中每一个 x_j 代表股票的某一个特征，而 y 代表该样本的已知分类（通常用+1 和 0 表示涨和跌）。SVM 会根据这些给定的历史数据来训练算法的参数，找到最优的线性超平面。

理想情况下，这个超平面可以将两类涨跌完美的分开（即没有错分的情况）。对于给定的训练数据，可以将它们完美分开的超平面很可能不是唯一的，比如一个超平面稍微旋转一个角度，便得到一个仍然能够完美分割的超平面。在众多能够实现分类的超平面中，只有一个是最优的。

在实际应用中，很多数据并非是线性可分的。SVM 的强大之处在于，它不仅仅局限于是一个高维空间的线性分类器。它通过非线性的核函数（kernel functions）把原始的特征空间映射到更高维的特征空间（可以是无限维的），在高维空间中再将这些样本点线性分割。高维空间的线性分割对应着原始特征空间的非线性分割，因此在原始特征空间中生成了非线性的决策边界。此外，这么做并不以增加计算机的计算负担为代价。因此，SVM 相当高效。

9.5.2 使用支持向量机进行回测

对于这部分内容，由于难度关系，只给出回测代码，有兴趣的读者可以自行研究完成。

策略的判定：

- 选取 7 个特征变量组成滑动窗口长度为 15 天的训练集，随后训练一个二分类（上涨/下跌）的支持向量机模型。
- 若没有仓位，则在每个星期一的时候输入标的股票近 15 个交易日的特征变量进行预测，并在预测结果为上涨的时候购买标的。
- 若已经持有仓位，则在盈利大于 10%的时候止盈，在星期五损失大于 2%的时候止损。
- 特征变量为：收盘价/均值、现量/均量、最高价/均价、最低价/均价、现量、区间收益率、区间标准差。

【程序 9-7】

```
# coding=utf-8
from __future__ import print_function, absolute_import, unicode_literals
from datetime import datetime
import numpy as np
from gm.api import *
import sys
try:
    from sklearn import svm
except:
    print('请安装 scikit-learn 库和带 mkl 的 numpy')
    sys.exit(-1)

def init(context):
    # 订阅浦发银行的分钟 bar 行情
    context.symbol = 'SHSE.600000'
    subscribe(symbols=context.symbol, frequency='60s')
    start_date = '2016-03-01'  # SVM 训练起始时间
    end_date = '2017-06-30'  # SVM 训练终止时间
    # 用于记录工作日
```

```python
# 获取目标股票的daily历史行情
recent_data = history(context.symbol, frequency='1d', start_time=start_date,
end_time=end_date, fill_missing='last',
                      df=True)
days_value = recent_data['bob'].values
days_close = recent_data['close'].values
days = []
# 获取行情日期列表
print('准备数据训练SVM')
for i in range(len(days_value)):
    days.append(str(days_value[i])[0:10])
x_all = []
y_all = []
for index in range(15, (len(days) - 5)):
    # 计算三星期共15个交易日相关数据
    start_day = days[index - 15]
    end_day = days[index]
    data = history(context.symbol, frequency='1d', start_time=start_day,
end_time=end_day, fill_missing='last',
                   df=True)
    close = data['close'].values
    max_x = data['high'].values
    min_n = data['low'].values
    amount = data['amount'].values
    volume = []
    for i in range(len(close)):
        volume_temp = amount[i] / close[i]
        volume.append(volume_temp)
    close_mean = close[-1] / np.mean(close)  # 收盘价/均值
    volume_mean = volume[-1] / np.mean(volume)  # 现量/均量
    max_mean = max_x[-1] / np.mean(max_x)  # 最高价/均价
    min_mean = min_n[-1] / np.mean(min_n)  # 最低价/均价
    vol = volume[-1]  # 现量
    return_now = close[-1] / close[0]  # 区间收益率
    std = np.std(np.array(close), axis=0)  # 区间标准差
    # 将计算出的指标添加到训练集X
    # features用于存放因子
    features = [close_mean, volume_mean, max_mean, min_mean, vol, return_now,
std]
    x_all.append(features)
# 准备算法需要用到的数据
for i in range(len(days_close) - 20):
    if days_close[i + 20] > days_close[i + 15]:
```

```
        label = 1
    else:
        label = 0
    y_all.append(label)
x_train = x_all[: -1]
y_train = y_all[: -1]
# 训练 SVM
context.clf = svm.SVC(C=1.0, kernel='rbf', degree=3, gamma='auto',
coef0=0.0, shrinking=True, probability=False,
                    tol=0.001, cache_size=200, verbose=False, max_iter=-1,
                    decision_function_shape='ovr', random_state=None)
context.clf.fit(x_train, y_train)
print('训练完成!')
def on_bar(context, bars):
    bar = bars[0]
    # 获取当前年月日
    today = bar.bob.strftime('%Y-%m-%d')
    # 获取数据并计算相应的因子
    # 于星期一的 09:31:00 进行操作
    # 当前 bar 的工作日
    weekday = datetime.strptime(today, '%Y-%m-%d').isoweekday()
    # 获取模型相关的数据
    # 获取持仓
    position = context.account().position(symbol=context.symbol,
side=PositionSide_Long)
    # 如果 bar 是新的星期一且没有仓位, 就开始预测
    if not position and weekday == 1:
        # 获取预测用的历史数据
        data = history_n(symbol=context.symbol, frequency='1d', end_time=today,
count=15,
                    fill_missing='last', df=True)
        close = data['close'].values
        train_max_x = data['high'].values
        train_min_n = data['low'].values
        train_amount = data['amount'].values
        volume = []
        for i in range(len(close)):
            volume_temp = train_amount[i] / close[i]
            volume.append(volume_temp)
        close_mean = close[-1] / np.mean(close)
        volume_mean = volume[-1] / np.mean(volume)
        max_mean = train_max_x[-1] / np.mean(train_max_x)
        min_mean = train_min_n[-1] / np.mean(train_min_n)
```

```python
        vol = volume[-1]
        return_now = close[-1] / close[0]
        std = np.std(np.array(close), axis=0)
        # 得到本次输入模型的因子
        features = [close_mean, volume_mean, max_mean, min_mean, vol, return_now,
std]
        features = np.array(features).reshape(1, -1)
        prediction = context.clf.predict(features)[0]
        # 若预测值为上涨，则开仓
        if prediction == 1:
            # 获取昨收盘价
            context.price = close[-1]
            # 把浦发银行的仓位调至 95%
            order_target_percent(symbol=context.symbol, percent=0.95,
order_type=OrderType_Market,
                                 position_side=PositionSide_Long)
            print('SHSE.600000 以市价单开多仓到仓位 0.95')
    # 当涨幅大于 10%，平掉所有仓位止盈
    elif position and bar.close / context.price >= 1.10:
        order_close_all()
        print('SHSE.600000 以市价单全平多仓止盈')
    # 当时间为周五并且跌幅大于 2%时，平掉所有仓位止损
    elif position and bar.close / context.price < 1.02 and weekday == 5:
        order_close_all()
        print('SHSE.600000 以市价单全平多仓止损')
if __name__ == '__main__':
    '''
    strategy_id 策略 ID,由系统生成
    filename 文件名,请与本文件名保持一致
    mode 实时模式:MODE_LIVE 回测模式:MODE_BACKTEST
    token 绑定计算机的 ID,可在系统设置-密钥管理中生成
    backtest_start_time 回测开始时间
    backtest_end_time 回测结束时间
    backtest_adjust 股票复权方式不复权:ADJUST_NONE 前复权:ADJUST_PREV 后复
权:ADJUST_POST
    backtest_initial_cash 回测初始资金
    backtest_commission_ratio 回测佣金比例
    backtest_slippage_ratio 回测滑点比例
    '''
    run(strategy_id='strategy_id',
        filename='main.py',
        mode=MODE_BACKTEST,
        token='token_id',
```

```
backtest_start_time='2017-07-01 09:00:00',
backtest_end_time='2017-10-01 09:00:00',
backtest_adjust=ADJUST_PREV,
backtest_initial_cash=10000000)
```

测试结果如图 9-16 所示。

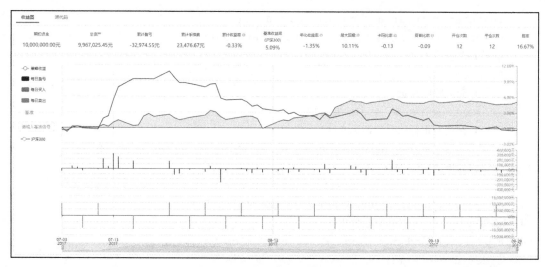

图 9-16　支持向量机回测结果

9.6　小结

本章带领大家进行了线性回归的基础学习，介绍了一元回归和多元回归的基本概念，讲解了回归分析的计算方法。这些内容可能有些难度，希望读者量力而行。

本章使用了一个简单的例子去实践线性回归的拟合方法。虽然这是一个非常简单的例子，但是这个例子可以变化的部分很多，例如可以加入前一日的高低点判定以及将其改成逻辑回归，就像 9.4 节中的示例一样。

9.5 节的支持向量机采用的是机器学习的方法，这也是未来发展的趋势。

本章主要介绍了一些常用的策略算法，无论是线性回归、逻辑回归，还是最后的支持向量机，都是通过建立模型拟合影响因子对真实结果的量化模拟，涉及开盘价、闭盘价、最高价、最低价以及交易量等基本面数据，并且涉及若干"技术性"因子。

第 10 章

◀ 回归模型的经典应用 ▶

回归分析是最常用的量化策略之一。前面在回归模型的基础讲解中，对使用 Python 进行回归模型计算做了介绍，包括使用回归模型对股价进行预测以及使用逻辑回归帮助股票买卖者进行决策等。

事实上，更多的回归模型应用于对股票的基本面数据进行分析，例如经典的 CAPM 模型、Fama-French 三因子模型以及最新的 PB_ROE 模型。这些都是已经应用于现实中的金融市场并获得认同和较好的收益的经典模型。图 10-1 所示为回归模型的示例。

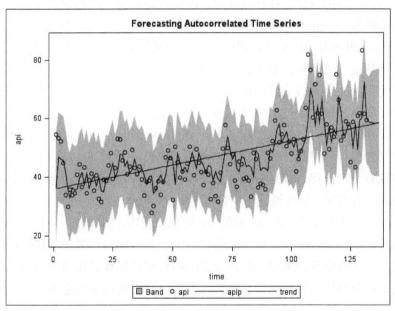

图 10-1　回归模型

本章着重介绍 Fama-French 三因子模型和 PB_ROE 模型，这也是目前常用的模型方法，CAPM 模型由于一些问题被 Fama-French 模型所替代，因此并不重点介绍，只做简单的讲解。

10.1 CAPM 模型简介

资本资产定价模型（Capital Asset Pricing Model，CAPM）是由美国学者夏普（William Sharpe）、林特纳（John Lintner）、特里诺（Jack Treynor）和莫辛（Jan Mossin）等人于1964 年在资产组合理论和资本市场理论的基础上发展起来的。

证券市场中资产的预期收益率与风险资产之间的关系，以及均衡价格的形成原因，是现代金融市场价格的理论支柱，广泛应用于投资决策和公司理财领域。

CAPM 资产定价模型假设所有投资者都按马科维茨的资产选择理论进行投资，对期望收益、方差和协方差等的估计完全相同，投资人可以自由借贷。基于这样的假设，CAPM 资产定价模型研究的重点在于探求风险资产收益与风险的数量关系，即为了补偿某一特定程度的风险，投资者应该获得多少的报酬率。

10.1.1 CAPM 定价模型的提出

马科维茨（Markowitz）的分散投资与效率组合投资理论，第一次以严谨的数理工具向人们展示了一个风险厌恶的投资者在众多风险资产中构建最优资产组合的方法。应该说，这一理论带有很强的规范（normative）意味，告诉投资者应该如何进行投资选择。

但问题是，在 20 世纪 50 年代，即便有了当时刚刚诞生的电脑的帮助，在实践中应用马科维茨的理论仍然是一项烦琐、令人生厌的高难度工作；或者说，与投资的现实世界脱节得过于严重，进而很难完全被投资者采用。美国普林斯顿大学的鲍莫尔（William Baumol）在其 1966 年的一篇探讨马科维茨-托宾体系的论文中就谈到，按照马科维茨的理论，即使以较简化的模式，要从 1500 只证券中挑选出有效率的投资组合，当时每运行一次电脑需要耗费150 美元~300 美元，而如果要执行完整的马科维茨运算，所需的成本至少是前述金额的 50倍，而且还必须有一个前提，就是分析师必须能够持续且精确地估计标的证券的预期报酬、风险及相关系数，否则整个运算过程将变得毫无意义。

正是由于这一问题的存在，从 20 世纪 60 年代初开始，以夏普、林特纳和莫辛为代表的经济学家开始从实证的角度出发，探索证券投资的现实，即马科维茨的理论在现实中的应用能否得到简化。如果投资者都采用马科维茨资产组合理论选择最优资产组合，那么资产的均衡价格将如何在收益与风险的权衡中形成？或者说，在市场均衡状态下，资产的价格如何依风险而确定？

这些学者的研究直接导致了 CAPM 的产生。作为基于风险资产期望收益均衡基础的预测模型之一，CAPM 阐述了在投资者都采用马科维茨的理论进行投资管理的条件下市场均衡状态的形成，把资产的预期收益与预期风险之间的理论关系用一个简单的线性关系表达出来，即认为资产的预期收益率与衡量该资产风险尺度的 β 值之间存在正相关关系。

应该说，作为一种阐述风险资产均衡价格决定的理论，单一指数模型或以之为基础的CAPM 不仅大大简化了投资组合选择的运算过程，使马科维茨的投资组合选择理论朝现实世界的应用迈进了一大步，而且也使得证券理论从以往的定性分析转入定量分析，从规范性转入实证性，进而对证券投资的理论研究和实际操作，甚至整个金融理论与实践的发展都产生了巨大影响，成为现代金融学的理论基础。

当然，近几十年，作为资本市场均衡理论模型关注的焦点，CAPM 的形式已经远远超越了夏普、林特纳和莫辛提出的传统形式，有了很大的发展，如套利定价模型、跨时资本资产定价模型、消费资本资产定价模型等，目前已经形成了一个较为系统的资本市场均衡理论体系。

10.1.2　CAPM 定价模型的公式与假设

当资本市场达到均衡时，风险的边际价格是不变的，任何改变市场组合的投资所带来的边际效果是相同的，即增加一个单位的风险所得到的补偿是相同的。按照 β 的定义，代入均衡资本市场条件下，得到资本资产定价模型。

1. CAPM 的定价模型

定价模型如下：

$$Ra=rf+\beta a\times(rm-rf)$$

- rf（Risk Free Rate）是无风险回报率（相对于一年期国债）。
- βa 是证券的 Beta 系数。
- rm 是市场期望的回报率（Expected Market Return）。
- rm−rf 是股票市场溢价（Equity Market Premium，EMP）。

CAPM 公式中的右边第一个是无风险收益率，其一般使用一年期国债。如果股票投资者需要承受额外的风险，那么将需要在无风险回报率的基础上多获得相应的溢价。股票市场溢价就等于市场期望回报率减去无风险回报率。证券风险溢价就是股票市场溢价和一个 β 系数的乘积。

2. CAPM 定价模型的假设

但是事实上，CAPM 定价模型需要大量的假设，归类如下：

- 投资者希望财富越多越好，效用是财富的函数，财富又是投资收益率的函数，因此可以认为效用为收益率的函数。
- 投资者能事先知道投资收益率的概率分布为正态分布。
- 投资风险用投资收益率的方差或标准差标识。
- 影响投资决策的主要因素为期望收益率和风险两项。
- 投资者都遵守主宰原则（Dominance Rule），即同一风险水平下，选择收益率较高的证券；同一收益率水平下，选择风险较低的证券。
- 可以在无风险折现率 R 的水平下无限制地借入或贷出资金。
- 所有投资者对证券收益率概率分布的看法一致，因此市场上的效率边界只有一条。

- 所有投资者具有相同的投资期限，而且只有一期。
- 所有的证券投资可以无限制地细分，在任何一个投资组合里可以含有非整数股份。
- 买卖证券时没有税负及交易成本。
- 所有投资者可以及时免费获得充分的市场信息。
- 不存在通货膨胀，且折现率不变。
- 投资者具有相同预期，即他们对预期收益率、标准差和证券之间的协方差具有相同的预期值。

上述假设表明：第一，投资者是理性的，而且严格按照马科维茨模型的规则进行多样化的投资，并将从有效边界的某处选择投资组合；第二，资本市场是完美/完全市场，没有任何摩擦阻碍投资。

但是问题在于，这些假设太过于完美主义，任何一个现实中的交易者或者现实中的股票交易场所都不可能达到 CAPM 的要求。

3. CAPM 资本资产定价模型的优缺点

（1）优点

- CAPM 最大的优点在于简单、明确。它把任何一种风险证券的价格都划分为三个因素：无风险收益率、风险的价格和风险的计算单位，并把这三个因素有机结合在一起。
- CAPM 的另一优点在于它的实用性。它使投资者可以根据绝对风险而不是总风险来对各种竞争报价的金融资产做出评价和选择。这种方法已经被金融市场上的投资者广为采纳，用来解决投资决策中的一般性问题。

（2）局限性

当然，CAPM 也不是尽善尽美的，它本身存在着一定的局限性，表现在：

- 假设市场处于完善的竞争状态。但是，实际操作中完全竞争的市场是很难实现的，"做市"时有发生。
- 假设投资者的投资期限相同且不考虑投资计划期之后的情况。但是，市场上的投资者数目众多，他们的资产持有期间不可能完全相同，而且现在进行长期投资的投资者越来越多，所以这个假设就变得不那么现实了。
- 假设投资者可以不受限制地以固定的无风险利率借贷，这一点也是很难办到的。
- 假设市场无摩擦。但实际上，市场存在交易成本、税收和信息不对称等问题。
- "理性人假设"和"一致预期假设"。这两个假设也是一种理想状态。

10.1.3　CAPM 中 Beta 的定义

CAPM 中的 Beta 值与在前面用于衡量股票变动性的 Beta 值相似，这里请读者注意。

按照 CAPM 的规定，Beta 系数是用以度量一项资产系统风险的指针，是用来衡量一种证券或一个投资组合相对总体市场的波动性（volatility）的一种风险评估工具。

也就是说，如果一只股票的价格和市场的价格波动性是一致的，那么这只股票的 Beta 值就是 1。如果一只股票的 Beta 值是 1.5，就意味着当市场上升 10%时，该股票价格上升 15%；而市场下降 10%时，股票的价格亦会下降 15%。

Beta 值是通过统计分析同一时期市场每天的收益情况以及单个股票每天的价格收益来计算的。1972 年，经济学家费歇尔·布莱克 （Fischer Black）、迈伦·斯科尔斯（Myron Scholes）等在他们发表的论文《资本资产定价模型：实例研究》中，通过研究 1931 年到 1965 年纽约证券交易所股票价格的变动，证实了股票投资组合的收益率和它们的 Beta 值间存在着线性关系，如图 10-2 所示。

当 Beta 值处于较高位置时，投资者便会因为股份的风险高而相应地提升股票的预期回报率。例如，如果一个股票的 Beta 值是 2.0，无风险回报率是 3%，市场回报率（Market Return）是 7%，那么市场溢价（Equity Market Premium） 就是 4%（7%-3%），股票风险溢价（Risk Premium）为 8%（2×4%，用 Beta 值乘以市场溢价），那么股票的预期回报率则为 11%（8%+3%，即股票的风险溢价加上无风险回报率）。

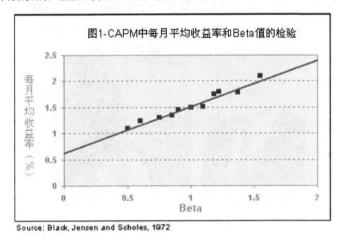

图 10-2　CAPM 中的 Beta 值

理论上来说，一个风险投资者需要得到的溢价可以通过 CAPM 计算出来。换句话说，我们可以通过 CAPM 知道当前股票的价格是否与其回报相吻合。

但是事实上，在计算某些股票时，由于缺乏历史数据，其 Beta 值不易估计。此外，由于经济不断发展变化，各种证券的 Beta 值也会产生相应的变化，依靠历史数据估算出的 Beta 值对未来的指导作用也要打折扣。因此，Beta 值的计算有时候难以确认。

对于 CAPM 模型的设计和回测，这里不再详细介绍，有兴趣的读者可自行完成。

43 l2　Fama-French 三因子模型

CAPM 作为一种资产定价模型统治了金融市场很长一段时间。直到后来，Fama 和 French（见图 10-3）两个人研究股票超额收益率的时候发现了一个神奇的现象：有两类股票的历史平均收益率会高于一般人们所预测的收益率。它们是小公司股票以及具有较高股权账面市值比的股票。

Fama 和 French 分别分析了原因，他们认为：

- 市值比较小的公司通常规模比较小，公司相对而言没那么稳定，因此风险较大，需要获得更高的收益来补偿。
- 此外就是账面市值比。账面市值比就是账面的所有者权益除以市值（以下简称 B/M）。若 B/M 较高，则说明市场上对公司的估值比公司自己的估值更低。这些公司一般都是销售状况或者盈利能力不是十分好的公司，因此相对于低 B/M 的公司来说需要更高的收益来补偿。

一般对于股票收益的解释认为收益风险同源。市场风险是唯一能给股票带来超额收益的风险。但是基于以上两个事实的研究发现，除了市场风险外，Fama-French 认为市场上还存在市值风险、账面市值比风险等，据此建立的模型被称为"Fama-French 三因子模型"。本节旨在深入浅出地介绍三因子模型的思想并提供一个实用的三因子策略。

图 10-3　Fama 和 French

10.2.1　Fama-French 模型的基础公式

1992 年，Fama 和 French 对美国股票市场决定不同股票回报率差异的因素的研究发现，对于传统的股票模型来说，股票市场的 Beta 值不能解释不同股票回报率的差异。在此基础上，有实证研究表明，股票市值、账面市值比、财务杠杆（leverage）和市盈率的倒数（E/P）等指标可以很好地解释股票收益。

于是，Fama 和 French 在 1992 年发表了一篇文章，把这些因子都考虑进去，研究 1963 年~1990 年在 NYSE、AMEX 和 NASDAQ 交易的股票（除金融类股票外）的平均收益和这些因子的关系。在横截面回归（cross-section regression）后发现，在独立检验 4 者对平均收益的影响时，4 者都表现出了很强的解释能力；而在进行多变量回归时，市值和账面市值比这两个因子吸收了另外两个因子的解释能力，成为解释平均收益的决定性变量。公式如下：

$$Ri＝ai+biRm+siE(SMB)+liE(HMI)+\varepsilon i$$

这里的 Ri 指的是股票相对无风险投资（一年期国债）的期望额外收益率。

$$Ri=E(ri-rf)$$

此外，公式中还有一个额外参数 Rm，为市场相对无风险投资的期望超额收益率。

E(SMB)是小市值公司相对大市值公司股票的期望超额收益率，E(HMI)则是高 B/M 公司股票比起低 B/M 公司股票的期望超额收益率，而最后一项是回归残差项。

10.2.2　Fama-French 模型的实现与回测

根据上文的介绍，使用 Fama-French 模型需要对涉及的因子进行相关分析，总结如下：

● 计算市场收益率、个股的账面市值比和市值，并对后两个进行分类。

● 根据分类得到的组合分别计算其市值加权收益率、SMB 和 HML。

● 对各个股票进行回归（假设无风险收益率等于 0）得到 Alpha 值。

● 选取 Alpha 值小于 0，且将 Alpha 值由小到大排列后，值最小的 10 只股票进入标的池。

● 平掉不在标的池的股票并等权买入在标的池的股票。

使用掘金量化的代码实现如下：

【程序 10-1】

```
# coding=utf-8
from __future__ import print_function, absolute_import, unicode_literals
import numpy as np
from gm.api import *
from pandas import DataFrame


def init(context):
    # 每月第一个交易日的 09:40 定时执行 algo 任务
    schedule(schedule_func=algo, date_rule='1m', time_rule='09:40:00')
    print(order_target_percent(symbol='SHSE.600000', percent=0.5,
order_type=OrderType_Market,
                    position_side=PositionSide_Long))
    # 数据滑窗
    context.date = 20
    # 设置开仓的最大资金量
    context.ratio = 0.8
    # 账面市值比的大/中/小分类
    context.BM_BIG = 3.0
    context.BM_MID = 2.0
    context.BM_SMA = 1.0
    # 市值大/小分类
    context.MV_BIG = 2.0
    context.MV_SMA = 1.0
```

```python
# 计算市值加权的收益率，MV 为市值的分类，BM 为账目市值比的分类
def market_value_weighted(stocks, MV, BM):
    select = stocks[(stocks.NEGOTIABLEMV == MV) & (stocks.BM == BM)]
    market_value = select['mv'].values
    mv_total = np.sum(market_value)
    mv_weighted = [mv / mv_total for mv in market_value]
    stock_return = select['return'].values
    # 返回市值加权的收益率的和
    return_total = []
    for i in range(len(mv_weighted)):
        return_total.append(mv_weighted[i] * stock_return[i])
    return_total = np.sum(return_total)
    return return_total


def algo(context):
    # 获取上一个交易日的日期
    last_day = get_previous_trading_date(exchange='SHSE', date=context.now)
    # 获取沪深 300 成分股
    context.stock300 = get_history_constituents(index='SHSE.000300',
start_date=last_day,

end_date=last_day)[0]['constituents'].keys()
    # 获取当天有交易的股票
    not_suspended = get_history_instruments(symbols=context.stock300,
start_date=last_day, end_date=last_day)
    not_suspended = [item['symbol'] for item in not_suspended if not
item['is_suspended']]
    fin = get_fundamentals(table='tq_sk_finindic', symbols=not_suspended,
start_date=last_day, end_date=last_day,
                           fields='PB,NEGOTIABLEMV', df=True)
    # 计算账面市值比，为 P/B 的倒数
    fin['PB'] = (fin['PB'] ** -1)
    # 计算市值的 50% 的分位点，用于后面的分类
    size_gate = fin['NEGOTIABLEMV'].quantile(0.50)
    # 计算账面市值比的 30% 和 70% 分位点，用于后面的分类
    bm_gate = [fin['PB'].quantile(0.30), fin['PB'].quantile(0.70)]
    fin.index = fin.symbol
    x_return = []
    # 对未停牌的股票进行处理
    for symbol in not_suspended:
        # 计算收益率
        close = history_n(symbol=symbol, frequency='1d', count=context.date + 1,
```

```
end_time=last_day, fields='close',
                   skip_suspended=True, fill_missing='Last',
adjust=ADJUST_PREV, df=True)['close'].values
     stock_return = close[-1] / close[0] - 1
     pb = fin['PB'][symbol]
     market_value = fin['NEGOTIABLEMV'][symbol]
     # 获取[股票代码. 股票收益率, 账面市值比的分类, 市值的分类, 流通市值]
     if pb < bm_gate[0]:
         if market_value < size_gate:
             label = [symbol, stock_return, context.BM_SMA, context.MV_SMA,
market_value]
         else:
             label = [symbol, stock_return, context.BM_SMA, context.MV_BIG,
market_value]
     elif pb < bm_gate[1]:
         if market_value < size_gate:
             label = [symbol, stock_return, context.BM_MID, context.MV_SMA,
market_value]
         else:
             label = [symbol, stock_return, context.BM_MID, context.MV_BIG,
market_value]
     elif market_value < size_gate:
         label = [symbol, stock_return, context.BM_BIG, context.MV_SMA,
market_value]
     else:
         label = [symbol, stock_return, context.BM_BIG, context.MV_BIG,
market_value]
     if len(x_return) == 0:
         x_return = label
     else:
         x_return = np.vstack([x_return, label])
   stocks = DataFrame(data=x_return, columns=['symbol', 'return', 'BM',
'NEGOTIABLEMV', 'mv'])
   stocks.index = stocks.symbol
   columns = ['return', 'BM', 'NEGOTIABLEMV', 'mv']
   for column in columns:
       stocks[column] = stocks[column].astype(np.float64)
   # 计算 SMB.HML 和市场收益率
   # 获取小市值组合的市值加权组合收益率
   smb_s = (market_value_weighted(stocks, context.MV_SMA, context.BM_SMA) +
           market_value_weighted(stocks, context.MV_SMA, context.BM_MID) +
           market_value_weighted(stocks, context.MV_SMA, context.BM_BIG)) / 3
   # 获取大市值组合的市值加权组合收益率
```

217

```
    smb_b = (market_value_weighted(stocks, context.MV_BIG, context.BM_SMA) +
            market_value_weighted(stocks, context.MV_BIG, context.BM_MID) +
            market_value_weighted(stocks, context.MV_BIG, context.BM_BIG)) / 3
    smb = smb_s - smb_b
    # 获取大账面市值比组合的市值加权组合收益率
    hml_b = (market_value_weighted(stocks, context.MV_SMA, 3) +
            market_value_weighted(stocks, context.MV_BIG, context.BM_BIG)) / 2
    # 获取小账面市值比组合的市值加权组合收益率
    hml_s = (market_value_weighted(stocks, context.MV_SMA, context.BM_SMA) +
            market_value_weighted(stocks, context.MV_BIG, context.BM_SMA)) / 2
    hml = hml_b - hml_s
    close = history_n(symbol='SHSE.000300', frequency='1d', count=context.date
+ 1,
                    end_time=last_day, fields='close', skip_suspended=True,
                    fill_missing='Last', adjust=ADJUST_PREV,
df=True)['close'].values
    market_return = close[-1] / close[0] - 1
    coff_pool = []
    # 对每只股票进行回归获取其 alpha 值
    for stock in stocks.index:
        x_value = np.array([[market_return], [smb], [hml], [1.0]])
        y_value = np.array([stocks['return'][stock]])
        # OLS 估计系数
        coff = np.linalg.lstsq(x_value.T, y_value)[0][3]
        coff_pool.append(coff)
    # 获取 alpha 最小并对小于 0 的 10 只股票进行操作(若少于 10 只，则全部买入)
    stocks['alpha'] = coff_pool
    stocks = stocks[stocks.alpha < 0].sort_values(by='alpha').head(10)
    symbols_pool = stocks.index.tolist()
    positions = context.account().positions()
    # 平不在标的池的股票
    for position in positions:
        symbol = position['symbol']
        if symbol not in symbols_pool:
            order_target_percent(symbol=symbol, percent=0,
order_type=OrderType_Market,
                                position_side=PositionSide_Long)
            print('市价单平不在标的池的', symbol)
    # 获取股票的权重
    percent = context.ratio / len(symbols_pool)
    # 买在标的池中的股票
    for symbol in symbols_pool:
        order_target_percent(symbol=symbol, percent=percent,
```

```
order_type=OrderType_Market,
                        position_side=PositionSide_Long)
        print(symbol, '以市价单调多仓到仓位', percent)
if __name__ == '__main__':

    run(strategy_id='63e92f59-1386-11e8-bbe9-902b3463caf1',
        filename='多因子选股.py',
        mode=MODE_BACKTEST,
        token='a71a8083b68e73817e93f7f196b030482abe5939',
        backtest_start_time='2017-01-03 08:00:00',
        backtest_end_time='2017-12-31 16:00:00',
        backtest_adjust=ADJUST_PREV,
        backtest_initial_cash=100000,
        )
```

这里根据 Fama-French 模型的思想对市值进行分类，分成高、中、低三部分，之后根据市值对其进行计算。这是最常用的一种市值计算方法。最终结果如图 10-4 所示。

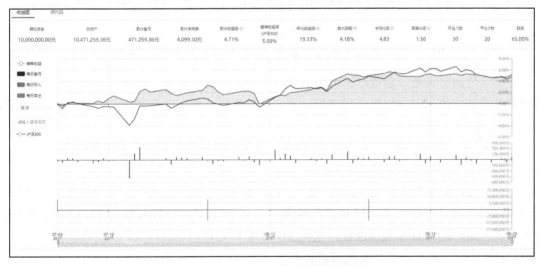

图 10-4　Fama-French 模型回测结果

可以看到，相对在回测时期，Fama-French 模型获得了比较好的成功率，可以较好地获取超额收益。

三因子模型对投资界有深远的影响，将股票按市值和账面市值比这样的特征进行划分，就是其中一例。股票按照市值大小划分为小盘股、中盘股和大盘股，按账面市值比划分为价值型、平衡型和成长型。而衍生的股票指数的编制方式、基金持股风格的划分也受到三因子模型的影响。

Fama-French 在 1993 年提出三因子模型之后，Carhart 在 1997 年提出了动量因子（Momentum）从而得到四因子模型，Fama-French 2015 年在三因子的基础上继续增加了两个因子：盈利能力因子 RMW 和投资因子 CMA，得到五因子模型。三因子模型开启了人们对因子投资的研究，随着对因子的认识不断扩展，除了有风格因子外，还有策略因子，比如介于被动投资和主动投资之间的 Smart Beta 策略。

10.3 PB-ROE 回归模型的使用

PB-ROE 是另一种回归模型。

众所周知，选股的核心思想在于寻找价格低于内在价值的股票，从而获取未来价格修复的收益。具体来看，符合价值投资理念的标的首先要具有良好的基本面，其次要有合理的价格。PB-ROE 选股模型便是价值投资中的一种经典方法。该模型中，ROE 作为基本面指标，用于衡量公司质地是否优良，PB 作为估值指标，用于衡量当前价格是否低估。

10.3.1 PB-ROE 模型介绍

PB-ROE 是英文 Price/Book ratio-Return On Equity 的缩写。其中 PB 与 ROE 的含义如下：

$$PB＝股价/账面价值$$
$$ROE＝[(净利润－优先股股利)/期初普通股股东权益]*100\%$$

账面价值的含义是：总资产－无形资产－负债－优先股权益。而所谓的账面价值，是公司解散清算的价值。因为如果公司清算，那么债要先还，无形资产则将不复存在，而优先股的优先权之一就是清算的时候先分钱。

一般来说，用每股净资产来代替账面价值，PB 就用市净率来替代，而 ROE 又叫股权收益率，ROE 使用净资产收益率来替代。

因此，可以简单地理解 PB-ROE 就是"市净率－净资产收益率"。这个模型的意思是，净资产收益率高的股票，其实净率也应该高些。从图 10-5（可参看本书下载包中的图片文件）可以看到，某年的 A 股市场中，根据 PB-ROE 回归图示化的结果，大多数的股票都在回归曲线的上方，从模型上看，其值都被高估。

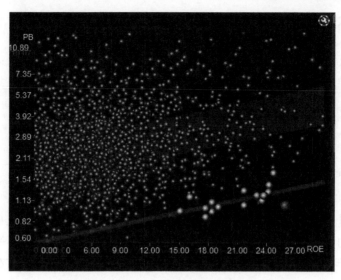

图 10-5　201X 年市场 PB-ROE 模型图示

但是对于严重落在 PB-ROE 回归模型曲线下方的标的股票，并不能简单地认为就是被严重低估，而要综合考察其对应当时的基本面和外部条件是否有严重变化，这样才能选择到好的标的。

10.3.2　PB-ROE 模型的实现

下面使用掘金量化实现 PB-ROE 模型。

第一步：数据表中 PB 值的获取

10.3.1 小节介绍了 PB-ROE 模型的基本概念，对于模型所要使用的数据，掘金量化数据库中有完整的数据存档，在这里直接使用即可。

通过查表可得，ROE 使用的是 ROEAVGCUT，其在 deriv_finance_indicator 中。而 PB 在 trading_derivative_indicator 表中，查询函数如下：

```
def get_fundamentals(table, symbols, start_date, end_date,
fields=None,filter=None, order_by=None, limit=1000, df=False):
```

这里需要注意的是，table 是对应的表名，而 symbols 是批量使用股票列表值同时获取对应的数据。

第二步：获取对应股票列表的 PB 值

```
_df = get_fundamentals(table='trading_derivative_indicator',
symbols=symbol_list, start_date=last_day, end_date=last_day,fields="PB",
df=True)
    if len(_df) == len(symbol_list):
        df["PB"] = _df["PB"]
    else:
```

```
    for number in range(len(symbol_list)):
        try:
            _df = get_fundamentals(table='trading_derivative_indicator',
symbols=symbol_list[number], start_date=last_day,end_date=last_day,
fields="PB")
            _factor_value = tools.get_data_value(_df, "PB")

            df.iloc[number, 1] = _factor_value[0]
        except:
            df.iloc[number, 1] = np.mean(df["PB"])
```

这里首先使用 get_fundamentals 函数读取对应的股票列表的 PB 值，之后对读取的数据进行确认，这样做的目的是防止数据产生确实值，如果测试中的数据长度不等于股票列表的长度，就使用 for 循环单独获取对应的 PB 值，如果产生确实值，就使用已有列表的均值对其进行填充。

而 ROE 数据的获取与 PB 获取一样，代码段如下：

```
_df = get_fundamentals(table='deriv_finance_indicator', symbols=symbol_list,
start_date=last_day, end_date=last_day, fields="ROEAVG", df=True)
    if len(_df) == len(symbol_list):
        df["ROE"] = _df["ROEAVG"]
    else:
        for number in range(len(symbol_list)):
            try:
                _df = get_fundamentals(table='deriv_finance_indicator',
symbols=symbol_list[number], start_date=last_day,end_date=last_day,
fields="ROEAVG")
                _factor_value = tools.get_data_value(_df, "ROEAVG")

                df.iloc[number, 2] = _factor_value[0]
            except:
                df.iloc[number, 2] = np.mean(df["ROE"])
```

下面使用前面介绍的 OLS 方法对数据进行回归分析，代码如下：

```
df = df.dropna()
pb_ = df["PB"].values   # 这是 Y
roe_ = df["ROE"].values  # 这是 X

roe = []
for _ in roe_:
    roe.append(_)
pb = []
for _ in pb_:
```

```
    pb.append(_)

_roe = sm.add_constant(roe)

model = sm.OLS(pb, _roe)
results = model.fit()

bias,weight = (results.params)
```

首先清理缺失值，之后提取对应的 PB 与 ROE 值组成对应数列，OLS 回归计算对应的系数组成相应的回归曲线，如图 10-6 所示。

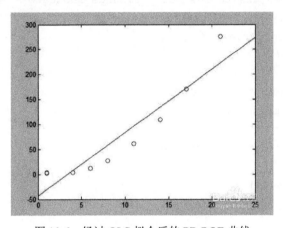

图 10-6　经过 OLS 拟合后的 PB-ROE 曲线

得到对应的参数后，计算单只股票真实 PB 与拟合 PB 的残差，代码如下：

```
df["new_PB"] = bias + df["ROE"]*weight
df["d_value"] = df["PB"] - df["new_PB"]      #这里d_value是残差，大于0是高估，小于0
是低估

df = (df.sort_values(["d_value"]))

symbol_list = []

for _ in df["symbol"].values:
    symbol_list.append(_)
```

这里计算的是对应的残差值，一般认为残差值大于 0 是股票被高估，而残差值小于 0 是被低估。按照残差值由小到大排列，返回列表。

PB_ROE 核心代码如下：

```
def PB_ROE 选股 (_symbol_list, now):
    last_day = get_previous_trading_date("SHSE", now)
```

```
    symbol_list = []
    bank_list = []
    stock_company_list = []
    house_company_list = []
    wine_list = []
    for _ in _symbol_list:
        if (_ not in bank_list) and (_ not in stock_company_list) and (_ not in
house_company_list) and (_ not in wine_list):
            symbol_list.append(_)

    _df = get_fundamentals(table='deriv_finance_indicator', symbols=symbol_list,
start_date=last_day, end_date=last_day, fields='TAGRT,NPGRT', filter="NPGRT >
21 and TAGRT > 20", df=True)
    _df = _df.dropna()
    symbol_list = []
    for _ in _df["symbol"].values:
        symbol_list.append(_)
    white_list = []
    symbol_list = symbol_list + white_list

    df = pd.DataFrame([])
    df["symbol"] = symbol_list

    df["PB"] = -999
    df["ROE"] = -999

    # 求 PB
    _df = get_fundamentals(table='trading_derivative_indicator',
symbols=symbol_list, start_date=last_day, end_date=last_day, fields="PB",
df=True)
    if len(_df) == len(symbol_list):
        df["PB"] = _df["PB"]
    else:
        for number in range(len(symbol_list)):
            try:
                _df = get_fundamentals(table='trading_derivative_indicator',
symbols=symbol_list[number], start_date=last_day, end_date=last_day,
fields="PB")
                _factor_value = tools.get_data_value(_df, "PB")

                df.iloc[number, 1] = _factor_value[0]
            except:
                df.iloc[number, 1] = np.mean(df["PB"])
```

```
# 求 ROE
_df = get_fundamentals(table='deriv_finance_indicator', symbols=symbol_list,
start_date=last_day, end_date=last_day, fields="ROEAVG", df=True)
if len(_df) == len(symbol_list):
    df["ROE"] = _df["ROEAVG"]
else:
    for number in range(len(symbol_list)):
        try:
            _df = get_fundamentals(table='deriv_finance_indicator',
symbols=symbol_list[number], start_date=last_day, end_date=last_day,
fields="ROEAVG")
            _factor_value = tools.get_data_value(_df, "ROEAVG")

            df.iloc[number, 2] = _factor_value[0]
        except:
            df.iloc[number, 2] = np.mean(df["ROE"])

df = df.dropna()
pb_ = df["PB"].values  # 这是 Y
roe_ = df["ROE"].values  # 这是 X

roe = []
for _ in roe_:
    roe.append(_)
pb = []
for _ in pb_:
    pb.append(_)

_roe = sm.add_constant(roe)

model = sm.OLS(pb, _roe)
results = model.fit()
bias, weight = (results.params)
# print(bias," ",weight)
df["new_PB"] = bias + df["ROE"] * weight
df["d_value"]=df["PB"]-df["new_PB"] # 这里 d_value 是残差，大于 0 是高估，小于 0 是低估
df = (df.sort_values(["d_value"]))
symbol_list = []

for _ in df["symbol"].values:
    if (_ not in bank_list) and (_ not in stock_company_list) and (_ not in
house_company_list) and (_ not in wine_list):
```

```
    symbol_list.append(_)

return symbol_list
```

可能有读者会注意到，这里在导入股票列表的时候，分别设置了 3 个黑名单，即证券、银行、地产和酒类（地产和酒类合并在一起）相关股票，属于这三大板块就自动剔除。

这样做的目的是，根据研究，股票市场 PB-ROE 产生不匹配的股票标的大多数集中在证券和银行方面，而酒类由于长期不被投资者关注，也容易产生不匹配的现象。

10.3.3　基于上证 180 的股票回测

前面已经介绍过，不同的指数由于其代表标的的不同，其入选的指标和格式也不尽相同。

上证 180 指数（又称上证成份指数，指数代码 000010）是上海证券交易所对原上证 30 指数进行了调整并更名而成的，其样本股是在所有 A 股股票中抽取最具市场代表性的 180 种样本股票，自 2002 年 7 月 1 日起正式发布。

作为上证指数系列核心的上证 180 指数的编制方案，目的在于建立一个反映上海证券市场的概貌和运行状况、具有可操作性和投资性、能够作为投资评价尺度及金融衍生产品基础的基准指数。

下面将使用上证 180 进行回测工作。

第一步：解析股票池

进行回测工作的第一步是对指数构成的股票进行解析，掘金量化提供了专用的函数对其进行解析，代码如下：

```
def get_symbol_list(index,now):
    try:
        symbol_list = get_history_constituents(index=index,
start_date=now)[0].get("constituents").
keys()
        symbol_list_not_suspended = get_history_instruments(symbols=symbol_list,
start_date=now, end_date=now)
        symbol_list = [item['symbol'] for item in symbol_list_not_suspended if
not item['is_suspended']]

        _symbol_list = symbol_list
        symbol_list = []
        for _ in _symbol_list:
            symbol_list.append(_)
    except:print(index)
    return symbol_list
```

这里 get_history_constituents 函数根据日期对指数进行解析，之后判断当日的个股停牌状态，接着使用一个 list 列表将数据读取出来并返回。

第二步：PB_ROE 的核心选股代码

PB_ROE 核心选股代码采用上一小节中 PB_ROE 排序的计算方法，在这里添加了对酒类、地产和银行等部分需要剔除的标的的代码，同时增加了白名单功能，加入原本不在解析指数内的股票。

```
def PB_ROE选股(_symbol_list, now):
    last_day = get_previous_trading_date("SHSE", now)

    symbol_list = []
    bank_list = tools.get_symbol_list("SHSE.000947", now)
    stock_company_list = tools.get_symbol_list("SZSE.399975", now)
    house_company_list = tools.get_symbol_list("SHSE.000948", now)
    wine_list = tools.get_symbol_list("SZSE.399987", now)
    for _ in _symbol_list:
        if (_ not in bank_list) and (_ not in stock_company_list) and (_ not in
house_company_list) and (_ not in wine_list):
            symbol_list.append(_)

    _df = get_fundamentals(table='deriv_finance_indicator', symbols=symbol_list,
start_date=last_day, end_date=last_day, fields='TAGRT,NPGRT', filter="NPGRT >
21 and TAGRT > 20", df=True)
    _df = _df.dropna()
    symbol_list = []
    for _ in _df["symbol"].values:
        symbol_list.append(_)

    white_list = []
    symbol_list = symbol_list + white_list

    df = pd.DataFrame([])
    df["symbol"] = symbol_list

    df["PB"] = -999
    df["ROE"] = -999

    # 求PB
    _df = get_fundamentals(table='trading_derivative_indicator',
symbols=symbol_list, start_date=last_day, end_date=last_day, fields="PB",
df=True)
    if len(_df) == len(symbol_list):
        df["PB"] = _df["PB"]
```

```
    else:
        for number in range(len(symbol_list)):
            try:
                _df = get_fundamentals(table='trading_derivative_indicator',
symbols=symbol_list[number], start_date=last_day, end_date=last_day,
fields="PB")
                _factor_value = tools.get_data_value(_df, "PB")

                df.iloc[number, 1] = _factor_value[0]
            except:
                df.iloc[number, 1] = np.mean(df["PB"])

    # 求 ROE
    _df = get_fundamentals(table='deriv_finance_indicator', symbols=symbol_list,
start_date=last_day, end_date=last_day, fields="ROEAVG", df=True)
    if len(_df) == len(symbol_list):
        df["ROE"] = _df["ROEAVG"]
    else:
        for number in range(len(symbol_list)):
            try:
                _df = get_fundamentals(table='deriv_finance_indicator',
symbols=symbol_list[number], start_date=last_day, end_date=last_day,
fields="ROEAVG")
                _factor_value = tools.get_data_value(_df, "ROEAVG")

                df.iloc[number, 2] = _factor_value[0]
            except:
                df.iloc[number, 2] = np.mean(df["ROE"])

    df = df.dropna()
    pb_ = df["PB"].values  # 这是 Y
    roe_ = df["ROE"].values  # 这是 X

    roe = []
    for _ in roe_:
        roe.append(_)
    pb = []
    for _ in pb_:
        pb.append(_)

    _roe = sm.add_constant(roe)
    model = sm.OLS(pb, _roe)
    results = model.fit()
```

```
bias, weight = (results.params)
# print(bias," ",weight)


df["new_PB"] = bias + df["ROE"] * weight
df["d_value"]=df["PB"]-df["new_PB"] # 这里 d_value 是残差，大于 0 是高估，小于 0 是低估
df = (df.sort_values(["d_value"]))
symbol_list = []


for _ in df["symbol"].values:
    if (_ not in bank_list) and (_ not in stock_company_list) and (_ not in
house_company_list) and (_ not in wine_list):
        symbol_list.append(_)


return symbol_list
```

第三步：使用 PB_ROE 进行回测

下面使用 PB_ROE 为核心进行股票回测，代码如下：

【程序 10-2】

```
import numpy as np
from gm.api import *
import fun
import os
import csv
from MSCI_tools import msci_tools as tools

import datetime
back_thresord = 0.97

def init(context):
    schedule(schedule_func=algo, date_rule='1d', time_rule='09:31:00')

    context.time_now = str(str(datetime.datetime.now().strftime('%Y-%m-%d
%H:%M:%S')).split(" "))
    print(context.time_now)
    context.symbol_high = {}
    context.symbol_low = {}
    context.num = 8  #测试 7 8 9 最好，夏普对应 0.82    0.91    0.89
    context.count = 1

    context.black_list = {}
    context.flag = True
```

```python
def algo(context):

    now = context.now
    last_day = get_previous_trading_date("SHSE", now)

    target_list = tools.get_symbol_list("SHSE.000010",now)
    """核心选股代码"""
    _symbol_list = fun.get_target_list(target_list, now)
    """核心选股代码"""


    symbol_list = []
    for symbol in _symbol_list:
        symbol_list.append(symbol)

    # 取前多少个标的
    target_list = symbol_list[:context.num]

    # --------------市价单平不在标的池的
    positions = context.account().positions()
    # 如标的池有仓位，平不在标的池的股票仓位

    for position in positions:
        symbol = position['symbol']

        if (symbol not in target_list):
            order_target_percent(symbol=symbol, percent=0,
order_type=OrderType_Market,position_side=PositionSide_Long)

    positions = context.account().positions()
    # 判断已经持有的股
    holded_symbol = []
    for position in positions:
        symbol = position['symbol']
        holded_symbol.append(symbol)

    for symbol in target_list:
        if (symbol not in holded_symbol):
            data = history_n(symbol, frequency="1d", count=2, end_time=now,
fields="close,open", df=True)
            open = data["open"].values
            close = data["close"].values
            if open[-1] < close[0] * 1.08:  # 这里是对涨停板进行甄别，就用这个，用多少天
```

的运算太慢

```
            context.symbol_high[symbol] = 0
            context.symbol_low[symbol] = 9999
            order_target_percent(symbol=symbol, percent=(1. /
(context.num))*0.95, order_type=OrderType_Market,
                                  position_side=PositionSide_Long)
        else:
            pass

def on_backtest_finished(context, indicator):
    print(context.time_now," ",indicator)


if __name__ == "__main__":
    run(
        strategy_id='e98538bc-9378-11e8-9fbc-902b3463caf1',
        filename=(os.path.basename(__file__)),
        mode=MODE_BACKTEST,
        token='e8978d765c4822e5a85fcaa73e044065cf17b58b',
        backtest_start_time="2017-01-01 09:30:00",
        backtest_end_time='2017-12-31 15:00:00',
        backtest_initial_cash=10000000,
        backtest_adjust=ADJUST_PREV
    )
```

这里使用上证 180 对 2017 年全年的数据进行回测，每日对前 5 标的股票进行确定，当股票超出前 5 后剔除，买入新进入的股票。回测结果如图 10-7 所示。

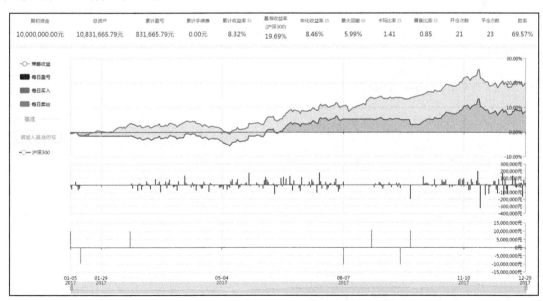

图 10-7 2017 年 PB_ROE 为核心的数据回测结果

可以看到，对于使用上证 180 进行回测，其并没有跑赢当年的沪深 300 指数，这可能由于当时属于"漂亮 50"的权重股涨幅期间造成的普通股涨幅不大。

更多指数回测请读者自行完成。

10.3.4 使用自定义股票池的 PB-ROE 回测

上证 180 是基于已有的指数组合进行股票回测，但是对于不同的投资者来说，根据自己对股票的认识和要求，选择的股票标的也有所不同，因此对于不同的投资者来说，可以根据不同的认知组合不同的股票池。

对于不同的股票组合，一般采用条件选股的模式进行组合。本小节中核心股票的选择方法是 PB-ROE 模型，因此在选择上以 ROE 为主。

第一步：获取全部 A 股代码

实际上，对于全部 3000 多只 A 股来说，部分缺乏流动性或者 ST 以及其他原因不能够被大多数投资者认可的股票并不具有一定的投资价值，因此在选择上可以剔除。在这里选用的是基于中证组合的 A 股入选标的的股票，指数代码如下：

```
index_list_中证规模 = {
"SHSE.000010": "上证180", "SHSE.000016": "上证50", "SHSE.000300": "沪深300",
"SHSE.000903": "中证100","SHSE.000904": "中证200", "SHSE.000905": "中证500",
"SHSE.000906": "中证800", "SHSE.000907": "中证700","SHSE.000852": "中证1000"}
```

根据指数解析股票构成组合的代码如下：

```
#这里是获取全 A 股的股票列表
def get_symbol_set(now):
    index_list = index_lists.index_list_中证规模
    symbol_list = []

    for index in index_list:
        _symbol_list = tools.get_symbol_list(index, now)
        symbol_list += _symbol_list

    bank_list = tools.get_symbol_list("SHSE.000947", now)
    stock_company_list = tools.get_symbol_list("SZSE.399975", now)
    house_company_list = tools.get_symbol_list("SHSE.000948", now)
    wine_list = tools.get_symbol_list("SZSE.399987", now)
    symbol_set = set()
    for _ in symbol_list:
        if (_ not in bank_list) and (_ not in stock_company_list) and (_ not in
house_company_list) and (
                _ not in wine_list):
            symbol_set.add(_)
    print("symbol_set 建立完毕")
```

```
return symbol_set
```

为了剔除重复的股票代码，使用了 set 数据集作为存储容器，其好处是不会产生重复项。

第二步：ROE/ROIC 的方差小于阈值

ROE 的中文解释是净资产收益率，ROIC 是资本回报率，其比值应该在 1 的上下浮动，并且方差小于一个给定的阈值。这里还需要注意的是，ROE 和 ROIC 是基于股票标的基本面公布的数据，每个季度更新一次，因此这里的 count 是向前多少个季度的意思。

代码如下：

```
#第一步：获取ROE/ROIC
symbol_ROE_ROIC_list = []
for symbol in symbol_set:
    try:
        _df = get_fundamentals_n(table='deriv_finance_indicator', symbols=symbol,
count=count, end_date=last_day, fields="ROEAVGCUT,ROIC", df=True)

        if len(_df) < count - 2:
            pass
        else:
            _df = _df.dropna()
            _df["盈利性"] = _df["ROEAVGCUT"] / _df["ROIC"]

            factor = _df["盈利性"].values

            dta = []

            for _ in factor:
                dta.append(_)

            dta_std = np.std(dta)

            if dta_std < std:
                symbol_ROE_ROIC_list.append(symbol)
    except:pass
```

第三步：PETTM 在一个正常水平，即 11<PETTM<27

PETTM 是滚动市盈率的意思，一般要求正常的市盈率在 11~27 之间，代码如下：

```
df = get_fundamentals_n(table='trading_derivative_indicator',
symbols=symbol_PSTTM_list, count=1, end_date=last_day, fields="PETTM", df=True)
    df = df.dropna()
```

```
df = df[df["PETTM"] > 11]
df = df[df["PETTM"] < 27]

symbol_PETTM_list = []
for symbol in df["symbol"].values:
    symbol_PETTM_list.append(symbol)
```

第四步：NPGRT 和 TAGRT 增长率复合要求

```
df = get_fundamentals_n(table='deriv_finance_indicator',
symbols=symbol_PETTM_list, count=1, end_date=last_day, fields="TAGRT,NPGRT",
df=True)

df = df.dropna()
df = df[(df["TAGRT"] > 10) & (df["TAGRT"] < 39) & (df["NPGRT"] > 10) &
(df["NPGRT"] < 39) ]

symbol_GRT_list = []
for symbol in df["symbol"].values:
    symbol_GRT_list.append(symbol)

target_list = symbol_GRT_list
```

全部股票池构建代码如下：

```
def get_target_list_base(now , count = 14, std = 0.11):

    last_day = get_previous_trading_date("SHSE",now)

    symbol_set = get_symbol_set(last_day)
    target_list = []

    #第一步：获取 ROE/ROIC std 校园
    symbol_ROE_ROIC_list = []
    for symbol in symbol_set:
        try:
            _df = get_fundamentals_n(table='deriv_finance_indicator',
symbols=symbol, count=count, end_date=last_day,
                                fields="ROEAVGCUT,ROIC", df=True)

            if len(_df) < count - 2:
                pass
            else:
                _df = _df.dropna()
                _df["盈利性"] = _df["ROEAVGCUT"] / _df["ROIC"]
```

```
            factor = _df["盈利性"].values
            dta = []
            for _ in factor:
                dta.append(_)
            dta_std = np.std(dta)
            if dta_std < std:
                symbol_ROE_ROIC_list.append(symbol)
    except:pass
```

#第二步：这里假设 PETTM 在正常水平，即 11 < PETTM < 27

```
df = get_fundamentals_n(table='trading_derivative_indicator',
symbols=symbol_ROE_ROIC_list, count=1, end_date=last_day, fields="PETTM",
df=True)
df = df.dropna()
df = df[df["PETTM"] > 11]
df = df[df["PETTM"] < 27]

symbol_PSTTM_list = []
for symbol in df["symbol"].values:
    symbol_PSTTM_list.append(symbol)
```

#第三步：NPGRT TAGRT

```
df = get_fundamentals_n(table='deriv_finance_indicator',
symbols=symbol_PETTM_list, count=1, end_date=last_day, fields="TAGRT,NPGRT",
df=True)

df = df.dropna()
df = df[(df["TAGRT"] > 10) & (df["TAGRT"] < 39) & (df["NPGRT"] > 10) &
(df["NPGRT"] < 39) ]

symbol_GRT_list = []
for symbol in df["symbol"].values:
    symbol_GRT_list.append(symbol)

target_list = symbol_GRT_list

return target_list
```

需要注意的是，这里股票池是作者根据自己的认知所构建的，count 为向前多少个季度的计数。

第五步：建立自定义股票池

自定义股票池中使用了 ROE 与 ROIC 的比值，这两个真实值是在季报中出现的，因此更新时采用的是每月更新一次，即选择特定的日期作为股票池更新日期，日期选择如下：

```
data_list_2014 = [
    "2017-01-13", "2017-02-15", "2017-03-15", "2017-04-14", "2017-05-15",
"2017-06-15",
    "2017-07-14", "2017-08-15", "2017-09-15", "2017-10-13", "2017-11-15",
"2017-12-15",
    "2018-01-15", "2018-02-14", "2018-03-15", "2018-04-13", "2018-05-15",
"2018-06-15",
    "2018-07-13"]
```

每月 15 日更新数据，但是需要注意的是，对于 15 日当日休市的股票，作者选择前一个交易日的数据进行更新。

【程序 10-3】

```
from gm.api import *
from MSCI_tools import msci_tools as tools
import numpy as np
from MSCI_tools import 指数列表 as index_lists
#这里是获取全 A 股的股票列表
def get_symbol_set(now):
    index_list = index_lists.index_list_中证规模
    symbol_list = []

    for index in index_list:
        _symbol_list = tools.get_symbol_list(index, now)
        symbol_list += _symbol_list

    bank_list = tools.get_symbol_list("SHSE.000947", now)
    stock_company_list = tools.get_symbol_list("SZSE.399975", now)
    house_company_list = tools.get_symbol_list("SHSE.000948", now)
    wine_list = tools.get_symbol_list("SZSE.399987", now)
    symbol_set = set()
    for _ in symbol_list:
        if (_ not in bank_list) and (_ not in stock_company_list) and (_ not in
house_company_list) and (
                _ not in wine_list):
            symbol_set.add(_)
    print("symbol_set 建立完毕")
    return symbol_set
def get_target_list_base(now , count = 14, std = 0.11):

    last_day = get_previous_trading_date("SHSE",now)
```

```
    symbol_set = get_symbol_set(last_day)
    target_list = []

    #第一步：获取 ROE/ROIC std 校园
    symbol_ROE_ROIC_list = []
    for symbol in symbol_set:
        try:
            _df = get_fundamentals_n(table='deriv_finance_indicator',
symbols=symbol, count=count, end_date=last_day,
                                fields="ROEAVGCUT,ROIC", df=True)

            if len(_df) < count - 2:
                pass
            else:
                _df = _df.dropna()
                _df["盈利性"] = _df["ROEAVGCUT"] / _df["ROIC"]

                factor = _df["盈利性"].values

                dta = []

                for _ in factor:
                    dta.append(_)

                dta_std = np.std(dta)

                if dta_std < std:
                    symbol_ROE_ROIC_list.append(symbol)
        except:pass

    #print(len(symbol_ROE_ROIC_list)) 155

    #第二步：这里假设 PETTM 在正常水平，即 11 < PETTM < 27
    df = get_fundamentals_n(table='trading_derivative_indicator',
symbols=symbol_ROE_ROIC_list, count=1, end_date=last_day,
                        fields="PETTM", df=True)
    df = df.dropna()
    df = df[df["PETTM"] > 11]
    df = df[df["PETTM"] < 27]

    symbol_PSTTM_list = []
    for symbol in df["symbol"].values:
        symbol_PSTTM_list.append(symbol)
```

```
#第三步：NPGRT  TAGRT
df = get_fundamentals_n(table='deriv_finance_indicator',
symbols=symbol_PETTM_list, count=1, end_date=last_day,
                    fields="TAGRT,NPGRT", df=True)

df = df.dropna()
df = df[(df["TAGRT"] > 10) & (df["TAGRT"] < 39) & (df["NPGRT"] > 10) &
(df["NPGRT"] < 39) ]

symbol_GRT_list = []
for symbol in df["symbol"].values:
    symbol_GRT_list.append(symbol)

target_list = symbol_GRT_list

return target_list
data_list_2016 = [
    "2016-08-15", "2016-09-14", "2016-10-14", "2016-11-15", "2016-12-15",
    "2017-01-13", "2017-02-15", "2017-03-15", "2017-04-14", "2017-05-15",
"2017-06-15",
    "2017-07-14", "2017-08-15", "2017-09-15", "2017-10-13", "2017-11-15",
"2017-12-15",
    "2018-01-15", "2018-02-14", "2018-03-15", "2018-04-13", "2018-05-15",
"2018-06-15",
"2018-07-13"]


if __name__ == "__main__":

    set_token("e8978d765c4822e5a85fcaa73e044065cf17b58b")

    data_and_target_list = []

    for data in data_list_2016:
        target_list = get_target_list_base(data)
        while len(target_list) == 0:
            data = get_previous_trading_date("SZSE", data)
            target_list = get_target_list_base(data)
        data_and_target_list.append(target_list)
        print(data, " ", len(target_list), " ", target_list)

        print("--------------------------")
```

```
    file_name = "data_and_target_list_2016" + ".npy"
np.save(file_name, data_and_target_list)
```

这里根据 2016 年至 2018 年 4 月的数据做出股票池，之后将其存储为 data_and_target_list_2016.npy 文件，读者可以自行完成。

第六步：使用自定义股票池进行 PB_ROE 模型选股

下面使用自定义的 PB_ROE 模型对股票池进行回测。首先需要注意的是，由于使用按月组建股票池的策略，因此选择每日对数据进行判定回测的话，需要对日期进行判定，代码如下：

【程序 10-4】

```
import numpy as np
from gm.api import *
import fun
import os
import csv
from MSCI_tools import msci_tools as tools

import datetime
data_list_2016 = [
    "2016-08-15", "2016-09-14", "2016-10-14", "2016-11-15", "2016-12-15",
    "2017-01-13", "2017-02-15", "2017-03-15", "2017-04-14", "2017-05-15",
"2017-06-15",
    "2017-07-14", "2017-08-15", "2017-09-15", "2017-10-13", "2017-11-15",
"2017-12-15",
    "2018-01-15", "2018-02-14", "2018-03-15", "2018-04-13", "2018-05-15",
"2018-06-15",
    "2018-07-13"]

file_data = "data_and_target_list_2016.npy"
arr_list = np.load(file_data)
back_thresord = 0.97
def init(context):
    schedule(schedule_func=algo, date_rule='1d', time_rule='09:31:00')

    context.time_now = str(str(datetime.datetime.now().strftime('%Y-%m-%d
%H:%M:%S')).split(" "))
    print(context.time_now)
    context.symbol_high = {}
    context.symbol_low = {}
    context.num = 8
    context.count = 1
```

```python
    context.black_list = {}
    context.record_file = "record.csv"

    context.data_and_symbol_list = {}
    for _1, _2 in zip(data_list_2016, arr_list):
        context.data_and_symbol_list[_1] = _2

    context.counter = -1
    context.flag = True

def algo(context):

    now = context.now
    day_time, hour_and_mins = str(now).split(" ")

    last_day = get_previous_trading_date("SHSE", now)
    targrt_day = str(day_time).split("-")[-1]

    if int(targrt_day) > 15:
        if context.flag:
            context.counter += 1
            context.flag = False
    else:
        context.flag = True

    target_list = context.data_and_symbol_list[data_list_2016[context.counter]]
    print(day_time," ",data_list_2016[context.counter])   #不要打印了
    """核心选股代码"""
    _symbol_list = fun.get_target_list(target_list, now)
    """核心选股代码"""

    # 这里并没有缩小股票池，将其移到下面取标的之后才缩小股票池
    symbol_list = []
    for symbol in _symbol_list:
        symbol_list.append(symbol)

    # 取前多少个标的
    target_list = symbol_list[:context.num]   # 无黑名单存在，卖掉以后又可以买回

    # --------------市价单平不在标的池的
    positions = context.account().positions()
    # 如标的池有仓位，平不在标的池的股票仓位
```

```
    for position in positions:
        symbol = position['symbol']


        if (symbol not in target_list):
            order_target_percent(symbol=symbol, percent=0,
order_type=OrderType_Market,position_side=PositionSide_Long)


    positions = context.account().positions()
    # 判断已经持有的股
    holded_symbol = []
    for position in positions:
        symbol = position['symbol']
        holded_symbol.append(symbol)


    for symbol in target_list:
        if (symbol not in holded_symbol):
            data = history_n(symbol, frequency="1d", count=2, end_time=now,
fields="close,open", df=True)
            open = data["open"].values
            close = data["close"].values
            if open[-1] < close[0] * 1.08:  # 这里是对涨停板进行甄别，就用这个，用多少天
的运算太慢
                context.symbol_high[symbol] = 0
                context.symbol_low[symbol] = 9999
                order_target_percent(symbol=symbol, percent=(1. /
(context.num))*0.95, order_type=OrderType_Market,
                                 position_side=PositionSide_Long)
            else:
                pass


def on_backtest_finished(context, indicator):
    print(context.time_now," ",indicator)
    res = [context.time_now,file_data,back_thresord,indicator["sharp_ratio"],
indicator["max_drawdown"], indicator["pnl_ratio"],
        indicator["pnl_ratio_annual"],
        indicator]
    writer = csv.writer(open(context.record_file, 'a+', encoding='utf8',
newline=''))
    writer.writerow(res)


if __name__ == "__main__":
    run(
```

```
    strategy_id='e98538bc-9378-11e8-9fbc-902b3463caf1',
    filename=(os.path.basename(__file__)),
    mode=MODE_BACKTEST,
    token='e8978d765c4822e5a85fcaa73e044065cf17b58b',
    backtest_start_time="2016-09-03 09:30:00",
    backtest_end_time='2018-04-20 15:00:00',
    backtest_initial_cash=10000000,
    backtest_adjust=ADJUST_PREV
)
```

这里需要注意作者使用的编程技巧，在 init 函数中形成对应于日期的字典格式文件，之后在每日回测的主程序中对日期进行判定，早于当月 15 日就使用上一次组建的股票池，而晚于 15 日则使用当前的股票池。回测结果请读者自行完成。

10.4 小结

本章主要讨论了回归模型的基础和用法，这是目前最常用的量化分析方法之一。同时，本章还综合运用多因子选股模型为回归分析组成提供了股票池。

可以看到，对于不同的投资者来说，其资金关注的侧重点不同，那么组成的股票池也会有千差万别的选择，这里建议选择那些长期稳定高增长的股票，会给投资者带来丰厚的收益。

多因子和回归分别是量化投资里最主要也是最重要的两个部分，其分别代表对未来的预期以及对现实的反映，这两种量化分析方法相辅相成，既可以交互，也可以独立使用，其决定于投资者的认知能力。

下一章会介绍一个"另类"的量化投资方法，即"配对交易"，有兴趣的读者可以深入学习。

第 11 章

◀ 配对交易的魔力 ▶

大家小时候应该都玩过跷跷板，两个小朋友分作两边，一头翘起来，一头沉下去，一头再翘起来，一头再沉下去，最后两个小朋友都玩得很高兴。

如果说股市交易有一种工具能够像跷跷板这样，有两个"跷跷板"标的，当一头的标的价格低的时候，去买入价格低的投资产品；而当买入的标的价格抬起时，卖出高价股票，买入另一头的低价股票，等待低的那头被抬起后卖出。

可能这里的表述不是很正确，将其引申为本章的配对交易来说，就是基于两只股票的价差来盈利，对于不同的两只股票，一般而言会存在一定的价差，而由于其具有特定的相关性，股价的价差长期来看是保持一种稳定的状态。

但是在实际市场上，由于交易员的非理性行为或者突发事件的存在，打破了这种稳定的价差。

也就是说，两只标的（股票）的价差长期稳定，但是在某个特定事件会出现价差扩大的现象。配对交易就是利用这种价差变化的机会进行牟利，卖出相对被高估的股票，买入相对被低估的股票，等价差减少，股价波动重新趋于稳定时，结束交易并获取收益。

配对策略是一种经典的量化交易策略，配对交易首先要找到合适的配对交易资产标的，而在筛选配对资产的过程中，需要充分掌握一些基本的统计学知识。

11.1　配对交易的基本理论

配对交易实际上就是一种基于统计学的统计建模过程。

进行配对策略最常用的是统计学方面的知识，这里涉及相关系数、均值方差等方面的内容，相信读者应该不陌生。但是除此之外，还有一个新的概念——"协整"。这是为配对交易引入的在计量经济学中特定出现的一个新的名称。本节将对可能涉及的概念进行统一介绍。

11.1.1　相关性分析

相关性的统计与分析是经济学中常用的一种方法。相关性是指当两个因素之间存在联系时，一个典型的表现是：一个变量会随着另一个变量变化。相关又分成正相关和负相关两种情况。

本节我们不讨论正负的相关性，而是要看不同的数据集和中相关性的绝对量。相关性的绝对值越大，可以认为相关性越高。一般来说，取绝对值后，0~0.09 为没有相关性，0.1~0.3 为弱相关，0.3~0.5 为中等相关，0.5~1.0 为强相关。

这里不介绍具体的相关性公式，只介绍使用的方法和代码设计。

第一步：创建数据集

为了简便起见，这里首先使用恒定的线性方程表示两组数据集：

```
arr_a = np.arange(0,100,1)
arr_b = 3 * arr_a + 1
```

这里使用了 NumPy 作为数据的创建库，之后从 0~100 中取出 100 个数据组成一个数组：

```
[0,1,2,3…]
```

而 arr_b 是通过 arr_a 计算出的数据集，这里采用一个线性方程对数据进行计算，并存储数据计算结果。

第二步：计算相关系数

对于相关系数的计算，NumPy 中提供了专门的函数 corrcoef，用于对其内容的相关性进行计算，其结果打印如下：

```
[[ 1.  1.]
 [ 1.  1.]]
```

除了常用的 NumPy 之外，Python 还提供了其他方法计算数据的相关系数。pandas 是另一种常用的计算库文件，同样，也提供了对不同数据集之间的相关度的计算方法。

```
import pandas as pd
arr_a = pd.DataFrame({"arr_a":arr_a})
arr_b = pd.DataFrame({"arr_b":arr_b})
```

这里首先导入了 pandas 库包，之后根据需要生成了对应的 DataFrame 文件，并将其起名为对应的名称。

这样还不行，对于 pandas 来说，相关系数并不是由 pandas 根函数提供的，而是由 DataFrame 对象内置的计算器计算出的。因此，需要将不同的 DataFrame 数组组建成一个新的 DataFrame 数据集。

```
arr = pd.concat([arr_a,arr_b],axis=1)
```

concat 是连接函数，将不同的数据进行连接，axis 是内置参数，用以决定从哪里进行连接，这里由于需要计算不同的数组之间的相关系数，因此选择将数据连接成不同的行，计算不同行之间的相关系数。

```
arr = pd.concat([arr_a,arr_b],axis=1)
corr = arr.corr()
print(corr)
```

这里通过 concat 函数生成了一个新的数据集。需要注意的是，这里在生成新的数据集时，行名称也是被保留的。

通过内置的函数，corr 可以计算数据集之间的相关系数，最终打印结果如下：

```
       arr_a  arr_b
arr_a   1.0    1.0
arr_b   1.0    1.0
```

这里可以看到，除了给出结果外，还加上了对应的名称，这样可以极大地帮助选取对应的数值进行计算。

通过上面的例子可以看到，对于不同的数组，根据相关性计算可以得到对应的相关系数。现在换一部分值重新计算其对应的相关性。

【程序 11-1】

```
import numpy as np
import pandas as pd

arr_a = np.arange(0,100,1)
arr_b = np.random.randint(0,100,100)

arr_a = pd.DataFrame({"arr_a":arr_a})
arr_b = pd.DataFrame({"arr_b":arr_b})

arr = pd.concat([arr_a,arr_b],axis=1)
corr = arr.corr()

print(corr)
```

【程序 11-1】中，arr_a 的数值没有变化，之后 arr_b 通过一个随机函数生成了 100 个 100 以内的随机数。其他相关性的计算方法没有变化，最后打印结果如下：

```
       arr_a      arr_b
arr_a  1.000000  0.060579
arr_b  0.060579  1.000000
```

可以看到，对于采用随机的配对数据，相关系数变得很小，基本上可以忽略不计。因此可以说，两组数据并没有相关性。

11.1.2 均值、方差与协方差

均值又称为平均数，是表示一组数据集中趋势的量数，是指在一组数据中所有数据之和再除以这组数据的个数。它是反映数据集中趋势的一项指标。

NumPy 中也提供了计算均值的函数。

【程序 11-2】

```
import numpy as np

arr_a = np.arange(0,100,1)
mean = np.mean(arr_a)
print(mean)
```

最终打印结果如下：

```
49.5
```

在使用概率论和统计方差衡量随机变量或一组数据时，方差用于度量离散程度。统计学中，方差用来度量随机变量和其数学期望（均值）之间的偏离程度。

【程序 11-3】

```
import numpy as np

arr_a = np.arange(0,100,1)
var = np.var(arr_a)
print(var)
```

最终打印结果如下：

```
833.25
```

可以看到，数据的方差很大，这表明对于数据来说，数值并不是在均值上下均匀分布，而是具有很强的扩散性。

顺便提一下，更多的时候比较数据的均衡性使用的是标准差，也就是方差的平方根。

标准差在概率统计中最常用于统计分布程度上的测量。标准差定义是总体各单位标准值与其平均数离差平方的算术平均数的平方根。它反映组内个体间的离散程度。

【程序 11-4】

```
import numpy as np

arr_a = np.arange(0,100,1)
std = np.std(arr_a)
print(std)
```

请读者自行打印完成。

均值描述的是样本集合的中间点，它告诉我们的信息是很有限的，而标准差描述的是样本集合的各个样本点到均值的距离的平均。

例如[0，8，12，20]和[8，9，11，12]，两个集合的均值都是 10，但显然两个集合差别很大，计算两者的标准差，前者是 8.3，后者是 1.8，显然后者较为集中，故其标准差小一些，标准差描述的就是这种"散布度"。

协方差是关于如何调节协变量对因变量的影响效应，从而更加有效地分析实验处理效应的一种统计技术，也是对实验进行统计控制的一种综合方差分析和回归分析的方法。

相对于用于描述一维数据的标准差和均值，协方差主要用于描述多维数据的数据集之间的关系，其定义公式也是仿照方差的公式而来的。同样使用 pandas 计算不同的数据集之间的协方差，代码如下：

【程序 11-5】

```
import numpy as np
import pandas as pd

arr_a = np.arange(0,100,1)
arr_b = np.random.randint(0,100,100)

arr_a = pd.DataFrame({"arr_a":arr_a})
arr_b = pd.DataFrame({"arr_b":arr_b})

arr = pd.concat([arr_a,arr_b],axis=1)
cov = arr.cov()

print(cov)
```

这里同样是随机生成了两组数据集，之后使用 DataFrame 函数生成既定格式的数据，再将其组合生成一个新的数据组。

cov 是 DataFrame 自带的分析函数，用于分析不同的数据集之间的协方差。打印结果如下：

```
          arr_a       arr_b
arr_a  841.666667   -8.045455
arr_b   -8.045455  834.825354
```

总结一下，协方差、相关系数是紧密相关的，二者都是用来描述两个连续变量的线性相关关系。它们的不同点在于：

● 协方差只表示线性相关的方向，取值正无穷到负无穷。也就是说，协方差为正值，说明一个变量变大，另一个变量也变大；取负值说明一个变量变大，另一个变量变小；取 0 说明两个变量没有相关关系。需要注意的是，协方差的绝对值不反映线性相关的程度。

- 相关系数不仅表示线性相关的方向，还表示线性相关的程度，取值[-1,1]。也就是说，相关系数为正值，说明一个变量变大，另一个变量也变大；取负值说明一个变量变大，另一个变量变小；取 0 说明两个变量没有相关关系。同时，相关系数的绝对值越接近 1，线性关系越显著。通常情况下，取绝对值后，0~0.09 为没有相关性，0.1~0.3 为弱相关，0.3~0.5 为中等相关，0.5~1.0 为强相关。

11.2 协整性的判定与检验

配对交易是一种基于统计建模分析的交易策略，它是通过计算不同股票之间是否具有同样的趋势与走势进行股票交易的策略。

在股市交易中，由于人们的心理作用以及行业内部的周期相似性，同行业中的股票往往具有相同的趋势，同时涨跌受与本行业相关的消息等因素的影响。即使股价在表现上有所偏离，但是最终还是会趋于一致。这种性质被称为"协整性"。

11.2.1 协整性

协整性的解释较为复杂，这里先看两只股票在 2015 年的走势图，如图 11-1 所示。

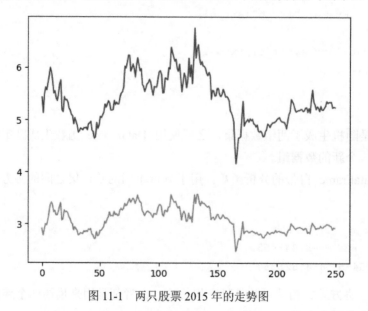

图 11-1 两只股票 2015 年的走势图

从图 11-1 中可以看到，两只股票非常相似，在跌的时候一起下跌，而涨的时候会有共同上涨的趋势。更进一步可以看到，两只股票的价差较为平稳，其在变化过程中，前进的方向也是一致的。这种性质被称为"协整性"。

在继续探讨协整性之前，提出一个新词——平稳性。简单来说，平稳性就是在一个时间序列中不随外界噪音改变而能够保持稳定不变的性质。

图 11-2 中有张图，可以看到上图即使随着时间变动，其值也始终围绕着均值上下波动，形成一个框体；而下图是一个非平稳序列，它并不能形成一个有效的框体，均值也是随时间而变动的。

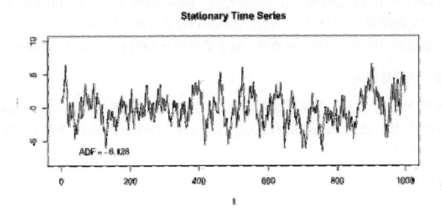

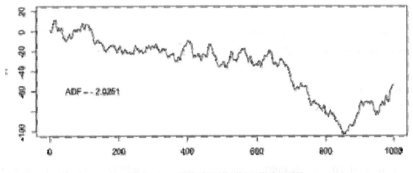

图 11-2　平稳序列和非平稳序列图

前面阐述了协方差与相关系数之间的关系，这里还要说明协整性与相关系数之间的关系。虽然它们比较相似，但是表述的却不是同样的内容，相关系数是对两组数据集直接的相关性进行计算，而协整性是在不同的数据之间计算其差值并对其差值进行分析。

前面介绍了可能会用到的协整性的理论，关于相关性、均值、协方差等的计算和公式，这里就不再阐述了。下一小节主要介绍关于协整性的检验和计算，会涉及一些公式，如果读者觉得理解有困难，可予以略过。

11.2.2　平稳性的检验方法

协整性的第一步是对序列进行平稳性检验。

一般来说，平稳性分为严平稳性和弱平稳性。严平稳性是指一个序列的分布函数始终不变，而弱平稳性是指序列具有不变的统计常量。一般说的平稳性是弱平稳性。在时间序列分析中，常用"单位根检验"来判断一个过程是否为弱平稳性。

具体单位根检验的方法已经超出了本书的范围，有兴趣的同学可以参考"时间序列分析"等方面的图书。

下面介绍如何使用 Python 进行单位根检验。直接编写程序进行单位根检验的方法固然可取，但是 Python 中有专门的库包进行单位根检验。statsmodels 是一个专门用于统计建模的工具集，它包含时间序列的单位根检验函数，因此可以直接对其进行调用。

为了更好地解释协整性的验证和处理，这里采用分布代码段的形式向读者说明。

第一步：创建数据集

这里使用 NumPy 创建一个非平稳数据集，采用一个新的函数 cumsum。cumsum 是一个计算累计数的函数，比如 cumsum(c(1,2,3,4,5))=(1,1+2,1+2+3,1+2+3+4.....)=(1,3,6,10......)，这点请读者自行测试。

【程序 11-6】

```python
import numpy as np
import matplotlib.pyplot as plt
import statsmodels.api as sm

arr_a = np.random.normal(0, 1, 250)
arr_a = np.cumsum(arr_a) + 50

for i in range(250):
    arr_a[i] = arr_a[i] - i / 10
plt.plot(X)
plt.show()
```

arr_a 和 arr_b 是生成的两个数组，arr_a 有一个向上的趋势，而 arr_b 在趋势中加上扰动，其生成结果如图 11-3 所示。

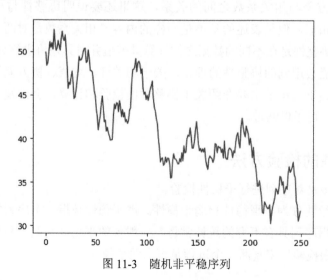

图 11-3　随机非平稳序列

第二步：检测序列的平稳性

在前面已经介绍过了，对平稳性检测需要先对其进行单位根检测，statsmodels 提供的 **adfuller** 函数可以很好地完成单位根检测的计算。其代码如下：

```
import statsmodels.api as sm
st = sm.tsa.stattools.adfuller(arr_a)
print(st)
```

打印结果如下：

```
(-0.032544928790406935, 0.95575645193568282, 0, 249, {'1%': -
3.4568881317725864, '5%': -2.8732185133016057, '10%': -2.5729936189738876},
705.93885714074645)
```

这里有 5 个"，"（大括号内是一个整体），将打印结果分成 6 部分，第一个参数为"Test Statistic"，第四个参数为测试的关键参数点。

对于判定结论，读者需要记住的是，若第一个参数小于第四个参数中的"1%"所对应的值，则可认为序列没有单位根，为平稳序列；若第一个参数大于第四个参数中的"10%"所对应的值，则可认为序列存在单位根，为非平稳序列。完整代码如下：

【程序 11-7】

```
import numpy as np
import statsmodels.api as sm

arr_a = np.random.normal(0, 1, 250)
arr_a = np.cumsum(arr_a) + 50

for i in range(250):
    arr_a[i] = arr_a[i] - i / 10

st = sm.tsa.stattools.adfuller(arr_a)

if st[0] > st[4]['10%']:
    print('存在单位根,为非平稳序列')
elif st[0] < st[4]['1%']:
    print('没有单位根,为平稳序列')
```

打印结果如下：

```
存在单位根,为非平稳序列
```

第三步：采用"差分法"重建序列

对于非平稳序列转化为平稳序列，最简单的办法就是"差分法"。非平稳序列往往一次到两次差分之后，就会变成平稳序列。

那么什么是差分呢？很难吗？

"差分法"就是序列后一点的值减去当前点的值，用公式表示为 $y_t - y_{(t-1)}$。值得注意的是，每一次差分之后，都会少一个序列值。

经过一次差分计算的序列称为"一阶差分"，以此类推，经过 n 次差分计算的序列称为"n 阶序列"。

NumPy 中专门计算差分的函数为 diff。

```python
arr_b = np.diff(arr_a)
```

第四步：重新进行平稳性验证

经过以上分析，重新对创建的序列进行平稳性分析，代码如下：

【程序 11-8】

```python
import numpy as np
import matplotlib.pyplot as plt
import statsmodels.api as sm

arr_a = np.random.normal(0, 1, 250)
arr_a = np.cumsum(arr_a) + 50

for i in range(250):
    arr_a[i] = arr_a[i] - i / 10

st = sm.tsa.stattools.adfuller(arr_a)
if st[0] > st[4]['10%']:
    print('arr_a 存在单位根,为非平稳序列')
elif st[0] < st[4]['1%']:
    print('arr_a 没有单位根,为平稳序列')

arr_b = np.diff(arr_a)
st = sm.tsa.stattools.adfuller(arr_b)

if st[0] > st[4]['10%']:
    print('arr_b 存在单位根,为非平稳序列')
elif st[0] < st[4]['1%']:
    print('arr_b 没有单位根,为平稳序列')

plt.subplot(211)
plt.plot(arr_a)
plt.subplot(212)
plt.plot(arr_b)
plt.show()
```

打印结果如下：

```
arr_a 存在单位根,为非平稳序列
arr_b 没有单位根,为平稳序列
```

可以看到，随机生成的 arr_a 为非平稳序列，而经过差分法处理后的序列 arr_b 被修正为平稳序列，走势图如图 11-4 所示。

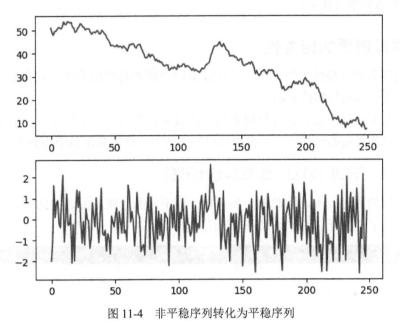

图 11-4　非平稳序列转化为平稳序列

图 11-4 中，上图为随机生成的非平稳序列，而下图是经过差分处理的平稳序列，从图中可以很容易看出，上图的趋势并不确定，只是有一个向下的趋势，这样找到一个将其包围的框体较难，而图 11-4 下图序列的震荡是在一个框体中，因此具有平稳性。

11.3　配对交易

前面介绍了基于单一序列的平稳性的判定，下面介绍配对交易的协整判断及其完整的代码。

11.3.1　配对交易的算法

本节介绍配对交易的具体计算问题。对于配对交易，首先需要掌握其算法步骤，步骤如下：

（1）找出具有较强相关性的股票，建立配对股票模式。这样一般要求其相对系数大于 0.95。

（2）分别检验配对标的的平稳性，一般来说，股票都不会直接是平稳性序列，因此在其基础上检验配对的股票是否具有同阶差分协整性。

（3）做系数回归分析，确立系数和截距值。

（4）用单位根检验新生成的值残差是否平稳，若平稳，则两个时序是协整的，否则结束，实验失败。

（5）根据策略编写代码。

11.3.2　提取股票的相关性

计算不同序列的协整性，第一步就是计算不同序列之间的相关性，只有相关系数较大的股票才能进行下一步的协整性判断。

为了简便起见，这里选择银行板块中的"建设银行"与"农业银行"。需要注意，所针对的标的是经过作者精心选择的，现在可能已经不适用，读者从本例中得到更多的是思路。

第一步：导入所使用的库包，创建回归分析代码

这里所使用的库包较多，因此第一步需要分析不同的股票标的之间的相关系数。而量化掘金网站上提供了相关行业的分类代码，如图 11-5 所示。

图 11-5　证监会二级行业

从获取的二级行业代码可以获取全部证券编号。而根据获取的代码可以获取相关的行业股票代码，完整代码如下：

【程序 11-9】

```
import numpy as np
from gm.api import *
import pandas as pd

set_token("a71a8083b68e73817e93f7f196b030482abe5939")
```

```
symbols  = get_industry("I65")
df = pd.DataFrame()

for symbol in symbols:
    try:
        data = history_n(symbol=symbol,frequency="1d",count=42,end_time="2018-
12-30",fields="close",fill_missing="last",adjust=ADJUST_PREV,df=True)
        data_close = pd.DataFrame({symbol:data["close"]})
        if len(df) == 0:
            df = (data_close)
        else:df = pd.concat([df,data_close], axis=1)
    except:pass

corr = df.corr()

print ('相关系数大于 0.9 的组合对数有' +str((np.sum(corr.values.ravel()>0.9) -
len(symbols))/2)+'对')
print ('相关系数大于 0.95 的组合对数有' +str((np.sum(corr.values.ravel()>0.95) -
len(symbols))/2)+'对')

print(corr[corr>0.95])
```

从【程序 11-9】中可以看到，首先从掘金量化数据库中读取了其对应的数据，之后按DataFrame 生成对应的数据格式，使用生成的 DataFrame 数据集自带的数据相关性计算数据集内部的数据相关性。

打印结果如下：

相关系数大于 0.9 的组合对数有 2050.0 对
相关系数大于 0.95 的组合对数有 601.0 对

需要说明的是，这里为了演示配对程序，选择了软件和信息技术服务行业，此行业有197 只股票代码，计算其不同的相关性。代码 print (corr[corr>0.95])打印出了所有相关系数大于 0.95 的股票，结果如图 11-6 所示。

	SHSE.600289	SHSE.600536	SHSE.600556	SHSE.600571	SHSE.600588
SHSE.600289	1.0000	NaN	NaN	NaN	NaN
SHSE.600536	NaN	1.0000	NaN	NaN	NaN
SHSE.600556	NaN	NaN	1.000	NaN	NaN
SHSE.600571	NaN	NaN	NaN	1.0000	NaN
SHSE.600588	NaN	NaN	NaN	NaN	1.0000
SHSE.600602	NaN	NaN	NaN	NaN	NaN
SHSE.600654	0.9503	NaN	NaN	NaN	NaN
SHSE.600701	NaN	NaN	NaN	NaN	NaN
SHSE.600718	NaN	0.9548	NaN	NaN	NaN
SHSE.600728	NaN	NaN	NaN	NaN	NaN
SHSE.600892	NaN	NaN	NaN	NaN	NaN
SHSE.900901	NaN	NaN	NaN	NaN	NaN
SHSE.600406	NaN	NaN	NaN	NaN	NaN
SHSE.600410	NaN	NaN	NaN	NaN	NaN
SHSE.600446	NaN	NaN	NaN	NaN	NaN
SHSE.600476	NaN	0.9586	NaN	0.9585	NaN

图 11-6　相关系数大于 0.95 的部分数据

可以看到，这里不同的股票标的之间有不同的相关系数，根据条件值显示了部分相关系数大于 0.95 的值。

为了简便起见，这里并不使用这些对应的标的，而是选择常用的银行标的：建设银行（SHSE.601939）以及农业银行（SHSE.601288）。

第二步：计算特定的平稳性

在对特定的标的进行协整性检验之前，需要对两个序列分别做单位根检验，前面已经介绍过，对于不同的序列必须要求其具有协整性，如果其达不到严格要求，退一步可以要求其在进行同阶差分变换后具有协整性。（一般要求最多进行一阶差分变换。）

代码如下：

【程序 11-10】

```python
import numpy as np
import matplotlib.pyplot as plt
import statsmodels.api as sm
from gm.api import *

set_token("a71a8083b68e73817e93f7f196b030482abe5939")

ccb = history_n(symbol="SHSE.601939", frequency="1d", count=250,
end_time="2015-12-30", fields="close", fill_missing="last", adjust=ADJUST_PREV,
df=True)
ccb = ccb["close"].values

st = sm.tsa.stattools.adfuller(ccb)
if st[0] > st[4]['10%']:
    print('ccb 存在单位根,为非平稳序列')
elif st[0] < st[4]['1%']:
    print('ccb 没有单位根,为平稳序列')

ccb_ = np.diff(ccb)
st = sm.tsa.stattools.adfuller(ccb_)

if st[0] > st[4]['10%']:
    print('ccb_存在单位根,为非平稳序列')
elif st[0] < st[4]['1%']:
    print('ccb_没有单位根,为平稳序列')

plt.subplot(211)
plt.plot(ccb)
plt.subplot(212)
plt.plot(ccb_)
```

```
plt.show()
```

这里选择了建设银行 2015 年的周年数据作为数据集进行存储，由于获取的数据为 pandas 格式，因此还需要通过调用 pandas 的方法将其转化成序列问题。打印结果如下：

```
ccb 存在单位根,为非平稳序列
ccb_没有单位根,为平稳序列
```

可以看到，第一次检验生成的序列，因为存在单位根，被判定为非平稳序列。而经过差分法以后，新生成的序列则没有单位根，成为平稳序列，如图 11-7 所示。进一步说，生成的是一个新的一阶差分平稳序列，这个序列具有协整性。

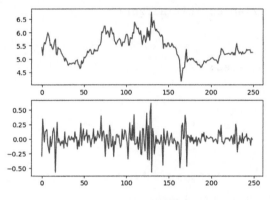

图 11-7 建设银行平稳性检验

对于农业银行的平稳性检验也是如此，请读者自行验证。

11.3.3 协整系数的计算方法

第一步：协整系数的计算

协整性实际上就是采用回归分析分析两只股票价格之间存在的线性关系。

$$Y = aX + b$$

其中，a 为回归系数，b 为常数项。具体来看，回归的计算方式有多种，这里采用 TensorFlow 模块进行分析。注意，这里的 TensorFlow 回归分析的写法可能不容易明白，只需要记住以下代码即可：

```
import tensorflow as tf
import numpy as np
def linear_regression(real_A,real_B):

    real_A = np.reshape(real_A,(-1,1))
    real_B = np.reshape(real_B, (-1, 1))
```

```
x_ = tf.placeholder(tf.float32, [None, 1])
y_ = tf.placeholder(tf.float32, [None, 1])  # y_为测试集结果数据

weight = tf.Variable(tf.ones([1, 1]))
bias = tf.Variable(tf.ones([1]))

y = tf.matmul(x_, weight) + bias

loss = tf.reduce_mean(tf.square(y - y_)) #批量线性回归用这个损失函数
train_step = tf.train.AdamOptimizer(0.0001).minimize(loss)

init = tf.global_variables_initializer()

flag = True
with tf.Session() as sess:
    sess.run(init)

    count = 0
    loss_temp = 0
    while flag:

        feed = {x_: real_A, y_: real_B}
        sess.run(train_step, feed_dict=feed)
        loss_res = sess.run(loss, feed_dict=feed)
        if count%10000 == 0:
            print("正在运行次数为:",count," Loss 为: ",loss_res)

        if loss_temp == loss_res:
            flag = False
        count += 1
        loss_temp = loss_res

    weight = sess.run(weight)
    bias = sess.run(bias)

    return weight[0][0],bias[0]
```

这里不做解释，有兴趣的读者可以自行学习。代码的主要作用是使用传递进来的两个参数做出形如

$$Y = aX + b$$

的数据格式。这里默认 real_A=X，read_B=Y。返回值 weight[0][0]和 bias[0]分别代表其对应的系数以及截距。

具体的使用也较为方便，通过导入对应的 Python 文件，直接调用相关的数据处理程序即可。

```
import Tensorflow 批量单线性回归_双变量 as lr
…
…
…
weight,bias = lr.linear_regression(x,y)
```

因此，在处理完毕关于不同序列的平稳性检验后，可以使用基于 TensorFlow 的线性回归拟合方差对结果进行拟合处理。

【程序 11-11】

```
import numpy as np
from gm.api import *
import matplotlib.pyplot as plt
import pandas as pd
import statsmodels.api as sm
import Tensorflow 批量单线性回归_双变量 as lr

set_token("a71a8083b68e73817e93f7f196b030482abe5939")

ccb = history_n(symbol="SHSE.601939", frequency="1d", count=250,
end_time="2015-12-30", fields="close", fill_missing="last", adjust=ADJUST_PREV,
df=True)
abchina = history_n(symbol="SHSE.601288", frequency="1d", count=250,
end_time="2015-12-30", fields="close", fill_missing="last", adjust=ADJUST_PREV,
df=True)

ccv_close = ccb["close"]
abchina_close = abchina["close"]

x = ccv_close.values
y = abchina_close.values

weight,bias = lr.linear_regression(x,y)
print("weight 为: ",weight)
print("bias 为: ",bias)

y_ = weight*x + bias

plt.plot(y,"b")
plt.plot(y_,"r")
plt.show()
```

在【程序 11-11】中，首先通过量化掘金的 API 获取了两个银行的数据集，取得 2015 年的日年线数据，关于每组序列相关性的检验，在前面的章节已经做了处理。

打印结果如下：

```
weight 为： 0.405483
bias 为： 0.889566
```

通过基于系数乘积重新获取的数据与原数据进行画图比较，如图 11-8 所示。

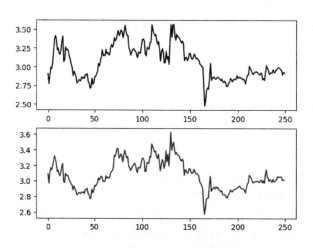

图 11-8　根据相关系数重建的图像比较

第二步：残差的计算

根据算法的设计，下面对残差进行计算，代码段如下：

```
d_value = y - y_

st = sm.tsa.stattools.adfuller(d_value)
if st[0] > st[4]['10%']:
    print(d_value 存在单位根,为非平稳序列')
elif st[0] < st[4]['1%']:
    print(d_value 没有单位根,为平稳序列')
else:print("d_value 无法判定")
```

d_value 被设置成真实的标的值与通过回归计算出的值之间的差值，之后进行单位根的计算，打印如下：

```
d_value 没有单位根,为平稳序列
std = 0.0800697561823
mean = -0.000215040631916
```

这里显示了 3 部分内容，分别为平稳序列的判定、标准差的值以及均值。

重点提醒，如果 d_value 被判定成存在单位根，为非平稳序列，那么全部的检验结束，绝对不能进行差分变换，没有任何意义。

最后打印出完整的残差计算结果，判定其能够成功的可行性是多少，代码如下：

```
t = sm.tsa.stattools.adfuller(d_value)
output = pd.DataFrame(index=['Test Statistic value','p-value','Lags
Used','Number of Observations Used','Critical Value(1%)','Critical
Value(5%)','Critical Value(10%)'],columns=['value'])
output.iloc[0][0] = t[0]
output.iloc[1][0] = t[1]
output.iloc[2][0] = t[2]
output.iloc[3][0] = t[3]
output.iloc[4][0] = t[4]['1%']
output.iloc[5][0] = t[4]['5%']
output.iloc[6][0] = t[4]['10%']
print(output)
```

打印结果如图 11-9 所示。

```
                                    value
Test Statistic value               -4.405
p-value                         0.0002912
Lags Used                               3
Number of Observations Used           246
Critical Value(1%)                 -3.457
Critical Value(5%)                 -2.873
Critical Value(10%)                -2.573
```

图 11-9　差值的平稳性检测报告

从报告可以看出，这里的 p-value 值远小于 0.05，因此可以认为对于残值的检测是能够被接受的。

完整的代码段如下。

【程序 11-12】

```
import numpy as np
from gm.api import *
import matplotlib.pyplot as plt
import pandas as pd
import statsmodels.api as sm
import Tensorflow批量单线性回归_双变量 as lr

set_token("a71a8083b68e73817e93f7f196b030482abe5939")

ccb = history_n(symbol="SHSE.601939", frequency="1d", count=250,
end_time="2015-12-30", fields="close", fill_missing="last", adjust=ADJUST_PREV,
df=True)
abchina = history_n(symbol="SHSE.601288", frequency="1d", count=250,
```

```
end_time="2015-12-30", fields="close", fill_missing="last", adjust=ADJUST_PREV,
df=True)

ccv_close = ccb["close"]
abchina_close = abchina["close"]

x = ccv_close.values
y = abchina_close.values

weight,bias = lr.linear_regression(x,y)
print("weight 为: ",weight)
print("bias 为: ",bias)

y_ = weight*x + bias

plt.subplot(211)
plt.plot(y,"b")
plt.subplot(212)
plt.plot(y_,"r")
plt.show()

d_value = y - y_

st = sm.tsa.stattools.adfuller(d_value)
if st[0] > st[4]['10%']:
    print('ut 存在单位根,为非平稳序列')
elif st[0] < st[4]['1%']:
    print('ut 没有单位根,为平稳序列')
else:print("ut 无法判定")

mean = np.mean(d_value)  #均值
std = np.std(d_value)  #方差

print('std = %s'%(std))
print('mean = %s'%(mean))

t = sm.tsa.stattools.adfuller(d_value)
output = pd.DataFrame(index=['Test Statistic value','p-value','Lags
Used','Number of Observations Used','Critical Value(1%)','Critical
Value(5%)','Critical Value(10%)'],columns=['value'])
output.iloc[0][0] = t[0]
output.iloc[1][0] = t[1]
output.iloc[2][0] = t[2]
```

```
output.iloc[3][0] = t[3]
output.iloc[4][0] = t[4]['1%']
output.iloc[5][0] = t[4]['5%']
output.iloc[6][0] = t[4]['10%']
print(output)
```

11.4　配对交易的魔力

验证完所配对的股票是否可以进行配对交易，下面进入交易算法的设计与回测。因为存在配对的 X 股票与 Y 股票，所以这里采用的策略是：当残差大于 2 倍标准差时，买入 X 股票，而当残差小于-2 倍的标准差时，买入 Y 股票。

11.4.1　前期计算

根据 11.3 节所对应的数据，首先计算和判定协整性。而计算所需要的数据集，可以通过"量化掘金"中的"行业概念数据"获取，如图 11-10、图 11-11 所示。

图 11-10　行业概念数据

证监会二级行业	
代码	名称
A01	农业
A02	林业
A03	畜牧业
A04	渔业
A05	农、林、牧、渔服务业
B06	煤炭开采和洗选业
B07	石油和天然气开采业

概念板块

股票概念的分类数据，现实的二级市场交易中，经常会以"分股

3D打印	4G概念	IPV6概念	IP变现
O2O模式	QFII重仓	ST板块	三沙概念
三网融合	上海本地	上海自贸	业绩预升
业绩预降	东亚自贸	丝绸之路	云计算
互联金融	京津冀	低碳经济	体育概念
保险重仓	保障房	信息安全	信托重仓
充电桩	免疫治疗	养老概念	内贸规划

图 11-11　行业与板块数据

需要注意的是，选择根据行业分类获取股票的数据集和根据概念板块获取数据集，它们使用的代码是不同的，代码如下：

```
symbols = get_industry(symbols) #根据概念板块获取数据集
symbols = get_concept(symbols)  #根据行业分类获取数据集
```

因此，根据获取标的的不同可以在不同行业进行获取。而根据其获取不同行业股票数据集相关系数的代码如下：

```python
def get_max_symbols_list(symbols = "",frequency="1d",count =
250,end_time="2017-12-30",num = 10):
    symbols = get_concept(symbols)
    df = pd.DataFrame()

    for symbol in symbols:

        try:
            data =
history_n(symbol=symbol,frequency=frequency,count=count,end_time=end_time,fiel
ds="close",fill_missing="last",adjust=ADJUST_PREV,df=True)
            if len(data) == count:
                data_close = pd.DataFrame({symbol:data["close"]})
                if len(df) == 0:
                    df = (data_close)
                else:df = pd.concat([df,data_close], axis=1)
        except:pass

    corr = df.corr()

    #找出相关性最大的股票标的
    corr_matrix = corr.as_matrix()  #转化为矩阵
    corr_matrix[corr_matrix == 1 ] = 0   #将1转为0

    raw, column = corr_matrix.shape  # get the matrix of a raw and column
    doubel_symbols_list = []
    for n in range(num):

        _positon = np.argmax(corr_matrix)  # get the index of max in the a
        m, n = divmod(_positon, column)

        corr_matrix[m, n] = corr_matrix[n, m] = 0
        doubel_symbols_list.append([corr.index[m],corr.index[n]])

    return doubel_symbols_list
```

代码段中相关参数解释：symbols 为股票集合，frequency 为取样窗口的定义，count 为窗口数量多少，end_time 为结束时间，num 为最终打印最多多少个配对股票。

11.4.2　协整性判断

在判断具有较高的相关性后，需要对协整性进行判断，和前面类似，代码如下：

```python
def check_doubel_symbols(symbols_1, symbols_2, frequency="1d", count = 250,
end_time="2017-12-30"):
    symbols_1_data = history_n(symbol=symbols_1, frequency=frequency,
count=count, end_time=end_time, fields="close", fill_missing="last",
adjust=ADJUST_PREV, df=True)
    symbols_2_data = history_n(symbol=symbols_2, frequency=frequency,
count=count, end_time=end_time, fields="close", fill_missing="last",
adjust=ADJUST_PREV, df=True)

    symbols_1_close = symbols_1_data["close"]
    symbols_2_close = symbols_2_data["close"]

    x = symbols_1_close.values
    y = symbols_2_close.values

    weight,bias = lr.linear_regression(x,y)

y_ = weight*x + bias

    d_value = y - y_

    st = sm.tsa.stattools.adfuller(d_value)
    if st[0] > st[4]['10%']:
        print('d_value存在单位根,为非平稳序列', symbols_1, "-", symbols_2,)
        return
    elif st[0] < st[4]['1%']:
        print('d_value没有单位根,为平稳序列')
    else:
        print("d_value无法判定", symbols_1, "-", symbols_2,)
        return

    mean = np.mean(d_value) #均值
    std = np.std(d_value) #方差

    t = sm.tsa.stattools.adfuller(d_value)
    output = pd.DataFrame(index=['Test Statistic value','p-value','Lags
Used','Number of Observations Used','Critical Value(1%)','Critical
Value(5%)','Critical Value(10%)'],columns=['value'])
    output.iloc[0][0] = t[0]
    output.iloc[1][0] = t[1]
```

```
output.iloc[2][0] = t[2]
output.iloc[3][0] = t[3]
output.iloc[4][0] = t[4]['1%']
output.iloc[5][0] = t[4]['5%']
output.iloc[6][0] = t[4]['10%']

record_file = '配对交易结果' + '.csv'
if t[1] < 0.05:
    print("可以配对:", symbols_1, "-", symbols_2,)

    res = [symbols_1, symbols_2,weight,bias,mean,std]
    print(res)

    writer = csv.writer(open(record_file, 'a+', encoding='utf8', newline=''))
    writer.writerow(res)

else:print("P-VALUE 不合适", symbols_1, "-", symbols_2,)
```

这里有几个需要说明的地方。

首先是参数的设计，symbol_1 和 symbol_2 分别为需要配对的股票的代码，frequency 为时间窗口的设定，count 为数目设定，end_time 为结束时间。

代码段内部是对标的的判断，首先根据线性回归算法算出回归系数，之后对差值进行平稳性检测，再对 p 值进行检测，并把符合要求的数据存入数据文件中。

11.4.3　使用量化掘金回测系统对结果进行判定

在进行完前期计算以及协整性判断后，下面使用量化掘金对数据进行判断。

第一步：数据的设定

为了简便起见，这里采用前面验证好的关于银行的配对组，使用"建设银行"与"农业银行"进行配对。

首先获取数据，采用以 250 个交易日的收盘价为单位的数据进行验证，由于对两个标的的协整性检测在前面已经完成，这里直接跳过协整性检测和线性回归系数的计算，结果如下：

```
weight = 0.481477
bias = 0.481829
mean = -0.000203539120501
std = 0.0754807889752
```

而这些系数的设定可以在前面的计算中获取，这里就不再重复，代码段如下：

```
from gm.api import *
```

```
def init(context):

    context.symbol_1 = "SHSE.601939"
    context.symbol_2 = "SHSE.601288"
    context.weight = 0.481477
    context.bias = 0.481829
    context.mean = -0.000203539120501
    context.std = 0.0754807889752
    schedule(schedule_func=algo, date_rule='1d', time_rule='09:31:00')

    context.flagX = False
    context.flagY = False
```

init 函数是初始化数据，在这里对数据进行初始化设定，schedule 是设定函数，规则定义为每日的 9 点 31 分执行算法。而 context.flagX 和 context.flagY 用于对哪只股票标的进行买入。

第二步：策略算法的设定

算法的设定较为简单，简单地说，就是当计算差值突破阈值时进行买卖，代码如下：

```
def algo(context):
    last_day = get_previous_trading_date("SHSE", context.now)

    ccb =
history(context.symbol_1,frequency="1d",start_time=last_day,end_time=last_day,
fields="close",fill_missing="last",adjust=ADJUST_PREV,df=True)
    abchina = history(context.symbol_2, frequency="1d", start_time=last_day,
end_time=last_day, fields="close",fill_missing="last", adjust=ADJUST_PREV,
df=True)

    ccb = (ccb["close"].values)
    abchina = (abchina["close"].values)

    d_value = abchina - (ccb * context.weight + context.bias)

    if (context.flagX and d_value < context.mean + context.std) or
(context.flagY and d_value > context.mean - context.std):
        order_close_all()
        context.flagX = False
        context.flagY = False

    if d_value > context.mean + 3 * context.std:

        order_target_percent(symbol=context.symbol_1, percent=1,
position_side=PositionSide_Long, rder_type=OrderType_Market)
```

```
    context.flagX = True

  if d_value < context.mean - 3 * context.std:

    order_target_percent(symbol=context.symbol_2, percent=1,
position_side=PositionSide_Long, order_type=OrderType_Market)
    context.flagY = True
```

建仓以后，当差值回归价值曲线后，平仓全部标的。这里需要注意的是，经典的配对交易模型中是对另一个相对标记建空仓，但是由于国内股市对于空仓的建立比较烦琐，这里不建议个人使用，因此略过不写，有兴趣的同学可以自行完成。

【程序 11-13】

```
# -*- coding: utf-8 -*-
from gm.api import *

def init(context):

    context.symbol_1 = "SHSE.601939"
    context.symbol_2 = "SHSE.601288"
    context.weight = 0.481477
    context.bias = 0.481829
    context.mean = -0.000203539120501
    context.std = 0.0754807889752
    schedule(schedule_func=algo, date_rule='1d', time_rule='09:31:00')

    context.flagX = False
    context.flagY = False

def algo(context):
    last_day = get_previous_trading_date("SHSE", context.now)

    ccb = history(context.symbol_1,frequency="1d",start_time=last_day
,end_time=last_day,fields="close",fill_missing="last",adjust=ADJUST_PREV,df=Tr
ue)
abchina = history(context.symbol_2, frequency="1d", start_time=last_day,
end_time=last_day, fields="close", fill_missing="last", adjust=ADJUST_PREV,
df=True)

    ccb = (ccb["close"].values)
    abchina = (abchina["close"].values)

    d_value = abchina - (ccb * context.weight + context.bias)
```

```python
    if (context.flagX and d_value < context.mean + context.std) or
(context.flagY and d_value > context.mean - context.std):
        order_close_all()
        context.flagX = False
        context.flagY = False
    if d_value > context.mean + 3 * context.std:

        order_target_percent(symbol=context.symbol_1, percent=1,
position_side=PositionSide_Long,
                        order_type=OrderType_Market)
        context.flagX = True
    if d_value < context.mean - 3 * context.std:

        order_target_percent(symbol=context.symbol_2, percent=1,
position_side=PositionSide_Long,
                        order_type=OrderType_Market)
        context.flagY = True
def on_backtest_finished(context, indicator):
    print(indicator)


if __name__ == "__main__":
    run(
        strategy_id='63e92f59-1386-11e8-bbe9-902b3463caf1',
        filename='配对交易掘金检测.py',
        mode=MODE_BACKTEST,
        token='a71a8083b68e73817e93f7f196b030482abe5939',
        backtest_start_time='2016-01-03 09:00:00',
        backtest_end_time='2016-12-30 15:00:00',
        backtest_initial_cash=100000,
        backtest_adjust=ADJUST_PREV,
        backtest_slippage_ratio=0.01,
        backtest_commission_ratio=0.0005,
    )
```

　　【程序 11-13】模拟了建仓交易的程序，这里使用的是农业银行与建设银行在 2016 年的回测数据，而参数的确定是根据 2015 年农业银行与建设银行的价差回归曲线设计的。最终结果如图 11-12 所示。

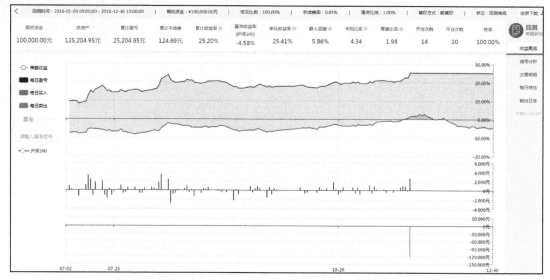

图 11-12　建设银行与农业银行关于配对交易的回测数据

可以看到，整个回测收益保持在一个比较稳定的状态，在上涨阶段能够比较迅捷地获得收益，而当整体大盘趋势向下时能够保持回撤不会太大。

11.5　小结

无论黑猫还是白猫，能抓到老鼠就是好猫。

配对交易来源于期货交易策略，也是一种最基本的对冲套利交易方法。当然除此之外，还有很多好的策略没有介绍，读者可以根据自己的需要自行挖掘。

本书全面介绍了掘金量化平台与使用掘金量化进行股票回测的多种方法，希望起到抛砖引玉的作用，能够帮助读者对使用量化投资有更进一步的认识，早日建立起个人的量化投资策略。

量化投资是一门学科，也是一种"掘金"的方法，对于有志于从事这一行的从业者来说，路漫漫其修远兮，还需要更多的努力与探索。